D1718962

Eine Arbeitsgemeinschaft der Verlage

Böhlau Verlag · Wien · Köln · Weimar
Verlag Barbara Budrich · Opladen · Toronto
facultas.wuv · Wien
Wilhelm Fink · Paderborn
A. Francke Verlag · Tübingen
Haupt Verlag · Bern
Verlag Julius Klinkhardt · Bad Heilbrunn
Mohr Siebeck · Tübingen
Nomos Verlagsgesellschaft · Baden-Baden
Ernst Reinhardt Verlag · München · Basel
Ferdinand Schöningh · Paderborn
Eugen Ulmer Verlag · Stuttgart
UVK Verlagsgesellschaft · Konstanz, mit UVK / Lucius · München
Vandenhoeck & Ruprecht · Göttingen · Bristol
vdf Hochschulverlag AG an der ETH Zürich

Thomas Siebe,
Martin Wenke

Makroökonomie

Wachstum, Konjunktur und Beschäftigung

UVK Verlagsgesellschaft mbH · Konstanz
mit UVK/Lucius · München

Prof. Dr. Thomas Siebe lehrt Volkswirtschaftslehre an der Westfälischen Hochschule in Bocholt. **Prof. Dr. Martin Wenke** lehrt Volkswirtschaftslehre an der Hochschule Niederrhein in Mönchengladbach.

Online-Angebote oder elektronische Ausgaben sind erhältlich unter www.utb-shop.de.

Bibliografische Information der Deutschen Bibliothek
Die Deutsche Bibliothek verzeichnet diese Publikation in der Deutschen Nationalbibliografie; detaillierte bibliografische Daten sind im Internet über <http://dnb.ddb.de> abrufbar.

© UVK Verlagsgesellschaft mbH, Konstanz und München 2014

Lektorat: Rainer Berger
Gestaltung: Claudia Rupp, Stuttgart
Einbandgestaltung: Atelier Reichert, Stuttgart
Umschlagbild: © Sergey Nivens – Fotolia.com
Druck und Bindung: fgb · freiburger graphische betriebe, Freiburg

UVK Verlagsgesellschaft mbH
Schützenstraße 24 · 78462 Konstanz
Tel. 07531-9053-0 · Fax 07531-9053-98
www.uvk.de

UTB-Nr. 4109
ISBN 978-3-8252-4109-4

Vorwort

Nur wenige reguläre Inhalte wirtschaftswissenschaftlicher Studiengänge schaffen es so oft in die aktuelle Presse wie die der Makroökonomie: Konjunkturkrisen, Analysen der Arbeitmarktlage, Erfolge im Aussenhandel oder Investitionsneigung von Unternehmen und Kauflust von Verbrauchern sind Themen täglicher Veröffentlichungen in den Medien. Vor diesem Hintergrund verfolgt das vorliegende Lehrbuch die Philosophie, makroökonomische Fragestellungen weitestgehend aus solchen Meldungen und den entsprechenden empirischen Beobachtungen heraus zu motivieren und mithilfe gängiger grundlegender Modelle zu analysieren. Die akademische Vorgehensweise der Modellanalyse ist hierbei kein Selbstzweck. Makroökonomische Modelle erlauben es, die hochkomplexe gesamtwirtschaftliche Realität auf die wichtigsten Zusammenhänge zu reduzieren und diese Interdependenzen zu verstehen. Ziel dieses Lehrbuches ist es aber auch, die Möglichkeiten und Grenzen der Anwendbarkeit theoretischer Modellüberlegungen auf reale gesamtwirtschaftliche Problemstellungen aufzuzeigen und den Leser in die Lage zu versetzen, eigene begründete Einschätzungen aktueller Fragen zu Konjunktur und Wachstum, Inflation und Beschäftigung sowie aussenwirtschaftlichen Entwicklungen vorzunehmen.

Wir danken Andrea Siebe und Peter Hohlfeld für die akribische Unterstützung beim Korrekturlesen, Rainer Berger für die sehr gute Betreuung von Seiten des Verlags. Verbliebene Fehler gehen naturgemäß zu unseren Lasten, für entsprechende Hinweise und Anregungen sind wir jedem Leser dankbar.

Bocholt und Mönchengladbach im Juli 2014

Thomas Siebe und Martin Wenke

Inhalt

Abbildungsverzeichnis

www.uvk-lucius.de/makro

Tabellenverzeichnis

Symbolverzeichnis

A	Beschäftigung, Arbeitseinsatz
AB	Außenbeitrag, Exportüberschuss
A^A	Arbeitsangebot der privaten Haushalte
A^N	Arbeitsnachfrage der Unternehmen (auch. Arbeitskräftenachfrage)
AE	Arbeitnehmerentgelte
a	Stand der Technologie (Veränderung von a: technischer Fortschritt)
B	Geldbasis
BG	Bargeldumlauf (Nichtbanken)
c	marginale Konsumquote
C	Konsumnachfrage der privaten Haushalte
C_a	keynes'scher Basiskonsum
$c.p.$	ceteris paribus (unter sonst gleichen Bedingungen)
D	Buchgeldbestand der Nichtbanken
Def	Neuverschuldung des Staates
Ex	Exportnachfrage
e	Wechselkurs (in der Preisnotierung)
G	Konsumnachfrage des Staates
I	Investitionsnachfrage
I_{ST}	Investitionen des Staates
Im	Importnachfrage
k	Kassenhaltungskoeffizient
K	Sachkapitaleinsatz
KEX	Kapitalexport (Zunahme von Forderungen gegenüber Ausländern)
KIM	Kapitalimport (Zunahme von Forderungen gegenüber Inländern)
L	Geldnachfrage
M	Geldangebot, Geldmengen M1, M2 oder M3
m	Geldschöpfungsmultiplikator
p	gesamtwirtschaftliches Preisniveau
p^A	Preisniveau im Ausland
p^e	Preiserwartungen
r	(Kapitalmarkt-)Zins
r^A	Auslandszins
r/p	Realzins
R	Unternehmer- und Vermögenseinkommen
S	Ersparnis der privaten Haushalte
T	Steuereinnahmen des Staates
U	Umlaufgeschwindigkeit des Geldes
VE	Volkseinkommen (Nettonationaleinkommen)

w	Nominallohnsatz
w/p	Reallohn
Y	gesamtwirtschaftliche Produktion, Einkommen, Nachfrage
YA	BIP im Ausland
Y^D	gesamtwirtschaftliche Güternachfrage
Y^S	gesamtwirtschaftliches Güterangebot
Z	Saldo der Devisenbilanz (Veränderung der Devisenreserven)
%	prozentuale Veränderungsrate zum Vorjahr(eszeitraum)
Δ	Differenzen-Operator
$\Delta\%$	Prozentuale Differenzen-Operator

Die gesamtwirtschaftlichen Zusammenhänge

Während sich die Mikroökonomie auf die Betrachtung einzelner Märkte beschränkt, ist der Blickwinkel der Makroökonomie umfassender. Hier geht es um das Zusammenspiel auf verschiedenen Märkten. Auf gesamtwirtschaftlicher Ebene stehen Produktion, Einkommen und gesamtwirtschaftliche Nachfrage im Blickpunkt. Hinzu kommen Inflation und Zinsen, Geld- und Finanzmärkte sowie die Lage auf dem Arbeitsmarkt. Die makroökonomische Theorie stellt Zusammenhänge zwischen diesen Größen her.

Mit dem Erkenntnisgegenstand verändert sich im Vergleich zur Mikroökonomie auch die Sichtweise. Wesensmerkmal der makroökonomischen Analyse ist die **Aggregation** – d. h. das Zusammenfassen gleichartiger Transaktionen oder Transaktoren. Um das Bild von den wirtschaftlichen Aktivitäten übersichtlich zu gestalten, werden die Wirtschaftseinheiten und vergleichbaren Tätigkeiten zusammengefasst:

- die **Unternehmen**, die Waren und Dienstleistungen erstellen, hierzu Produktionsfaktoren einsetzen und diese entlohnen;
- **private Haushalte**, die Produktionsfaktoren anbieten, hierüber Faktoreinkommen erzielen und Güter von den Unternehmen erwerben;
- der **Staat** als Produzent öffentlicher Güter und Nachfrager hierfür notwendiger Leistungen, als „Umverteiler" von Einkommen, als potentiell stabilisierende Kraft im Wirtschaftsablauf und schließlich als verantwortliche Institution für das Setzen von Rahmenbedingungen für wirtschaftliches Handeln;
- das **Ausland** als Gesamtheit aller ökonomischen Akteure, die sich außerhalb der betrachteten geografischen Grenzen befinden.

Der Vorteil der Aggregation liegt auf der Hand: Man erhält eine Gesamtschau ökonomischer Wechselwirkungen. Die aggregierte Betrachtung birgt aber auch Gefahren. Missverständnisse treten auf, wenn makroökonomische Erkenntnisse unkritisch auf reale Wirtschaftsprobleme angewendet werden, ohne die unterschiedlichen Wirkungsebenen zu beachten. So mag die Theorie beispielsweise zu dem Ergebnis kommen, dass eine Steuerreform die Unternehmen entlastet und damit die Investitionstätigkeit anregt. Dennoch müssen nicht alle Unternehmen gleichermaßen profitieren – denkbar ist sogar, dass einige Unternehmen stärker belastet werden. Die aggregierte Betrachtungsweise suggeriert eine Homogenität von Transaktoren, die es tatsächlich nicht gibt. Man kann sich allerdings mit der Überlegung helfen, dass entsprechende Wirkungen für die Mehrzahl der Unternehmen zutreffen. Um es bildlich zu formulieren: Die Makroökonomie bedient sich der Vogelperspektive. Dabei verschwinden mit zunehmendem Aggregationsgrad die Unterschiede zwischen den einzelnen Einheiten.

Ein weiterer Aspekt ist der **Trugschluss der Verallgemeinerung**. Nicht alles, was auf einzelwirtschaftlicher Ebene richtig ist, muss dies auch im gesamtwirtschaftlichen Zusammenhang sein. Um im Beispiel zu bleiben: Eine Steuerentlastung der Unternehmen, die durch Neuverschuldung finanziert wird, ist anders zu beurteilen, als eine Entlastung, die durch eine Rückführung der Staatsausgaben ermöglicht wird. Öffentliche Ausgabenkürzungen als Reaktion auf nachlassende Steuereinnahmen erscheinen Nichtökonomen als eine naheliegende und vernünftige Reaktion. Ein privater Haushalt muss eben auch seine Ausgaben kürzen, wenn das Konsumbudget sinkt. Bei staatlichen Kürzungen hätte dies aber den Effekt, dass die wirtschaftliche Dynamik daraufhin weiter nachlässt. Deshalb kann es in Konjunkturkrisen sinnvoll sein, die staatlichen Ausgaben nicht zu kürzen, sondern über zusätzliche Schulden zu finanzieren. Letztes Beispiel zum Trugschluss der Verallgemeinerung: Im Falle kriselnder Banken ist es einzelwirtschaftlich vernünftig, Guthaben aufzulösen. Geschieht dies aber in großem Umfang, dann wird die Insolvenz der Bank unausweichlich.

Die Makroökonomie erklärt das Zusammenspiel der Transaktoren und stellt Hypothesen über Beziehungen zwischen ökonomischen Variablen zur Verfügung (Abbildung 1). Dabei werden meist Modelle verwendet. Makroökonomische Modelle können in Form von ausformulierten Gedanken, von Graphiken oder von Gleichungen vorliegen. Häufig wird die Gleichungsform gewählt, da sie in Verbindung mit statistischen Methoden quantitative Aussagen über wirtschaftliche Zusammenhänge erlaubt. Die Makroökonomie ist eine empirische Wissenschaft – Theorien werden regelmäßig mit der beobachtbaren Realität konfrontiert. Über die Erklärung gesamtwirtschaftlicher Zusammenhänge hinaus können Modelle für Prognosezwecke genutzt werden. Damit ist die Verbindung zur Wirtschaftspolitik hergestellt. Die makroökonomische Theorie sollte Erkenntnisse über die Wirkungen der Wirtschaftspolitik auf die gesamtwirtschaftlichen Zielgrößen bereitstellen.

Orientiert am Stabilitäts- und Wachstumsgesetz von 1967 sind wirtschaftspolitische Maßnahmen so zu treffen, dass sie gleichzeitig

- zu **einem stetigen und angemessenen Wachstum**,
- zur **Stabilität des Preisniveaus**,
- zu **einem hohen Beschäftigungsstand** und
- zum **außenwirtschaftlichen Gleichgewicht**

beitragen. Dabei stellt sich zunächst die Frage nach der Messung dieser Größen, nach dem empirischen Befund und nach möglichen Beziehungen zwischen den stabilitätspolitischen Zielvariablen.

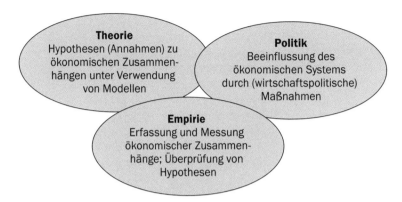

Abbildung 1: Aufgaben der Makroökonomie

Kommen wir zunächst zur **Operationalisierung**. Durch welche ökonomische Variable soll die jeweilige Zielgröße dargestellt werden und wie soll sie anhand von Daten erfasst werden?

Im Mittelpunkt vieler makroökonomischer Analysen steht das Bruttoinlandsprodukt (BIP). Im Jahr 2012 betrug dieser Wert aller in Deutschland hergestellten und für den Endverbrauch bestimmten Waren und Dienstleistungen rund 2,6 Billionen Euro. Derartige Größenordnungen kann sich niemand vorstellen. Etwas greifbarer wird dies durch die Bildung von Veränderungsraten. Die **Wachstumsrate des preisbereinigten Bruttoinlandsprodukts** ist ein allgemein akzeptierter Indikator für die gesamtwirtschaftliche Produktions- und Einkommensentwicklung. Offen bleibt, welche Wachstumsrate letztlich im Sinne des Stabilitäts- und Wachstumsgesetzes als „angemessen" angesehen werden kann. Die Balken in Abbildung 2 zeigen, dass die Einkommen nicht kontinuierlich wachsen, sondern dass die wirtschaftliche Entwicklung von konjunkturellen Zyklen überlagert wird. Während die Jahre 2000, 2006 und 2007 relativ hohe Wachstumsraten aufwiesen, zeigte insbesondere das Jahr 2009, dass die ökonomische Leistungsfähigkeit auch drastisch zurückgehen kann. Die Weltfinanzkrise führte zu BIP-Einbußen von 5 %. Dies war der stärkste Rückgang, den die Bundesrepublik bis dahin erlebt hatte. Die beiden Jahre danach waren durch eine deutliche Erholung von der weltweiten Wirtschaftskrise geprägt. Hier schließt sich die Frage an, was der Staat tun kann, um konjunkturelle Schwankungen zu dämpfen.

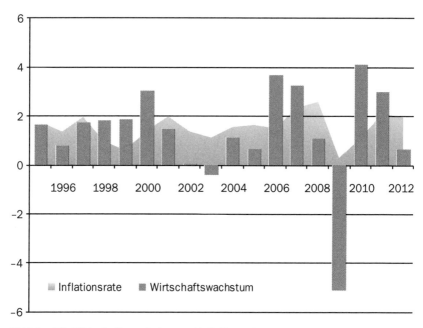

Abbildung 2: Wirtschaftswachstum und Inflationsrate
(Deutschland 1995 – 2012; in Prozent)

Ein stabiles Preisniveau gilt als weiteres makroökonomisches Ziel. Da Preise auf einzelnen Märkten erfahrungsgemäß kräftig steigen können und andere auch schon einmal sinken, wird das gesamtwirtschaftliche Preisniveau mit Hilfe eines Indexwertes gemessen. Die **Inflationsrate** gibt die prozentualen Veränderungen dieses Verbraucherpreisindexes wieder. Beobachten wir – wie in der Abbildung dargestellt – seit 1995 eher geringe Inflationsraten, dann hat die Währung in dieser Zeitspanne kaum Kaufkraft eingebüßt. Nur in den Jahren 2007 und 2008 lagen die Inflationsraten über der von der Europäischen Zentralbank tolerierten Rate von 2 %. Während der Weltfinanzkrise ist sie deutlich unter dieses Niveau gesunken.

Starke wirtschaftspolitische Beachtung findet drittens die Situation am Arbeitsmarkt. Dabei wird jedoch meist nicht das Beschäftigungsniveau selbst, sondern eher die Zahl der Arbeitslosen oder die **Arbeitslosenquote** betrachtet. Die Beschäftigung oder ihre Veränderungen gelten eher als längerfristige Arbeitsmarktindikatoren. Die Arbeitslosenquote ist definiert als

$$ALQ = \frac{\text{registrierte Arbeitslose}}{\text{Erwerbstätige + registrierte Arbeitslose}} * 100.$$

Sie zeichnet das Auf und Ab am Arbeitsmarkt deutlicher nach und ist daher als Konjunkturindikator besser geeignet. Die Quote lag Anfang der Neunzigerjahre unter 8 %, erreichte 2005 mit über 11 % einen Höchststand und ist seitdem auf unter 7 % gesunken. Gemessen an dieser Kennzahl hat sich die Arbeitsmarktsituation in Deutschland in den letzten Jahren deutlich entspannt.

Als ein Indikator für gleichgewichtige außenwirtschaftliche Beziehungen kann schließlich der **Außenbeitrag** betrachtet werden. Er ist definiert als

$$AB = \text{Exporte} - \text{Importe}.$$

Deutschland ist traditionell exportorientiert. Gerade in den letzten Jahren basierte das gesamtwirtschaftliche Wachstum überwiegend auf Rekordüberschüssen im internationalen Handel mit Waren und Dienstleistungen. Auch wenn sie kurzfristig Beschäftigung im Inland sichern, sind hohe Außenbeiträge nicht unproblematisch, weil sie über die spiegelbildlichen Vermögensänderungen die globalen Ungleichgewichte auf den Finanzmärkten tendenziell vergrößern. Deshalb sehen es viele Volkswirte als vorteilhaft an, wenn sich Exporte und Importe wertmäßig annähernd ausgleichen.

Grundsätzlich können zwischen diesen Zielgrößen verschiedene Zielbeziehungen bestehen:

- **Zielneutralität** liegt vor, wenn Maßnahmen zur Verfolgung eines wirtschaftspolitischen Ziels keinen Einfluss auf andere Ziele haben. A priori ist dies in einer zunehmend komplexen Welt aber nicht sinnvoll anzunehmen.

- Ein Abwägen zwischen verschiedenen Zielgrößen wäre auch bei weitreichender **Zielkomplementarität** kaum nötig: Sind wirtschaftspolitische Ziele miteinander vereinbar, dann führen Maßnahmen zur Verfolgung eines Ziels auch zu verbesserten Zielerreichungsgraden bei anderen Zielen.

- Was Wirtschaftspolitik vergleichsweise schwierig macht, ist die **Zielkonkurrenz**. Ziele gelten als schwer vereinbar, wenn eine Maßnahme zu einem höheren Zielerreichungsgrad bei einem wirtschaftspolitischen Ziel führt und gleichzeitig die Erreichung des anderen Zieles erschwert. Dann gibt es einen sogenannten trade-off, der Werturteile erfordert.

Ein deutscher Bundeskanzler hat vor einigen Jahrzehnten einmal gesagt, ihm wäre eine Inflationsrate von 5 % lieber als eine Arbeitslosenquote von 5 %. Eine solche Aussage ist nur sinnvoll, wenn Zielkonkurrenz zwischen Preisstabilität und Arbeitsmarktsituation besteht. Damals glaubten die Ökonomen mehrheitlich an eine solche Unvereinbarkeit. Aus heutiger Sicht bestehen daran Zweifel.

In Abbildung 3 werden für einige ausgewählte Jahre die Zielerreichungsgrade des Magischen Vierecks verglichen. Als „magisch" wird dieses Viereck deshalb bezeichnet, weil es sich in der Vergangenheit als fast unmöglich erwiesen hat, alle vier im Stabilitäts- und Wachstumsgesetz formulierten Ziele gleichzeitig zu erreichen. Dabei erfolgt die Zuordnung zu einer Viererskala „hoch", „eher hoch", „eher gering" und „gering". Auf der Wachstumsachse gilt beispielsweise die höchste Kategorie für Wachstumsraten oberhalb von 3 %, die zweite ab 2 %, die dritte ab 1 % Wirtschaftswachstum. Ausgewählt wurden mit 2000 und 2011 zwei Jahre mit einem hohen Wirtschaftswachstum und mit 2003 und 2009 zwei Krisenjahre.

Für das außenwirtschaftliche Gleichgewicht wird ein hoher Zielerreichungsgrad unterstellt, wenn der Außenbeitrag im Verhältnis zum BIP relativ gering ist. Deshalb wird für Jahre mit hohen Exportüberschüssen ein außenwirtschaftliches Ungleichgewicht festgestellt. Wie die Krisenjahre 2003 und 2009 zeigen, müssen hohe Exportüberschüsse nicht mit hohen Wachstumsraten verbunden sein. Umgekehrt basierte das gute Ergebnis beim Wachstum im Jahr 2000 nicht auf Exportüberschüssen, sondern auf einer hohen Inlandsnachfrage.

Die höchsten Zielerreichungsgrade treten bei der Preisstabilität auf – Deutschland hat nach wie vor eine Reputation als Stabilitätsanker. Das Jahr 2011 deutet eine **Zielkonkurrenz** zwischen Wachstum und Preisstabilität an. Die übrigen Jahre lassen dagegen vermuten, dass Wachstum und Preisstabilität eher unabhängig voneinander sind – 2009 ist als hinreichend preisstabil mit Problemen beim Wachstumsziel und 2000 als preisstabiles Jahr mit hohen Wachstumsraten zu charakterisieren. Auch in Bezug auf das Beschäftigungsziel – hier gemessen durch die Arbeitslosenquote – finden sich kaum stabile Zusammenhänge. Im Jahr 2000 waren die Arbeitslosenquote und das Wachstum vergleichsweise hoch – in 2009 war es eher umgekehrt. Selbst ein „Lieblingskind" der Makroökonomen, die **Phillips-Kurve** als negative Beziehung zwischen Inflationsrate und Arbeitslosenquote, lässt sich in der Bundesrepublik in den letzten zwanzig Jahren kaum nachweisen.

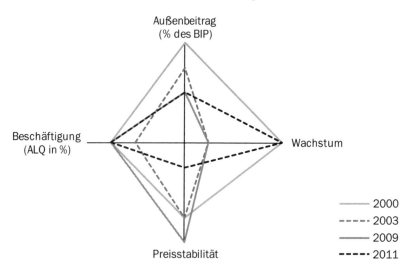

Abbildung 3: Magisches Viereck für Deutschland (ausgewählte Jahre)

Dem unter diesen Befunden verborgenen Beziehungsgeflecht widmen wir uns nachfolgend etwas systematischer. Im folgenden Kapitel geht es um Grundlagen des volkswirtschaftlichen Rechnungswesens. Anschließend kümmern wir uns um einige Theoriebausteine mit Blick auf die langfristige wirtschaftliche Entwicklung. Dabei stehen das Wachstum (Kapitel 2) und der Arbeitsmarkt (Kapitel 3) im Zentrum. In Kapitel 4 werfen wir einen Blick auf die Geldpolitik und die Inflation. Schließlich werden in Kapitel 5 die Theoriebausteine zu einem makroökonomischen Langfrist-Modell zusammengefügt.

Anschließend geht es um Erweiterungen und Anwendungen makroökonomischer Modelle. Zunächst wird das Konjunkturphänomen näher beleuchtet (Kapitel 6). Damit auch für die kurze Frist ein Analyserahmen zur Verfügung steht, wird das makroökonomische Modell in Kapitel 7 umformuliert und ergänzt. Anschließend stellt sich die Frage, was sich grundsätzlich ändert, wenn man Wechselkurse und Zahlungsbilanzen in die Modellwelt integriert (Kapitel 8). Kapitel 9 ist als eine erste Anwendung des Stoffes anzusehen. Unter der Frage „gibt es eine richtige Stabilisierungspolitik?" werden grundsätzliche Probleme der Stabilisierungspolitik fallstudienartig diskutiert. Kapitel 10 zeigt, dass die Spielräume nationaler Alleingänge in der Stabilisierungspolitik vor dem Hintergrund einer globalisierten Welt kleiner werden. Dabei werden als Anwendungsfälle die Weltfinanzkrise 2008/09 und die Eurokrise 2011/12 diskutiert.

» Aufgaben

1 Nennen Sie zwei der derzeit am häufigsten diskutierten makroökonomischen Problembereiche. Welche Lösungen werden im politischen Raum vorgeschlagen?

2 Nennen Sie Quellen, über die Sie Zugang zu ökonomischen Daten bekommen können. Welche Institutionen beschäftigen sich in Deutschland regelmäßig mit makroökonomischen Analysen?

3 Aktualisieren Sie Abbildung 2. Wie würden Sie das vergangene Jahr vor dem Hintergrund des magischen Vierecks konjunkturell einschätzen?

4 Finden Sie eine aktuelle Konjunkturprognose für die nächsten sechs bis acht Quartale. Wie lauten zwei wesentliche Aussagen dieser Studie?

Kapitel 1
Volkswirtschaftliche Gesamtrechnungen

Die einführenden Bemerkungen haben gezeigt, dass die Makroökonomie empirisch geprägt ist. Dazu müssen die wirtschaftlichen Aktivitäten auf den einzelnen Märkten geeignet zusammengefasst und nach einheitlichen Kriterien ausgewiesen werden. Dies geschieht durch die Volkswirtschaftlichen Gesamtrechnungen (VGR), in deren Rahmen das Statistische Bundesamt regelmäßig Berechnungen und Schätzungen u. a. zur Entwicklung des Bruttoinlandsprodukts bereitstellt. Die VGR gehören damit zu den wichtigsten volkswirtschaftlichen Datenquellen – neben den Veröffentlichungen der Deutschen Bundesbank zur außenwirtschaftlichen Verflechtung sowie zur Vermögensentwicklung und den von der Bundesagentur für Arbeit bereitgestellten Daten zur Lage auf dem Arbeitsmarkt.

» Lernziele

- Die Studierenden kennen grundlegende Konzepte des volkswirtschaftlichen Rechnungswesens. Basierend auf dem Wirtschaftskreislauf sind sie sowohl mit der Kontendarstellung als auch mit der Gleichungsdarstellung vertraut.
- Grundlegende Einkommensbegriffe wie die Definition des Bruttoinlandsprodukts von der Verwendungsseite sind bekannt. Ausgehend vom gesamtwirtschaftlichen Produktionskonto kennen die Studierenden auch die Einkommensentstehung und die Einkommensverteilung.
- Die Studierenden können zwischen nominalen und realen Größen unterscheiden und sind in der Lage, grundlegende Verfahren zur Preisbereinigung zu erklären.
- Sie lernen, auf welche Fragen die Volkswirtschaftlichen Gesamtrechnungen Antworten geben. Während sich das Wachstum oder die konjunkturelle Lage einer Volkswirtschaft relativ gut beurteilen lassen, ist das Rechenwerk überfordert, wenn nach dem Zusammenhang zwischen Einkommensentwicklung und Lebensqualität oder gar Glück gefragt wird.

1   Wirtschaftskreislauf und Bruttoinlandsprodukt

Die Volkswirtschaftlichen Gesamtrechnungen (VGR) erfassen systematisch Daten über das wirtschaftliche Geschehen in Deutschland und sind als „Buchführung" makroökonomischer Aktivitäten anzusehen. Wie im betrieblichen Rechnungswesen werden dabei **Bestände** (stocks) zu einem bestimmten Zeitpunkt dargestellt. Dies geschieht beispielsweise, wenn die Vermögensentwicklung abgebildet werden soll. Bestände werden durch die folgende Vorschrift fortgeschrieben:

Endbestand = Anfangsbestand + Zugänge – Abgänge.

Bei den **Zugängen und Abgängen** handelt es sich um **Stromgrößen** (flows), die sich auf einen bestimmten Zeitraum beziehen. Die Bestandsänderungen ergeben sich demnach durch die zeitraumbezogenen Zugänge und Abgänge sowie durch veränderte Bewertungen. Ein Beispiel im volkswirtschaftlichen Rechnungswesen sind Veränderungen des Sachkapitalbestands der Unternehmen (Gebäude, Maschinen, Betriebsausstattung) durch Investitionen und Abschreibungen. Anders als im betrieblichen Rechnungswesen dominieren in den VGR allerdings Stromgrößen. Das Bruttoinlandsprodukt (BIP) und seine Komponenten beziehen sich meistens auf ein Jahr oder ein Quartal. Die VGR folgen einem einheitlichen Aufbauprinzip, das die wirtschaftlichen Akteure (private Haushalte, Unternehmen) zu Transaktoren und wirtschaftlich vergleichbare Transaktionen (Konsum, Investitionen) zusammenfasst.

Die Aggregation erfolgt nach dem „bottom up" – Prinzip, so dass ökonomische Daten über die Unternehmen auch in detaillierter sektoraler Gliederungstiefe verfügbar sind (Landwirtschaft, Industrie, Handel usw.). Mit zunehmender Aggregation steigt die Übersichtlichkeit. Erkauft wird dies damit, dass im Vergleich zum ursprünglichen Datenmaterial Informationen verloren gehen. So wird beim Ausweis des zusammengefassten Unternehmenssektors darauf verzichtet, Lieferungen der Unternehmen untereinander abzubilden. Dies kann aber bedeutsam sein, wenn man etwa den Strukturwandel oder die Veränderungen von Wertschöpfungsketten untersuchen möchte. Die Entscheidung, welchen Aggregationsgrad die Daten haben sollen, hängt letztlich vom Untersuchungszweck ab.

Welches Abbildungskonzept liegt der Ermittlung des Bruttoinlandsprodukts zugrunde? Stellen wir uns zunächst eine Situation vor, in der lediglich Haushalte und Unternehmen als **Transaktoren** untereinander Güter und Produktionsfaktoren handeln. Die Vereinfachung besteht u. a. darin, dass die ökonomischen Aktivitäten des Staates und die **Transaktionen** mit dem Ausland zunächst nicht betrachtet werden. Ähnliches gilt für die Veränderungen des Sachkapitalbestandes – es handelt sich dann um eine geschlossene, nicht wachsende Wirtschaft ohne Staat. Abbildung 4 zeigt die ökonomischen Beziehungen zwischen den Transaktoren mit Hilfe der Kreislaufdarstellung: Die Unternehmen stellen

Güter her und nutzen dazu Produktionsfaktoren, während die Haushalte umgekehrt Güter konsumieren und Faktorinputs bereitstellen.

Die Kreislaufbetrachtung wurde von dem französischen Arzt Francois Quesnay (1694–1774) erstmals angewendet. In Analogie zum Blutkreislauf entwickelte er das *tableau économique*, das die Volkswirtschaft als in sich geschlossenes System darstellt. Ziel des *tableaus* war es, Einkommensströme zwischen Grundbesitzern, Handel und Handwerk abzubilden.

Aufgrund der Verschiedenartigkeit der gehandelten Waren, Dienstleistungen und Faktoren erweist sich der mit den schmalen Pfeilen angedeutete Mengennachweis als wenig praktikabel. Aus Gründen der Vergleichbarkeit weisen die VGR daher durchgehend Wertströme aus. Der einfache **Wirtschaftskreislauf** macht zweierlei deutlich:

- Der Kreislauf ist ein geschlossenes System ohne Abflüsse oder Zuflüsse von außen. Volkswirtschaftlich gesehen „kommt nichts weg".
- Zur Berechnung des BIP dieser einfachen Volkswirtschaft ist es gleichgültig, ob man die Faktorentgelte – also Arbeits- und Kapitaleinkommen – oder die Konsumausgaben C der Haushalte zugrunde legt.

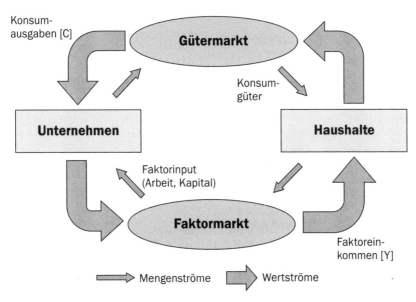

Abbildung 4: Kreislaufdarstellung einer stationären Wirtschaft ohne Staat und Ausland

Aus der Kreislaufdarstellung ergibt sich direkt die **Gleichungsdarstellung**. Für den einfachen Kreislauf in Abbildung 4 gilt für das Bruttoinlandsprodukt die Gleichung $Y = C$. Es gilt **Einkommen = Produktion = Nachfrage**. Bucht man die eingehenden Wertpfeile jeweils auf der Habenseite und die abgehenden Transaktionen entsprechend auf der Sollseite, dann ergibt sich folgende Kontendarstellung:

Unternehmen		Priv. Haushalte	
Y	C	C	Y

Für eine zunehmende Zahl von Transaktoren und Transaktionen lassen sich alle drei Darstellungsformen – Kreislaufdiagramm, Konten oder Gleichungen – sukzessive erweitern. Sollen beispielsweise Wachstumsprozesse durch Investieren und Sparen integriert werden, dann käme ein weiterer Transaktor **Vermögensänderungen** hinzu. Die Haushalte würden dann ihr Einkommen entweder konsumieren oder sparen. Die Unternehmen würden Faktoreinkommen aufwenden, um Konsumgüter und Investitionsgüter herzustellen. Die Kontendarstellung ist

Unternehmen		Priv. Haushalte		Vermögensänderungen	
Produktion Y	Konsum C Investitionen I	Konsum C Ersparnis S	Einkommen Y	Investitionen I	Ersparnis S

Orientiert am Unternehmenskonto ergibt sich dann für das BIP

$$Y = C + I.$$

Alle drei Darstellungsformen – Konten, Gleichungen und Kreislaufdiagramme – sind gleichwertig, aber zu unterschiedlichen Zwecken geeignet. Kreislaufdiagramme stellen die wechselseitige Verflechtung von Transaktionen heraus. Mit zunehmender Zahl der unterschiedenen Transaktoren und Transaktionen werden Kreislaufdiagramme allerdings unübersichtlich. Die in den VGR gepflegte Kontendarstellung ist dagegen gut geeignet, eine vollständige Übersicht über die empfangenen und geleisteten Ströme eines Transaktors zu geben. Schließlich erlaubt die Gleichungsdarstellung – quasi als „Sprache" der makroökonomischen Theorie – die Lösung von Modellen mit Hilfe mathematischer Methoden.

Nimmt man den Staat und das Ausland als weitere Transaktoren hinzu, dann wirkt das Kreislaufschema schon wesentlich unübersichtlicher (Abbildung 5). Die Eigenschaft des geschlossenen Systems bleibt erhalten. Das Ausland wird in dem Schema auf die Handelsbeziehungen beschränkt. Dabei wird vereinfachend angenommen, dass grenzüberschreitenden Transaktionen über die Unternehmen abgewickelt werden. Importe werden als monetärer Strom von den inländischen Unternehmen zum Ausland dargestellt. Gegenwert für die Exporte ist ein monetärer Strom vom Ausland zum Inland. Übersteigen die Exporte die Importe, liegt ein positiver **Außenbeitrag** oder ein Exportüberschuss vor. Die Gleichungsdarstellung ist

$$Ex = Im + AB.$$

Die durch den Überschuss zufließenden Devisen stellen eine Nettoforderung des Inlands gegenüber dem Ausland dar. Einem Exportüberschuss steht also ein **Nettokapitalexport** gegenüber, der letztlich als Investition des Inlands im Ausland zu verstehen ist.

Der Staat stellt öffentliche Güter zur Verfügung – etwa im Bereich der Landesverteidigung oder der Justiz. Durch diese staatliche Nachfrage entstehen **staatliche Konsumausgaben** (G). Streng genommen liegen sie vor, wenn die Leistungen unentgeltlich an die privaten Haushalte abgegeben werden. Außerdem investiert der Staat u.a. in die Infrastruktur ($I^{\mathit{öff}}$). Solange diese Investitionen größer als die Neuverschuldung Def sind, spart der Staat. Der Pfeil weist somit auf die Vermögensänderungen. Zur Korrektur der Einkommensverteilung zahlt der Staat Transfers (Tr) wie beispielsweise BAFÖG oder Sozialhilfe an die privaten Haushalte. Um die laufenden Ausgaben zu finanzieren, erhebt der Staat Steuern und Abgaben (T).

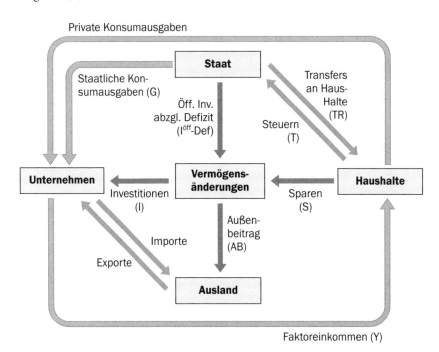

Abbildung 5: Kreislaufdarstellung einer offenen, wachsenden Wirtschaft mit Staat

Aus diesen Aktivitäten des Staates resultiert die Budgetgleichung:

$$T = G + TR + (I^{\text{öff}} - Def).$$

Diese Modellerweiterungen wirken sich in folgender Weise auf die schon bekannten Konten aus: Für die Vermögensänderungen gilt, dass die Ersparnis der Haushalte S und die des Staates ($I^{\text{öff}} - Def$) den Investitionen und dem Exportüberschuss andererseits entsprechen müssen:

$$I + (Ex - Im) = S + (I^{\text{öff}} - Def).$$

Für die Haushalte gilt nunmehr, dass das **verfügbare Einkommen** $Y - T + TR$ für Konsum oder Ersparnis verwendet werden kann:

$$Y - T + TR = C + S.$$

Schließlich wird die Bilanzgleichung der Unternehmen zu

$$Y = C + I + G + Ex - Im.$$

Das Bruttoinlandsprodukt Y entspricht der Summe aller Nachfragekomponenten abzüglich der aus dem Ausland nachgefragten Güter – es ist also eine Maßzahl für den Wert der Produktion im Inland. Für 2012 ergibt sich die folgende Verwendungsstruktur:

2012		Mrd. €	in Prozent des BIP
Bruttoinlandsprodukt	Y	2.644	100,0
= private Konsumausgaben	C	1.524	57,6
+ Konsumausgaben des Staates	G	515	19,5
+ Bruttoinvestitionen	I	456	17,2
+ Außenbeitrag	AB	149	5,6
= Exporte	Ex	1.365	51,6
– Importe	Im	1.215	46,0

Tabelle 1: Bruttoinlandsprodukt und Einkommensverwendung 2012

Abbildung 6 stellt dies noch einmal in Kontenform dar.

Unternehmen	
Einkommen Y	Private Konsumausgaben C
	Staatliche Konsumausgaben G
	Bruttoinvestitionen I
	Außenbeitrag AB

Priv. Haushalte		Vermögensänderungen	
Priv. Konsum C	Einkommen Y	Bruttoinvestitionen I	Ersparnis S
Steuern T	Transfers TR	Außenbeitrag AB	öff. Inv-Defizit
Ersparnis S			$I^{\text{öff}}$-Def

Staat		Ausland	
Transfers Tr	Steuern T	Exporte Ex	Importe Im
Staatskonsum G	Defizit Def		Außenbeitrag AB
Investitionen $I^{\text{öff}}$			

Abbildung 6: Kontendarstellung einer offenen, wachsenden Wirtschaft mit Staat

Damit ergibt sich die **Definition des BIP: Das Bruttoinlandsprodukt erfasst den Marktwert aller für den Endverbrauch bestimmten Waren und Dienstleistungen, die in einer Region während eines bestimmten Zeitabschnitts hergestellt werden.** Wie eingangs erwähnt, werden **Marktwerte** ausgewiesen, um unterschiedliche Waren und Dienstleistungen über ihre Marktbewertung vergleichbar zu machen. Von diesem Prinzip wird abgewichen, wenn es keine Marktpreise gibt.

Dies betrifft die staatlichen Konsumausgaben. Der Staat stellt öffentliche Güter bereit und nimmt dafür Produktionsfaktoren in Anspruch. Da er diese Leistungen ohne ein direktes Entgelt zur Verfügung stellt, gehen derartige Transaktionen mit dem Wert der Inputs ein. Ein zweites Beispiel ist das selbst genutzte Wohneigentum. Hier muss sichergestellt sein, dass Mieter und Wohnungseigentümer vergleichbar behandelt werden. Im Bruttoinlandsprodukt werden daher fiktiv Mietzahlungen für selbst genutzten Wohnraum eingerechnet. Dies hat aber relativ willkürliche Grenzen: So wird die Arbeit von Hausfrauen nicht eingerechnet, obwohl auch hier denkbar wäre, sie entsprechend der Leistung von fiktiven Haushaltshilfen zu bewerten.

Das Bruttoinlandsprodukt (BIP) ist eine Stromgröße. Das BIP bezieht sich auf einen bestimmten Zeitraum – meistens ein Jahr oder ein Quartal – und beinhaltet ausschließlich neu hergestellte Güter. Umsätze der Handelsplattform ebay mit „Dachbodenfunden" zählen also ebenso wenig zum BIP wie der private Gebrauchtwagenhandel, die ebay-Gebühren oder die Handelsspanne beim gewerblichen Verkauf dagegen schon. Zusammenfassend kann gesagt werden, dass das BIP trotz aller Schätzungen und Zurechnungen einen recht verlässlichen Indikator für die Produktionsleistung und die Einkommenssituation eines Landes darstellt.

Fallstudie 1: Volkswirtschaftliche Kennziffern

Indizes: Durch Indexierung kann die Entwicklung von Variablen unterschiedlicher Niveaus verglichen werden. Setzt man die Indizes jeweils für das Jahr 2010 auf 100, dann ergibt sich für das BIP $Y_{index} = Y_t / Y_{2010} * 100$; für die Exporte gilt analog $Ex_{index} = Ex_t / Ex_{2010} * 100$. Damit sind die zeitlichen Entwicklungen zu vergleichen – die Information über das Größenverhältnis geht dabei naturgemäß verloren.

Quoten sind einfache Verhältniszahlen. Im Zeitablauf zeigen sie an, ob sich die Größe im Zähler oder die im Nenner dynamischer entwickelt. Ist ersteres der Fall, dann steigt die Quote. Beispiele für Quoten sind beispielsweise das Pro-Kopf-Einkommen (BIP pro Einwohner) oder der Sachkapitaleinsatz pro Arbeitseinheit.

Anteile sind Verhältniszahlen, die einen Teil eines Ganzen wiedergeben. Der Zähler ist typischerweise im Nenner enthalten, so dass sich Anteile zu 100 aufaddieren – beispielsweise der Anteil der staatlichen Konsumausgaben am BIP.

Veränderungsraten geben an, wie sich ökonomische Größen im Vergleich zur Vorperiode verändert haben. Dazu wird die Veränderung einer Variablen $(Y_t - Y_{t-1})$ auf die Vorjahresgröße Y_{t-1} bezogen und in Prozent ausgedrückt.

Jahresdurchschnittliche Veränderungsraten geben dagegen an, mit welcher prozentualen Rate sich eine Variable über einen längeren Zeitraum durchschnittlich verändert hat. Die durchschnittliche Veränderungsrate erhält man dadurch, dass man die Veränderungen über n Jahre mit der n-ten Wurzel berechnet – also $((Y_t / Y_{t-n})^{1/n} - 1) * 100\,\%$.

Finden Sie für jeden der angegebenen Indikatoren zwei Beispiele und geben Sie die Quellen an.

2 Verwendungs-, Entstehungs- und Verteilungsrechnung

Ein wesentliches Ergebnis der Volkswirtschaftlichen Gesamtrechnungen ist die Ermittlung des Bruttoinlandsprodukts. Entsprechend der unterschiedlichen Dimensionen des Kreislaufsystems sind drei Arten der Berechnung des BIP zu unterscheiden (Abbildung 7). So geht es in der Verwendungsrechnung um die Frage, in welchem Umfang der erzeugte Güterberg konsumiert, investiert oder vom Ausland nachgefragt wurde. Auch der Zugriff des Staates auf die hergestellten Güter könnte von Interesse sein. Die Entstehungsrechnung zeigt dagegen, in welchen Wirtschaftszweigen oder Regionen die gesamtwirtschaftliche Produktion erzeugt wurde. Schließlich gibt die Verteilungsrechnung Aufschluss darüber, wie sich die bei der Produktion entstandenen Einkommen auf die Primärfaktoren verteilen. Die Würfeldarstellung macht deutlich: Nachfrage, Einkommen und Produktion sind gesamtwirtschaftlich betrachtet identisch.

Abbildung 7: Das BIP als Nachfrage-, Produktions- und Einkommensindikator

Wie schon im vorherigen Abschnitt angedeutet, lässt sich das BIP über die Endnachfragekomponenten bestimmen: Private Konsumausgaben, staatliche Konsumausgaben, Bruttoinvestitionen sowie Exporte abzüglich Importe. Die Einkommensverwendungsrechnung macht deutlich, für welche Zwecke die hergestellten Güter verwendet werden. Die Verwendungsrechnung ist oftmals die Basis für Konjunkturanalysen. Die indexierten Werte in Abbildung 8 zeigen, dass die Einkommensentwicklung in Deutschland seit 2002 stark vom dynamisch wachsenden Außenhandel geprägt wurde. Dagegen kam der private

Konsum als größte Verwendungskomponente kaum von der Stelle. Besonders deutlich wird die Rolle der Investitionen als „Cyclemaker". Zudem zeigt die Darstellung, dass die Wirtschaftskrise 2009 unter anderem durch eine um 20 Punkte einbrechende Exportnachfrage ausgelöst wurde.

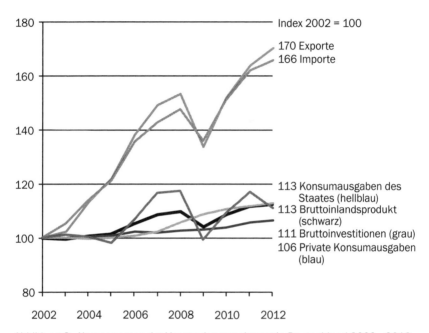

Abbildung 8: Komponenten der Verwendungsrechnung in Deutschland 2002 – 2012

Die Kreislaufdarstellung hat gezeigt, dass das BIP sowohl über die Einkommens-verwendung als auch über die Einkommensentstehung zu ermitteln ist. Um dies zu verdeutlichen, ist in Abbildung 9 das gesamtwirtschaftliche Produktionskon-to dargestellt. Die Analogie zur Gewinn- und Verlustrechnung eines einzelnen Unternehmens ist gut erkennbar:

■ Auf der Habenseite des Kontos steht der **Produktionswert**. Wesentlicher Teil des Produktionswerts der Unternehmen ist der Umsatz. Hinzu kommen hier Vorratsänderungen von Fertigprodukten und selbst erstellte Anlagen – tatsächlich sind diese beiden Größen quantitativ aber von untergeordneter Bedeutung.

■ Um die entstandenen Einkommen – die **Bruttowertschöpfung** – zu ermit-teln, sind davon fremd bezogene Lieferungen und Leistungen abzuziehen. Dies stellt sicher, dass entlang der Wertschöpfungskette keine Doppelzäh-lungen stattfinden.

Aus dem Produktionskonto ergibt sich die Bruttowertschöpfung als Differenz aus Produktionswert und Vorleistungen:

Abbildung 9: Das gesamtwirtschaftliche Produktionskonto 2012 (in Mrd. €)

Das gesamtwirtschaftliche Produktionskonto ergibt sich als Aggregat der nach Wirtschaftszweigen unterschiedenen Entstehungsrechnung. Um Doppelzählungen zu vermeiden, werden sämtliche **Lieferungen zwischen Unternehmen ausgeschlossen**. Aufgrund sinkender Fertigungstiefen beispielsweise in der Automobilproduktion kaufen die Hersteller in zunehmendem Maße Komponenten ein. Ihre Leistung besteht darin, diese Komponenten zusammenzubauen. Der Marktwert dieser Leistung ist dem Autokonzern zuzurechnen. Er ergibt sich als Differenz zwischen Umsatz und Beschaffungskosten. Dieser Saldo gibt die Wertschöpfung wieder. Ähnliches gilt für einen Reifenhersteller, der seine Grundstoffe wiederum von Dritten bezieht. Entlang der Wertschöpfungskette wird jeder Produktionsstufe also immer nur die zusätzlich eingebrachte Leistung zugerechnet.

Auf diese Weise zeigt die **Einkommensentstehungsrechnung**, in welchen Wirtschaftszweigen die Bruttowertschöpfung erwirtschaftet wurde. Abbildung 10 zeigt die Struktur der Wertschöpfung nach Wirtschaftszweigen für das Jahr 2012. Das Produzierende Gewerbe – also Industrie, Baugewerbe, Bergbau und Versorger – erwirtschafteten zusammen knapp ein Drittel der Einkommen. Im privaten Dienstleistungsgewerbe – hier weiter unterschieden nach „Handel, Gastgewerbe und Verkehr" und „sonstigem privaten Dienstleistungsgewerbe" – entstanden fast die Hälfte der Einkommen, während der Staat gut ein Fünftel der Wertschöpfung beisteuerte.

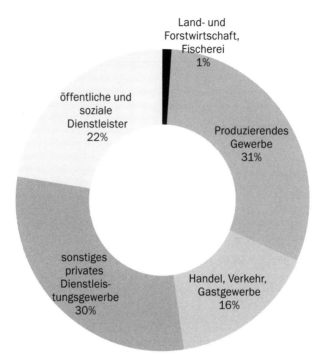

Abbildung 10: Entstehung der Bruttowertschöpfung in Deutschland –
Anteile in Prozent 2012

Für längere Zeiträume ist die Entstehungsrechnung gut geeignet, den Strukturwandel zugunsten des privaten Dienstleistungsgewerbes zu beschreiben. Dabei
zeigt sich, dass der landwirtschaftliche Produktionsanteil tendenziell sinkt und
dass die Industrie vor allem zu Lasten der unternehmensnahen Dienstleistungen
Produktionsanteile verliert. Seit 1992 hat das „Produzierende Gewerbe" knapp
5 %-Punkte an Wertschöpfungsanteilen verloren, die je zur Hälfte an das „sonstige private Dienstleistungsgewerbe" sowie an die „öffentlichen und sozialen
Dienstleister" gingen. Der Anteil von „Handel, Verkehr, Gastgewerbe" an der
gesamtwirtschaftlichen Bruttowertschöpfung veränderte sich dagegen kaum.
Dieser Prozess der **Tertiarisierung** ist in einigen anderen europäischen Ländern
weiter fortgeschritten als in Deutschland. Einige Beobachter empfinden dies als
strukturellen Nachteil Deutschlands. Tatsächlich könnte dies aber auch die im
internationalen Vergleich hohe Wettbewerbsfähigkeit der deutschen Industrie
reflektieren.

Um von der Bruttowertschöpfung zum Bruttoinlandsprodukt zu kommen,
muss berücksichtigt werden, inwieweit der Staat über Produktions- und Importabgaben einerseits und Subventionen andererseits in die Preisbildung eingreift.

Die Produktions- und Importabgaben umfassen Gütersteuern und die sonstigen Produktionsabgaben. Gütersteuern werden pro Mengen oder Werteinheit erhoben und wirken sich direkt auf die Anschaffungspreise aus. Zu dieser Gruppe zählen neben der Mehrwertsteuer und den speziellen Verbrauchssteuern (etwa auf Mineralöl oder Tabak) auch die Zölle. Bei den sonstigen Produktionsabgaben – wie beispielsweise der Gewerbesteuer – fehlt der direkte Zusammenhang mit der Produktion. Entsprechend unterscheidet man bei den Subventionen Gütersubventionen und sonstige Subventionen. Für 2012 galt:

2012	Mrd. €
Bruttowertschöpfung	2.365
+ Gütersteuern	286
– Gütersubventionen	6
= Bruttoinlandsprodukt	2.644

Tabelle 2: Bruttowertschöpfung und Bruttoinlandsprodukt 2012

Das Statistische Bundesamt benutzt die Verwendungsrechnung und die Entstehungsrechnung getrennt, um auf der Basis zweier unabhängiger Rechenwerke möglichst präzise Schätzungen der gesamtwirtschaftlichen Produktionsentwicklung zu erhalten. Relativ früh im Januar werden die Werte auf Basis der Verwendungsrechnung für das abgelaufene Jahr veröffentlicht. Zumeist Ende Februar werden dann revidierte Werte auf Basis von Entstehungs- und Verwendungsrechnung zur Verfügung gestellt. Gegenüber den zunächst ausgewiesenen Veränderungsraten des BIP können sich dann Korrekturen ergeben.

Das Bruttoinlandsprodukt erfasst die inländische Produktion. Es bezieht sich auf eine Region und nicht auf die Bewohner einer Region. Das **Bruttonationaleinkommen** (früher: Bruttosozialprodukt) folgt dagegen dem Inländerkonzept. Entsprechend zählen die Produktionsleistungen von in Deutschland lebenden Pendlern im benachbarten Ausland oder Kapitaleinkommen deutscher Konzerntöchter im Ausland nicht zum deutschen Bruttoinlandsprodukt, wohl aber zum Bruttonationaleinkommen. Umgekehrt gilt: Einkommen von Einpendlern nach Deutschland oder von Ausländern in Deutschland erzielte Kapitaleinkommen zählen zum Bruttoinlandsprodukt, aber nicht zum deutschen Bruttonationaleinkommen.

2012	Mrd. €
Bruttoinlandsprodukt (Inlandskonzept)	2.644
+ Empfangene Einkommen aus der übrigen Welt	206
– Geleistete Einkommen an die übrige Welt	143
= Bruttonationaleinkommen (BNE)	2.708

Tabelle 3: Bruttoinlandsprodukt und Bruttonationaleinkommen 2012

Die entstandenen Einkommen beruhen zum Teil auf Kapitalverzehr. In der Begriffswelt der VGR werden aus Bruttogrößen die entsprechenden Nettogrößen, indem man die Abschreibungen abzieht. Bereinigt man das Bruttonationaleinkommen um die Abschreibungen, dann erhält man das Nettonationaleinkommen. Zieht man davon alle Produktions- und Importabgaben ab und rechnet sämtliche Subventionen hinzu, dann ergibt sich mit dem Volkseinkommen ein weiteres bedeutsames Einkommensaggregat. Für 2012 ergibt sich:

2012	Mrd. €
Bruttonationaleinkommen (BNE)	2.708
– Abschreibungen	399
= Nettonationaleinkommen	2.308
– Produktions- u. Importabgaben	298
+ Subventionen	25
= Volkseinkommen (VE)	2.035

Tabelle 4: Bruttonationaleinkommen und Volkseinkommen 2012

Die **Einkommensverteilungsrechnung** knüpft letztlich an die Entlohnung der Produktionsfaktoren an. Dabei interessiert vor allem die Frage, welche Faktoreinkommen bei der Produktion entstanden sind und wie sie verteilt wurden. Für die Zusammensetzung des **Volkseinkommens** gilt

$$VE = AE + R$$

mit den Arbeitnehmerentgelten AE sowie den Unternehmens- und Vermögenseinkommen R. Die Arbeitnehmerentgelte der Inländer umfassen neben den Bruttolöhnen und -gehälter auch die Sozialbeiträge der Arbeitgeber. Um die Primärverteilung in Arbeits- und Kapitaleinkommen zu analysieren, eignet sich insbesondere die **Lohnquote**. Sie ist als prozentualer Anteil der Arbeitnehmerentgelte am Volkseinkommen definiert. In Deutschland liegt die Lohnquote bei rund 70 %. In allen anderen hoch entwickelten Volkswirtschaften werden ähnliche Größenordnungen erreicht. Das bedeutet umgekehrt, dass Kapitaleinkommen etwa 30 % des Volkseinkommens ausmachen. Die Lohnquote sagt etwas über Verteilungspositionen aus. In Deutschland ist sie zwischen 2000 und 2007 kräftig von 72 auf 63 % gesunken. Seither stieg sie wieder auf knapp 68 %. Es bleibt abzuwarten, ob es sich dabei um eine vorübergehende oder eine strukturelle Änderung der primären Einkommensverteilung handelt.

3   Preisbereinigung, Preisindizes und Inflationsmessung

Das Bruttoinlandsprodukt BIP ist eine Wertgröße. In den VGR spricht man vom **BIP in jeweiligen Preisen** – die makroökonomische Theorie bezeichnet das als nominales Einkommen. Hinter der Entwicklung von Wertgrößen verbergen sich eine Preiskomponente und eine Mengenkomponente. Volkswirtschaftliche Analysen beziehen sich jedoch selten auf Wertgrößen, sondern zielen meist auf Preisentwicklungen oder auf Mengenentwicklungen ab. Das nominale Bruttoinlandsprodukt ergibt sich in einer Zwei-Güter-Wirtschaft aus den Mengen x_1 und x_2 und den zugehörigen Preisen p_1 und p_2 jeweils in der Periode t und in der Vorperiode $t-1$ als

$$Y^{nom}_t = p_{1t}\,x_{1t} + p_{2t}\,x_{2t} \quad \text{und} \quad Y^{nom}_{t-1} = p_{1t-1}\,x_{1t-1} + p_{2t-1}\,x_{2t-1}.$$

Setzt man die Preise auf Vorjahresniveau fest, dann lässt sich die Mengenentwicklung zu Preisen des Vorjahres in folgender Weise berechnen:

$$Y^{real}_t = p_{1t-1}\,x_{1t} + p_{2t-1}\,x_{2t}.$$

Das reale BIP ist folglich eine fiktive Mengengröße, die die Frage beantwortet, wie sich das BIP entwickelt hätte, wenn sich die Preise gegenüber der Vorperiode nicht verändert hätten. Wenn über Wirtschaftswachstum gesprochen wird, dann geht es dabei meist um vierteljährliche, jährliche oder jahresdurchschnittliche **Veränderungsraten des realen Bruttoinlandsprodukts**.

Aus den Veränderungen der Werte und der Mengen ergibt sich der **Deflator** des BIP als $p^{BIP} = Y^{nom} / Y^{real}$. Bei diesem impliziten Preisindex handelt es sich um einen **Paasche-Preisindex**, bei dem die Preise mit der jeweils aktuellen Mengenstruktur gewichtet werden. Dieser Index gibt an, um wie viel der Güterberg im Vergleich zur Vorperiode teurer geworden ist.

Vollkommen anders wird der **Verbraucherpreisindex** konstruiert, der in Deutschland zur Berechnung der Inflationsrate herangezogen wird. Gegenstand sind hier nicht sämtliche Nachfragekomponenten des BIP, sondern allein die

Konsumausgaben der privaten Haushalte. Wiederum gilt im Falle zweier Konsumgüter in einem Basisjahr 0

$$C_0 = p_{10}\, x_{10} + p_{20}\, x_{20}.$$

Für das Basisjahr gilt nun ein Preisindex von Eins – formal wird die obige Gleichung durch C_0 geteilt:

$$p_0 = p_{10}\, x_{10}/C_0 + p_{20}\, x_{20}/C_0 = 1.$$

Die Gewichte x_{10}/C_0 und x_{20}/C_0 stellen den **Warenkorb** dar, der das Konsumverhalten im Basisjahr widerspiegelt. Die Gewichte im Warenkorb addieren sich zu Eins.

Für das laufende Jahr t wird nun berechnet, was ein repräsentativer Haushalt für sein Konsumprogramm des Basisjahres im laufenden Jahr hätte ausgeben müssen:

$$C_t = p_{1t}\, x_{10} + p_{2t}\, x_{20}.$$

Der Preisindex ist schließlich

$$p_t = C_t/C_0 = p_{1t}\, x_{10}/C_0 + p_{2t}\, x_{20}/C_0.$$

Hier handelt es sich um den **Laspeyres-Preisindex**. Damit wird die Frage beantwortet, in welchem Umfang sich der Konsum verteuert hätte, wenn das Konsumprogramm (sprich: Warenkorb) im Vergleich zum Basisjahr unverändert geblieben wäre. Normalerweise wird aber nicht der Index selbst diskutiert, sondern seine prozentuale Veränderung – die **Inflationsrate**:

$$\pi_t = (p_t/p_{t-1} - 1) * 100\,\%.$$

Auf diese Weise gewichtet das Statistische Bundesamt für einen repräsentativen Haushalt rund 700 Konsumgüter. Die Abbildung 11 zeigt die Preisentwicklung nach zwölf zusammengefassten Verwendungszwecken. Die Angaben an der Hochachse sind die Warenkorbgewichte des Jahres 2010 in Promille. Insgesamt addieren sie sich naturgemäß zu 1000 auf.

Das Preisniveau hat sich in Deutschland zwischen 2007 und 2012 jahresdurchschnittlich um 1,6 % erhöht. Bemerkenswert war die **Preisstrukturentwicklung**. Während Verkehr, Nahrungsmittel sowie Alkohol und Tabakwaren teurer geworden sind, wurden Bildung und Telekommunikation sogar etwas billiger. Die Verkehrsausgaben wurden vor allem durch steigende Kraftstoffpreise getrieben. Alkohol und Tabakwaren verteuerten sich durch höhere staatliche Abgaben und bei der Bildung stehen letztlich die in den meisten Bundesländern zwischenzeitlich zurückgenommenen Studienbeiträge im Vordergrund. Zwischen 2007 und 2012 sind die Preise für Kommunikationsdienstleistungen jahresdurchschnittlich um 2,6 % gesunken. Dieser Trend spiegelt den technischen Fortschritt vor allem im Bereich der Mobilkommunikation und den scharfen Preiswettbewerb in diesen Märkten wider.

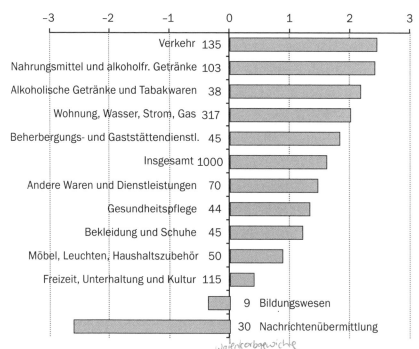

Abbildung 11: Verbraucherpreise nach Verwendungszwecken (durchschnittliche Veränderungsraten in Prozent 2007 – 2012)

Tabelle 5 fasst die wesentlichen Unterschiede zwischen dem BIP-Deflator und dem Verbraucherpreisindex zusammen. In den Volkswirtschaftlichen Gesamtrechnungen erfolgt Preisbereinigung grundsätzlich über Deflatoren. Sie werden nicht nur für das BIP insgesamt, sondern auch für den privaten Konsum, die Investitionen oder für Exporte und Importe ausgewiesen. Die Inflationsrate wird dagegen über den Verbraucherpreisindex ermittelt. Der BIP-Deflator spiegelt die Preisentwicklung der im Inland hergestellten Güter wider. Der Verbraucherpreisindex enthält dagegen diejenigen Güter, die Haushalte konsumieren. Werden also Güter teurer, die nicht in den privaten Konsum eingehen, dann steigt der BIP-Deflator, nicht aber der Verbraucherpreisindex. Umgekehrt treiben im Preis steigende importierte Konsumgüter die Inflationsrate, nicht aber den BIP-Deflator an. Seit 1992 liefen beide Entwicklungen trotz dieser konzeptionellen Unterschiede aber weitgehend parallel (Abbildung 12).

	BIP-Deflator	Verbraucherpreisindex
Berechnungs-grundlage	Sämtliche in einer Periode hergestellten Güter für den Endverbrauch	Güter, die von Konsumenten gekauft werden
Berechnungs-methode	Paasche-Index, d. h. aktuelle Mengenstruktur, feste Preise des Basisjahres	Laspeyres-Preisindex, d. h. aktuelle Preise, feste Mengenstruktur (Warenkorb)
Fiktion	Wie hätte sich die Produktion entwickelt, wenn sämtliche Preise im Vergleich zur Vorperiode unverändert geblieben wären?	Wie hätte sich die Kaufkraft eines Euros verändert, wenn die Haushalte dieselben Güter wie im Basisjahr konsumiert hätten?
	Unterschätzt die tatsächliche Preisentwicklung tendenziell	Überschätzt die tatsächliche Preisentwicklung tendenziell

Tabelle 5: BIP-Deflator und Verbraucherpreisindex

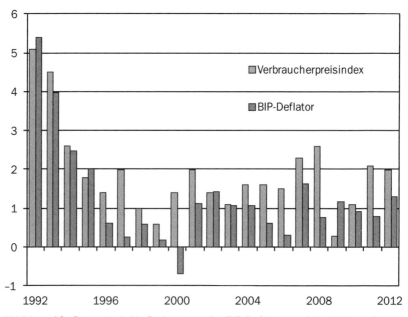

Abbildung 12: Prozentuale Veränderungen des BIP-Deflators und des Verbraucher-preisindex 1992 – 2012

4   Grenzen der Volkswirtschaftlichen Gesamtrechnungen

Die durch die Volkswirtschaftlichen Gesamtrechnungen bereitgestellten Daten sind keine „letzten Wahrheiten", sondern beruhen auf statistischen Schätzungen und Berechnungen. Ungenauigkeiten ergeben sich aufgrund von Erfassungs- und Messfehlern, die trotz aller Sorgfalt kaum zu vermeiden sind. Darüber hinaus werden sämtliche Größen geschätzt, denen keine Markttransaktionen zugrunde liegen. Dies sind die staatlichen Konsumausgaben, die fiktive Miete für selbstgenutztes Wohneigentum oder aber der Umfang von Naturalentlohnungen. Unentgeltliche Leistungen wie Hausarbeit, Kindererziehung oder ehrenamtliche Tätigkeiten werden ebenso wenig erfasst wie die illegale Ökonomie – beispielsweise Schwarzarbeit oder Drogenhandel. Solange das Verhältnis von erfassten und nicht berücksichtigten Aktivitäten sowie die Qualität der Schätzungen insgesamt unverändert bleiben, dürften Interpretationen ökonomischer Zusammenhänge auf der Basis dieser Daten weniger problematisch sein. Die meisten Volkswirte gehen von einer hohen Qualität der Volkswirtschaftlichen Gesamtrechnungen aus.

Aber selbst wenn Einkommen und Produktion relativ gut erfasst werden, ist vor Fehlinterpretationen zu warnen. Ein höheres Bruttoinlandsprodukt weist nicht unbedingt auf eine günstigere Güterversorgung hin. Zwar steigt das BIP, wenn etwa Teile der Haushaltsproduktion auf Märkte verlagert werden (z. B. Kinderhorte, Restaurants oder Reinigungsunternehmen). Fraglich ist, wie sich dadurch die tatsächliche Güterversorgung verändert.

Außerdem erfasst das BIP Produktionsleistungen, die lediglich eingetretene Schäden beheben:

- Produktionsleistungen des Gesundheitswesens, die bei Patienten im Erfolgsfall „lediglich" den Ausgangszustand wieder herstellen und dabei nicht unerheblich auf volkswirtschaftliche Ressourcen zugreifen;
- die Reparatur von durch Naturkatastrophen oder Unfälle herbeigeführten Sachschäden am Sachkapitalbestand oder an Gebrauchsgütern;
- Altlastensanierung, Leistungen von Klärwerken oder Filteranlagen in Kraftwerken – also die Beseitigung von Umweltschäden, die durch die Produktion oder den Konsum von Gütern entstehen.

Aber auch hier gilt: Sofern diese als Defensivproduktion bezeichneten Aktivitäten sich ähnlich wie die übrige Produktion verändern, bleiben die Probleme bei der Interpretation der Daten beherrschbar.

Schließlich ist auf ein letztes Missverständnis hinzuweisen. Das Bruttoinlandsprodukt oder auch Pro-Kopf-Einkommen eignet sich nur begrenzt als Wohlstandsindikator. Zum einen werden damit Aktivitäten wertmäßig ausgewiesen, die den Wohlstand von Individuen oder Gesellschaften nicht erhöhen. Zum anderen wird zusätzlicher Freizeit und zunehmenden privaten Nicht-Marktaktivitäten kein Wert beigemessen. Schließlich sagt das BIP selbst nichts über die Verteilung von Einkommen und Vermögen aus. Tatsächlich ist aber davon auszugehen, dass unser Wohlbefinden nicht unabhängig von der Lebenssituation unseres Umfelds ist. Spannt man den Bogen noch etwas weiter und fragt, inwieweit Produktion und Einkommen zur Lebenszufriedenheit beitragen, dann ist der Zusammenhang zu Einkommensgrößen noch loser.

» Zusammenfassung

- Das Bruttoinlandsprodukt erfasst den Marktwert aller für den Endverbrauch bestimmten Waren und Dienstleistungen, die in einer Region während eines bestimmten Zeitabschnitts hergestellt werden.
- Das Bruttoinlandsprodukt bildet gleichzeitig die gesamtwirtschaftliche Nachfrage, die sektorale oder regionale Wertschöpfung und das gesamtwirtschaftliche Einkommen in seiner Entstehung ab. Die wichtigsten Definitionen sind:

  BIP = Private und staatliche Konsumausgaben + Investitionen
  + Exporte – Importe

  BIP = Produktionswert – Vorleistungen

  BIP = Abschreibungen + Nettogütersteuern + Arbeitsentgelte
  + Unternehmens- und Vermögenseinkommen

- Die VGR nehmen die Preisbereinigung volkswirtschaftlicher Aggregate als Paasche-Index vor – gefragt wird nach der fiktiven Mengenänderung, die sich ergeben hätte, wenn alle Preise im Vergleich zur Vorperiode konstant geblieben wären. Der Verbraucherpreisindex ist dagegen ein Laspeyres-Preisindex. Hier legt der Warenkorb eines Basisjahres die Mengengewichte fest.
- Das Bruttoinlandsprodukt und auch das Pro-Kopf-Einkommen erfassen überwiegend Markttransaktionen und eignen sich deshalb nur begrenzt als Wohlstandsmaß.

» Wichtige Begriffe

Wirtschaftskreislauf, Transaktoren, Transaktionen, Bestandsgrößen, Stromgrößen, gesamtwirtschaftliches Produktionskonto, Bruttoinlandsprodukt, Bruttonationaleinkommen, Lohnquote, BIP-Deflator, Defensivproduktion.

» Aufgaben

1 Welche der folgenden Transaktionen führen zu Veränderungen des BIP?
   a) Sie kaufen einen Flachbildschirm aus koreanischer Produktion.
   b) Mit Hilfe der freundlichen Unterstützung Ihres Umfeldes erwerben Sie eine neu erstellte Eigentumswohnung.
   c) Ihr Nachbar hilft Ihnen gegen ein kleines Entgelt bei Renovierungsarbeiten.
   d) Sie verkaufen Ihren alten Pkw.
   e) Volkswagen wechselt einen Lieferanten – die Reifen stammen nicht mehr aus heimischer Produktion, sondern werden nunmehr importiert.

2 Welche Fragen können mit der Verwendungsrechnung, der Entstehungsrechnung und der Verteilungsrechnung beantwortet werden?

3 Recherchieren Sie aus der aktuellen Gemeinschaftsdiagnose der Wirtschaftsforschungsinstitute die Erwartungen der Konjunkturexperten zum BIP, zu den Verwendungskomponenten und zur Preisentwicklung.

4 Ermitteln Sie das gesamtwirtschaftliche Produktionskonto mit den dazu gehörigen Werten für das abgelaufene Jahr. Leiten Sie daraus eine Gleichung für die Einkommensentstehung und eine für die Einkommensverteilung ab und berechnen Sie die Lohnquote.

5 Welche Folgen hat die Bewertung zu jeweiligen Preisen in den VGR? Wie wird dieses Problem gelöst?

6 Für „Mensaland" werden für die angegebenen Jahre folgende Preise und Mengen beobachtet. Berechnen Sie das nominale BIP, das BIP zur Preisbasis 2010, den BIP-Deflator sowie deren jährliche Veränderungsraten.

	Preise (€ pro ME)		Mengen	
	Menü 1	Menü 2	Menü 1	Menü 2
2009	1,50	2,00	300.000	200.000
2010	1,55	2,10	360.000	210.000
2011	1,70	2,15	380.000	220.000

Kapitel 2
Wirtschaftswachstum

„Die Fähigkeit eines Landes, seinen Lebensstandard im Laufe der Zeit zu erhöhen, hängt beinahe zur Gänze von der Fähigkeit ab, die Produktionsleistung pro Arbeitnehmer zu erhöhen."

(Paul Krugman)

Einkommen und Wohlstand unterscheiden sich weltweit deutlich. Die materielle Versorgung der Menschen in Europa ist um ein Vielfaches höher als die in Afrika. Das Beispiel der sogenannten „asiatischen Tiger" (u. a. Malaysia, Südkorea, Taiwan und Thailand) während der Achtzigerjahre sowie die rasche Industrialisierung Chinas und Indiens zeigen, dass Produktion und Einkommen in bestimmten Entwicklungsphasen besonders rasch zunehmen. Auf der anderen Seite ändert sich an der Armut und dem Entwicklungsstand anderer Regionen seit mehr als fünfzig Jahren kaum etwas.

Auch wenn Deutschland wie die meisten übrigen hochentwickelten Volkswirtschaften nur mit moderaten Raten wächst, verdoppeln sich die Pro-Kopf-Einkommen nahezu mit jeder Generation. Investitionen, Bildung und Forschung sowie die Entwicklung neuer Produkte und Verfahren haben dafür gesorgt, dass unser Lebensstandard durchschnittlich viel höher ist als der unserer Eltern und Großeltern.

» Lernziele

- Die Studierenden kennen den produktionstheoretischen Hintergrund des Wirtschaftswachstums. Sie kennen die Komponenten des Wachstums und sind in der Lage, die Quellen des Wirtschaftswachstum zu identifizieren.
- Die Studierenden kennen die wesentlichen Triebfedern des Wachstums und können zeigen, wie Wachstum und Strukturwandel miteinander verbunden sind. Die Studierenden können die Idee und den Inhalt der Drei-Sektoren-Hypothese erklären und sind mit den Bedingungen und den Effekten des dynamischen Wettbewerbs vertraut.
- Die Studierenden sind in der Lage, Instrumente zu benennen, mit denen Wirtschaftspolitiker das Wachstum stimulieren und können konkrete Maßnahmen auf ihre wachstumspolitische Eignung prüfen.

1 Produktivität und Produktionspotential

Solange die Produktionsmöglichkeiten gegeben und die Bedürfnisse der Menschen unbegrenzt sind, bleibt kurzfristig nur die Möglichkeit, einen möglichst effizient erstellten Güterberg auf Märkten nach der Dringlichkeit der Nachfrage zuzuteilen. In der langen Frist eröffnet Wirtschaftswachstum die Möglichkeit, Knappheiten zu lindern. Obwohl sich die Wahrnehmung der Knappheit auch bei steigenden Einkommen nicht generell beseitigen lässt, erscheint sie als eine wesentliche Triebfeder des Wachstums.

Fallstudie 2: Konjunktur und Wachstum in Deutschland 1950 – 2012

Die folgende vom Statistischen Bundesamt veröffentlichte Graphik zeigt das deutsche Wirtschaftswachstum seit dem zweiten Weltkrieg. Für die Fünfziger- und Sechzigerjahre sind nur die jahresdurchschnittlichen Veränderungsraten angegeben. Das „Wirtschaftswunder" der Fünfzigerjahre ist durch den Wiederaufbau und durch massive Aufholprozesse gekennzeichnet. In dieser Dekade nahm die Wirtschaftsleistung pro Jahr um mehr als 8 % zu. Dies sind Veränderungsraten, wie sie derzeit in China und einigen anderen rasch aufholenden Staaten zu beobachten sind. Während der Sechzigerjahre halbierte sich das Wirtschaftswachstum – der Aufholprozess gegenüber den anderen europäischen Volkswirtschaften neigte sich allmählich dem Ende zu.

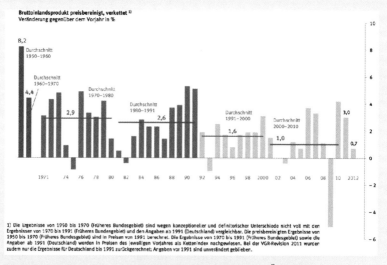

Statistisches Bundesamt, Wichtige Zusammenhänge im Überblick, 2012

Für die Siebziger- und Achtzigerjahre sind neben den jahresdurchschnittlichen auch die jährlichen Veränderungsraten sichtbar. Hier wird deutlich, dass es neben einigen Boom-Jahren mit überdurchschnittlichem Wachstum auch Jahre gab, in denen die Wirtschaftsleistung gesunken ist – beispielsweise die Jahre 1975 und 1982. Ein moderates Wirtschaftswachstum zwischen 2,5 und 3 % pro Jahr wurde durch kurzfristige konjunkturelle Schwankungen überlagert.

Die hellblauen Balken der Neunzigerjahre und der vergangenen Dekade sollen andeuten, dass die Bundesrepublik vor und nach der Wiedervereinigung nur bedingt vergleichbar ist. Dennoch setzt sich das Konjunkturmuster auch nach 1991 fort, allerdings bei weiter sinkendem Wirtschaftswachstum. Zwischen 2000 und 2010 ist die jahresdurchschnittliche Wachstumsrate auf nur mehr 1 % gesunken.

Recherchieren Sie Gründe für diese deutlich erkennbare Verlangsamung des Wirtschaftswachstums in Deutschland.

Um wirtschaftliches Wachstum verstehen zu können, benötigt man zunächst das Modell einer gesamtwirtschaftlichen **Produktionsfunktion,** das einen Zusammenhang zwischen Output (Produktion) und Input (Produktionsfaktoren) abbildet, wobei der Stand der Technologie als gegeben angesehen wird. Nachfolgend soll ausgehend von diesen Überlegungen geklärt werden, wie man Wachstum in einem einfachen Modell erklären kann und wie die wichtigsten Einflussgrößen hierzu beitragen.

Hierfür legen wir eine langfristige Perspektive zugrunde und erklären das maximal mögliche Produktionsniveau mit Hilfe einer **neoklassischen Produktionsfunktion,** bei der der Output mit steigendem Input zunimmt, wobei die Produktionszuwächse aber abnehmen. Abbildung 13 macht die Unterscheidung zwischen **Wachstum und Konjunktur** anhand einer solchen Produktionsfunktion deutlich. Das **Produktionspotential** ist demnach das fiktive Bruttoinlandsprodukt bei Vollauslastung aller Produktionsfaktoren. Das Produktionspotential erfasst also nicht die tatsächlich erzeugte Menge von Waren und Dienstleistungen, sondern beschreibt die Produktionsmöglichkeiten.

In welchem Ausmaß diese Produktionsmöglichkeiten im Zeitablauf tatsächlich beansprucht werden, ist eine Frage, die sich später stellt. Insbesondere in Kapitel 6 und den darauf folgenden Kapiteln analysieren wir gesamtwirtschaftliche Zusammenhänge in einer kurzen Frist. Dann bekommen konjunkturelle Schwankungen, Ungleichgewichte und die Unterauslastung der Kapazitäten eine besondere Relevanz. Mit Bezug auf ihren Begründer **John Maynard Keynes** wird diese Ausrichtung als keynesanische Makroökonomie bezeichnet.

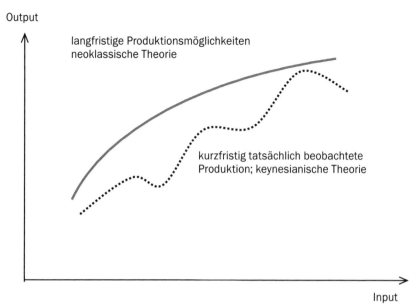

Abbildung 13: Produktionspotential und tatsächliches BIP

Produktivitäten beschreiben die wirtschaftliche Leistungsfähigkeit, indem sie den Output ins Verhältnis zum Input setzen. Die Arbeitsproduktivität ist also

$$\frac{\text{Output } (Y)}{\text{Arbeitseinsatz } (A)},$$

wobei der Einsatz aller anderen Produktionsfaktoren unverändert bleibt. Die Grenzproduktivität beantwortet dagegen die Frage, um wie viel die Produktion zunimmt, wenn der Arbeitseinsatz um eine infinitesimal kleine Einheit erhöht wird. Formal ist dies die Ableitung des Outputs nach dem Arbeitseinsatz. Im Falle einer gesamtwirtschaftlichen Produktionsfunktion

$$Y = a\,F(A, K)$$

hängt das Produktionspotential Y vom Arbeitseinsatz A und vom Sachkapitaleinsatz K ab. Der Koeffizient a gibt den Stand der Technologie an.

Dabei nimmt sowohl die Produktivität als auch die Grenzproduktivität mit steigendem Faktoreinsatz ab. Das zeigt Abbildung 14 für zwei beliebige Arbeitseinsätze A_1 und A_2. Bei unverändertem Kapitalinput und gegebener Technologie sinkt die Arbeitsproduktivität, wenn der Arbeitseinsatz und damit auch die Produktion zunehmen. Die Produktivität kann als Steigung der Ursprungsstrahlen durch die Punkte A und B abgebildet werden. Entsprechendes gilt für die Grenzproduktivität – graphisch ergibt sie sich als Steigung der Tangenten in den beiden Punkten auf der Produktionsfunktion.

Würde man umgekehrt den Arbeitseinsatz unverändert lassen und den Kapitaleinsatz steigern, dann würde selbstverständlich die **Kapitalproduktivität** – gemessen als Output pro Sachkapitaleinheit Y/K – sinken. Abbildung 14 würde also entsprechend gelten. Wegen der sinkenden Produktionszuwächse ist man im Falle einer neoklassischen Produktionsfunktion also nicht gut beraten, langfristiges Wachstum durch die Steigerung eines Produktionsfaktors herbeiführen zu wollen. Dies nennt man **extensives Wachstum**.

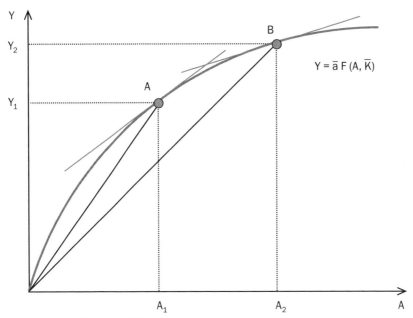

Abbildung 14: Extensives Wachstum

Dagegen steigt die Arbeitsproduktivität, wenn die ceteris-paribus-Bedingungen verändert werden, die an eine partielle Produktionsfunktion zu stellen sind. Im Allgemeinen wird die Arbeitsproduktivität zunehmen, wenn

- der Sachkapitalbestand durch Investitionen gesteigert werden kann;
- das Humankapital – d. h. Fertigkeiten, Wissen oder Erfahrungen der Arbeitskräfte – steigt;
- oder sich technischer Fortschritt ergibt.

Gelingt es, bei unverändertem Faktoreinsatz mehr zu produzieren, dann kann dies auf einer effizienteren Technologie beruhen. **Technischer Fortschritt spart Ressourcen.** Dies zeigt Abbildung 15: Obwohl der Arbeitseinsatz und der Kapitaleinsatz unverändert bleiben, verschiebt sich die partielle Produktionsfunktion durch technischen Fortschritt nach oben – a_2 ist größer als a_1.

Die Steigungen der Ursprungsstrahlen durch die alte und die neue Produktionsfunktion machen deutlich, dass die Arbeitsproduktivität für einen beliebigen Arbeitseinsatz A_1 durch den technischen Fortschritt steigt. Entsprechendes gilt für die Grenzproduktivitäten – wiederum als Tangenten dargestellt. **Intensives Wachstum** liegt vor, wenn es gelingt, mehr zu produzieren, ohne mehr Faktoren einzusetzen. Dies ist aber nur durch die Wirkung des technischen Fortschritts möglich.

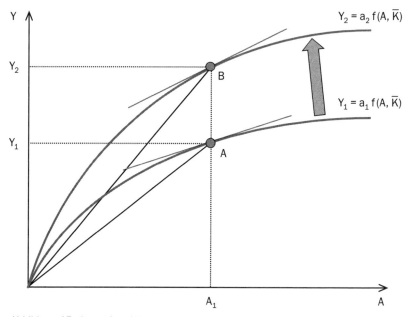

Abbildung 15: Intensives Wachstum

Technischer Fortschritt erweist sich regelmäßig als wichtigster Antrieb des Wirtschaftswachstums. In der Praxis ist die Abgrenzung von neuen Technologien zu neu erworbenem Sachkapital oder Humankapital aber schwierig. So ist sowohl die Entwicklung neuer Technologien als auch deren Umsetzung ohne gleichzeitige Qualifikation des Humankapitals nicht realisierbar.

Neues technisches Wissen betrifft die verfügbaren Kenntnisse über spezifische Zusammenhänge. Humankapital entsteht durch die Zeit, die Individuen aufwenden, um dieses Wissen zu erwerben. Das bekannte Wissen ist beispielsweise in Lehrbüchern oder Fachaufsätzen zusammengetragen. Humankapital ist der Bruchteil davon, der am Ende des Semesters in den Köpfen der Studierenden durchschnittlich angekommen ist. **Humankapital** entsteht aber nicht nur in Schule, Berufsausbildung und Hochschule, sondern auch im Produktionsprozess durch „Learning by doing" – oder ganz schlicht durch Erfahrungen. Neue Produktionsverfahren ziehen meist Investitionen in neue Maschinen und Schulungen von Mitarbeitern nach sich. Manchmal – wie bei der Einführung von CAD im Maschinenbau oder des Fotosatzes bei den Druckereien – verändern sich dadurch ganze Berufsbilder. Neuere Maschinen weisen oft **günstigere Verbrauchseigenschaften** auf als ihre Vorgänger – sie haben technischen Fortschritt quasi eingebaut. Durch neue Computergenerationen bekommt man meist deutlich gestiegene Rechnerleistungen, so dass die Zurechnung von Menge, Qualität und Preis schwierig wird.

Damit stehen spannende empirische Fragen im Raum: Woher kam das deutsche Wirtschaftswachstum der letzten Jahre? Lässt sich der Anteil des technischen Fortschritts abschätzen? Und welche Rolle spielte der schlichte Mehreinsatz von Produktionsfaktoren? In Tabelle 6 sind das reale BIP als Index, das jährliche Arbeitsvolumen in Millionen Stunden und das preisbereinigte Bruttoanlagevermögen für die Jahre 1995, 2000, 2005 und 2010 jeweils für die Bundesrepublik Deutschland aufgeführt. Sämtliche Daten sind den laufenden Publikationen des Statistischen Bundesamtes zu den Volkswirtschaftlichen Gesamtrechnungen entnommen.

	BIP preisbereinigt, Index 2005 = 100 (Y)	Arbeitsstunden in Mio. h (A)	Bruttoanlagevermögen preisbereinigt, Index 2005 = 100 (K)
1995	88,52	57781	81,41
2000	97,07	57922	92,16
2005	100,00	55775	100,00
2010	106,97	57110	107,05
Jahresdurchschnittliche Veränderungsraten			
1995–2000	1,9	0,0	2,5
2000–2005	0,6	−0,8	1,6
2005–2010	1,4	0,5	1,4
1995–2010	1,3	−0,1	1,8

Tabelle 6: Wirtschaftswachstum und Faktoreinsatz 1995 – 2010

Offenbar handelt es sich bei den willkürlich gewählten Fünfjahreszeiträumen um unterschiedlich geprägte Phasen: Von 1995 bis 2000 beruhte das relativ hohe Wachstum vor allem auf einem steigenden Kapitalstock. Die Unternehmen investierten kräftig. Dagegen veränderte sich der Arbeitsinput in diesem Zeitraum kaum. Während der anschließenden wachstumsschwachen Phase zwischen den Jahren 2000 und 2005 sank die Beschäftigung sogar und der Kapitalstock legte jahresdurchschnittlich nur um 1,6 % zu. Zwischen 2005 und 2010 zog das Wirtschaftswachstum wieder etwas an, wobei sich die Investitionsschwäche der deutschen Wirtschaft verstärkte, die Beschäftigung aber deutlich zunahm. In allen drei Perioden kann das Wirtschaftswachstum etwa zur Hälfte durch einen steigenden Einsatz der Produktionsfaktoren erklärt werden. Dies macht die in der folgenden Fallstudie vorgenommene **Komponentenzerlegung** deutlich.

Fallstudie 3: Komponentenzerlegung des Wachstums

Mit einer Komponentenzerlegung wird versucht, intensives und extensives Wachstum zu unterscheiden. Zu diesem Zweck wird eine makroökonomische Cobb Douglas-Produktionsfunktion

$$Y_t = a_t A_t^\alpha K_t^\beta.$$

unterstellt. Die Exponenten der Inputfaktoren A und K stellen Produktionselastizitäten der Arbeit und des Kapitals dar. Sie geben an, um wie viel Prozent sich der Output ändert, wenn ein Produktionsfaktor um ein Prozent erhöht wird. Setzt man beispielsweise $\alpha = {}^2/_3$ und $\beta = {}^1/_3$, dann gilt für den Zeitraum von 1995 bis 2010:

- Das jahresdurchschnittliche Wachstum des realen BIP lag bei 1,3 % pro Jahr. Im Vergleich zu früheren Dekaden deutet dies auf eine **erhebliche Wachstumsschwäche** hin (vgl. letzte Zeile von Tabelle 6).
- Über den gesamten Zeitraum betrachtet, veränderte sich die Zahl der eingesetzten Arbeitsstunden kaum – der Produktionsfaktor Arbeit hat demnach nicht zum Wachstum beitragen.
- Dies ist für das Sachkapital anders. Gewichtet man die jahresdurchschnittliche Veränderungsrate von 1,8 % mit dem oben unterstellten Exponenten von $^1/_3$, dann ergibt sich hier ein durchschnittlicher Wachstumsbeitrag von 0,6 %.

Aus 1,3 – 1/3 * 1,8 ergibt sich dann mit 0,7 % die jahresdurchschnittliche Rate des technischen Fortschritts. Damit hat der technische Fortschritt als Residuum im Zeitraum von 1995 bis 2010 gut die Hälfte zum Wirtschaftswachstums beigetragen.

Aktualisieren Sie diese Berechnungen. Finden Sie geeignete Daten und nehmen Sie diese Schätzungen für den Durchschnitt der letzten zehn Jahre vor.

Abbildung 16 vergleicht das geschätzte Produktionspotential mit der tatsächlichen Entwicklung des realen BIP. Wachstum ist ein langfristiges Phänomen und kann als der langfristige Trend des Produktionspotentials aufgefasst werden. Der Abstand zwischen dem Produktionspotential und dem jeweils aktuellen Bruttoinlandsprodukt wird als **Outputlücke** bezeichnet. Durch konjunkturelle

Einflüsse weicht das BIP mal mehr und mal weniger von der maximal möglichen gesamtwirtschaftlichen Produktion ab. Während der Rezession 2002/03 und der Weltfinanzkrise war die Outputlücke relativ groß, während sie in den Jahren 2000/01 bis 2006/07 deutlich zusammenschrumpfte.

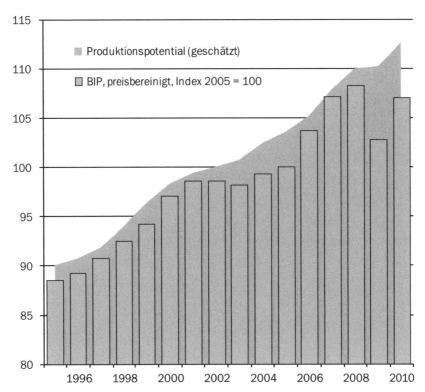

Abbildung 16: Produktionspotential und reales Bruttoinlandsprodukt 1995–2010

2 Strukturwandel

Wachstum bedeutet Strukturwandel. Eine Wirtschaft, die sich in ihrer Zusammensetzung nicht verändert, wächst nicht. Dieser Wandel folgt von der Industrialisierung hin zur postindustriellen Volkswirtschaft.

Dies ist der Kern der „**Drei Sektoren**" – Hypothese, mit der Jean Fourastié Mitte des vergangenen Jahrhunderts das bis dahin sichtbare Muster des Strukturwandels beschrieb. Demnach gewinnt die Industrie als sekundärer Sektor während einer ersten Entwicklungsphase zu Lasten des primären Sektors (Landwirtschaft, natürliche Ressourcen) an Bedeutung. Ursachen sind starke Produktivitätssteigerungen in der Landwirtschaft und eine aufgrund steigender Einkommen überdurchschnittlich zunehmende Nachfrage nach Industriegütern. Im weiteren Verlauf der wirtschaftlichen Entwicklung wird die einkommenselastische Nachfrage nach Dienstleistungen angeregt. Diese Nachfrage steigt stärker als das Einkommen. Zudem lassen hohe Zuwächse der Arbeitsproduktivität in der Industrie einen Beschäftigungsstrukturwandel zu Gunsten des tertiären Sektors zu. Produktion und Beschäftigung verlagern sich also in den Dienstleistungssektor.

Zum Strukturwandel tragen also insbesondere bei:

- der technische Fortschritt und die daraus resultierenden Produktivitätszuwächse – und zwar insbesondere in dem Sektor, der Arbeitskräfte freisetzt;
- steigende Einkommen und Nachfrageverlagerungen zugunsten superiorer Güter;
- größere Absatzmärkte, die Massenproduktionsvorteile (economies of scale) zulassen und sinkende Stückkosten, die sinkende Güterpreise ermöglichen.

Zur Beschreibung des Strukturwandels ist die Drei-Sektoren-Hypothese recht gut geeignet; zur Erklärung dieses Phänomens allerdings kaum. Zunächst fehlt ihr die theoretische Schärfe. Sie erlaubt letztlich keine Voraussagen über den Strukturwandel. Wie alle „Stufentheorien" ist sie mechanistisch angelegt und erklärt nicht überzeugend den Übergang von der traditionellen Gesellschaft in die Industriegesellschaft und von dort in die Dienstleistungsgesellschaft. Außerdem werden die bestehenden Abhängigkeiten vernachlässigt, wie sie beispielsweise über Vorleistungsbeziehungen zwischen Industrie und Dienstleistungsgewerbe – etwa beim **Outsourcing** – bestehen. Ein bedeutsames Charakteristikum der von Fourastié eher deskriptiv angelegten Analyse ist jedoch, dass sich die Faktoreinsatzrelationen im wirtschaftlichen Entwicklungsprozess stark verändern. War die traditionelle Gesellschaft durch den Faktor „Boden" und die Industrialisierung vor allem durch einen zunehmenden Sachkapitaleinsatz gekennzeichnet, so zeichnet sich die Hinwendung zum Dienstleistungsgewerbe durch hohe Arbeitsintensitäten und eine Intensivierung des Humankapitaleinsatzes aus.

In der Tradition Joseph Schumpeters wird Strukturwandel als Abfolge sogenannter **Basisinnovationen** verstanden. Damit bezeichnet man Produkte oder Prozesse, die technisch umfassend neu sind, die weitere Nachfolgeinnovationen auslösen und die mit erheblichen ökonomischen Folgewirkungen verbunden sind. Basisinnovationen lassen neue Branchen entstehen und alte untergehen und lösen damit ebenfalls einen Strukturwandel aus.

Schumpeter griff auf Arbeiten des russischen Ökonomen Kondratieff zurück, für den die wirtschaftliche Entwicklung nicht nur durch kurze und mittlere Konjunkturzyklen, sondern auch durch „**lange Wellen**" gekennzeichnet war. Schumpeter selbst beschrieb zu seinen Lebzeiten drei lange Wellen:

- Die erste lange Welle beruhte auf der Antriebskraft der Dampfmaschine. Sie war Basis der industriellen Revolution. Die industrielle Fertigung löste die handwerkliche teilweise ab, Sachkapital wurde wichtigster Faktorinput und das Unternehmertum entstand.

- Etwa ab 1850 basierte die zweite Welle auf Basisinnovationen im Transportwesen. Die Dampfkraft machte Eisenbahnen und Dampfschifffahrt möglich.

- Eine dritte lange Welle basierte auf der Elektrizität und der Chemie. Zudem erleichterten die Telefonie, die zunehmend dichteren Infrastrukturnetze und das aufkommende Automobil Kommunikation und Transport.

Die (Petro-)Chemie gilt als die bedeutendste Basisinnovation der vierten Welle. Folgeinnovationen waren Kunststoffe, Kosmetika, Farben, Düngemittel und Pharmaprodukte. Heute befinden wir uns in der fünften langen Welle, deren Basisinnovationen die Hard- und Softwaretechnik sind. In der Folge entstanden und entstehen immer noch neue Produkte, neue Unternehmen und neue Geschäftsmodelle. Die Verlagerung von Tätigkeiten in den Dienstleistungssektor beschleunigte sich. Das Wachstum ist seitdem mehr und mehr auch wissensbasiert.

So plausibel dies in der ex post–Betrachtung alles klingen mag – die Kondratieff-Wellen erscheinen kaum geeignet, den Strukturwandel vorauszusagen. Kritiker wenden zudem ein, dass die Zuordnung von Basisinnovationen und Zyklenmuster nicht frei von einer gewissen Willkür ist. Was als Basisinnovation gelten kann, unterliegt auch der individuellen Wahrnehmung. Außerdem trafen Innovationen zu unterschiedlichen Zeiten auf unterschiedliche Wirtschaftsräume. Als erstes Land erlebte England die Industrialisierung. Kontinentaleuropa und Nordamerika folgten erst mit einem erheblichen zeitlichen Abstand. Ähnlich verhält es sich aktuell mit der Hinwendung zu den Dienstleistungen. Während Deutschland immer noch als industriell wettbewerbsfähig gilt, kann dies beispielsweise für den anglo-amerikanischen Raum sicher nicht mehr in dieser Breite behauptet werden.

Abbildung 17 fasst weitere wichtige Aspekte des Strukturwandels zusammen:

- Im oberen Teil der Übersicht stellt sich die Frage nach der Eignung von Stufen- oder Stadienmodellen zur Erklärung des Strukturwandels. Dabei ist davon auszugehen, dass die wirtschaftliche Entwicklung ein **pfadabhängiger Prozess** ist. Der Wettbewerbsdruck wird einerseits ständig für Prozessverbesserungen sorgen und als kontinuierlicher technischer Fortschritt sichtbar. Andererseits treten aber Innovationen in bestimmten Schüben oder Sprüngen auf, die den Strukturwandel unumkehrbar – vor allem aber nicht prognostizierbar – machen. Dies alles wird überlagert durch die üblichen Aktivitätsschwankungen, so dass Wachstum und Konjunktur am jeweiligen aktuellen Rand nur gedanklich, kaum aber empirisch zu trennende Phänomene sind.

- In der Mitte sind verschiedene Triebkräfte dargestellt, die einen starken Einfluss auf die Wirtschaftsstruktur ausüben. Neben den schon genannten angebots- und nachfrageseitigen Trends ist hier auch die Rolle der Wirtschaftspolitik hervorzuheben. Die wirtschaftliche Integration in Europa durch Binnenmarkt und Währungsunion hat beispielsweise zu einer verstärkten innereuropäischen Arbeitsteilung, zu größeren Märkten und zu mehr Wettbewerb geführt. Politisch induzierte Strukturprozesse treten regelmäßig auf, wenn der Staat bestimmte Branchen im Rahmen seiner Strukturpolitik besonders fördert oder von den Folgen des Strukturwandels abschirmt. Letztlich hat es auch gravierende strukturelle Konsequenzen, wenn die Bundesregierung bestimmte Arten, Strom zu produzieren, massiv fördert und andere auf lange Frist aus dem Markt drängt. Sämtliche dieser Wirkungsmechanismen überlagern sich, so dass eine geschlossene Theorie des Strukturwandels bisher nicht vorliegt.

- Schließlich werden im unteren Teil einige der zu beobachtenden Konsequenzen des Strukturwandels aufgeführt. Naheliegend ist der sektorale Strukturwandel. Hier stehen langfristige **Änderungen der Branchenstruktur** und ihre Folgen für Gütermärkte und Faktormärkte im Vordergrund. Während sich einerseits die bisher beobachtbaren Strukturtrends und das Verschwinden bestimmter Industriezweige recht gut erklären lassen, ist es andererseits nahezu unmöglich, belastbare Aussagen über die Märkte der Zukunft zu machen.

Dynamik kontinuierlich oder in Stufen/Stadien/ Sprüngen?	Konjunktur oder Wachstum? kurze Wellen oder lange Wellen

Veränderungen der Nachfrage Einkommenselastizitäten, Trends, Demographie, gesellschaftliche Veränderungen	Veränderungen des Angebots Neue Produkte, endliche Ressourcen, Faktorpreisschocks, globaler Wettbewerb	Neue Technologien Prozessinnovationen, Prozessanpassungen, divergierende Produktivitätspfade

Politisch induzierter Strukturwandel Ordnungspolitik (z.B. Binnenmarkt), Strukturpolitik, F&E-Politik, Regionalpolitik, Umweltpolitik

Veränderungen der Branchenstruktur Deindustrialisierung bzw. Tertiarisierung (Kohle und Stahl, Schiffbau, Textilindustrie usw.)	Veränderungen der Regionalstruktur Silicon Valley, Köln als Medienstandort, Ruhrgebiet	Veränderungen der geforderten Qualifikationen

Abbildung 17: Entwicklung, Ursachen und Folgen des Strukturwandels

Da sich einzelne Wirtschaftszweige meist in bestimmten Regionen konzentrieren, sind die Probleme einzelner Branchen häufig gleichzeitig die Schwierigkeiten ganzer Regionen. Ältere Ansätze gehen hier kaum über Beschreibungen und Fallstudien hinaus – es mangelt also an Allgemeingültigkeit und Übertragbarkeit. Dagegen ist die „**Neue Ökonomische Geographie**" den Ursachen der regionalen Ballung ökonomischer Aktivitäten auf der Spur. Dabei geht es um die Frage, warum sich die globale Wirtschaftsleistung weitgehend auf Nordamerika, Europa und Ostasien und dort oft auf die Zentren konzentriert. Außerdem wird analysiert, warum **Cluster** entstehen und wie beispielsweise Finanzintermediäre in Frankfurt oder das Pressewesen in Hamburg auf die Regionen abstrahlen. Schließlich wäre zu untersuchen, wie sich die Verfügbarkeit und die Qualität der nachgefragten Produktionsfaktoren auf den Strukturwandel auswirken.

3 Wachstumspolitik

Unter **Wachstumspolitik** sollen alle Maßnahmen und Rahmensetzungen wirtschaftspolitischer Entscheidungsträger aufgefasst werden, die das Ziel haben, das Produktionspotential langfristig zu erhöhen. Alle, die eine staatliche Politik zur Förderung des Wachstums befürworten, gehen implizit davon aus, dass von den Märkten selbst zu geringe Wachstumsimpulse ausgehen. Dieser Abschnitt soll nicht diskutieren, ob diese These vertretbar ist, sondern Möglichkeiten und Grenzen wachstumspolitischer Instrumente im Überblick aufzeigen.

Aussichtsreiche Ansatzpunkte für eine Förderung sind die Erhöhung des Faktoreinsatzes bzw. der quantitativen Faktorverfügbarkeit, die Verbesserung der Qualität der Produktionsfaktoren sowie die Förderung von Forschung und Technologie. Wachstumspolitik knüpft damit direkt oder indirekt an die makroökonomische Produktionsfunktion an.

Aber schon der Umfang wachstumspolitischer Maßnahmen könnte zu Kontroversen Anlass geben. Zu bedenken sind die **Opportunitätskosten** von Wachstumsprogrammen. Jede Maßnahme, die die künftigen Produktionsmöglichkeiten stärker akzentuiert, muss die gegenwärtigen Konsummöglichkeiten naturgemäß einschränken. Die meisten Menschen schätzen ihren gegenwärtigen Konsum allerdings höher ein als ihren künftigen. Diese **Gegenwartspräferenz** sollte dem wachstumspolitischen Eifer Grenzen setzen.

Im Allgemeinen ist wenig an einer staatlich finanzierten Grundlagenforschung auszusetzen. Allenfalls deren Umfang wäre diskutabel. Kurzfristig kaum verwertbare Ergebnisse der Grundlagenforschung sind **öffentliche Güter.** Im Wissenschaftsbetrieb werden Ergebnisse regelmäßig publiziert. Ein Ausschluss ist also weder erwünscht noch wirtschaftlich sinnvoll. Dies ist bei produkt- und prozessnaher Forschung anders. Da die wirtschaftliche Verwertung hier von

vornherein angestrebt wird, sollte diese Forschung von Unternehmen durchge-
führt werden. Hier gilt es, Forschungsergebnisse über das **Patentrecht** temporär
gegen die unerwünschte Verwertung durch Dritte zu schützen.

Kontroversen über die Forschungs- und Technologieförderung beginnen dort,
wo Technologien oder Branchen selektiv gefördert werden sollen. Meist handelt
es sich dabei um Bereiche, von denen künftig eine Schlüsselrolle für das gesamtwirtschaftliche Wachstum einer Volkswirtschaft erwartet wird – die sogenannten Zukunftsbranchen oder Zukunftstechnologien. Das übersieht jedoch, dass
die Zukunft generell unbekannt ist und dass niemand weiß, welche Technologien das Wachstum in zwanzig Jahren tragen werden. Der Nobelpreisträger von
Hayek bezeichnete es folgerichtig als **Anmaßung von Wissen**, wenn selektiv
neue Technologien subventioniert werden. Tatsächlich bleibt es die Aufgabe von
Unternehmern, im Wettbewerb herauszufinden, welche Produkte und Verfahren
sich in Zukunft durchsetzen.

Abbildung 18: Elemente einer Wachstumspolitik

Unter Ökonomen unstrittig dürfte es dagegen sein, dass ein intensiverer Res-
sourceneinsatz in Schule, Hochschule und betrieblicher Ausbildung erforderlich
ist, um die Qualität des Faktors Arbeit zu verbessern. Durch eine gezielte Förderung des **Humankapitals** nimmt das Produktionspotential zu. Dem Wachstum
förderlich ist es ebenfalls, durch wirtschaftspolitische Maßnahmen die Erwerbs-

neigung in der Bevölkerung sowie die Flexibilität und die Mobilität der Arbeitskräfte zu erhöhen. Dies setzt quantitativ am Faktor Arbeit an.

Will man Wachstum über den Umfang des eingesetzten Sachkapitals fördern, dann bietet es sich an, Investitionen allgemein steuerlich zu entlasten. Generell dürfte jede Art der steuerlichen Besserstellung von Investitionen **allokativ problematisch** sein, weil es die Konsummöglichkeiten heute zu Lasten der Produktionsmöglichkeiten morgen verzerrt. Außerdem werden dadurch Verteilungspositionen verändert. Allgemeine Steuerentlastungen für Investitionen dürften von vielen als „Verteilung von unten nach oben" angesehen werden.

Dies könnte die Wirtschaftspolitik veranlassen, ausgewählte Investitionsprojekte direkt über Subventionen zu fördern (Objektförderung). Hier sind die politischen Widerstände oft kleiner und die öffentlichen Debatten weniger kontrovers. Die Politik könnte also den Weg des geringeren Widerstandes gehen und eine selektive Politik betreiben. Dabei werden Produktionskapazitäten aufgebaut, die ohne den staatlichen Eingriff gar nicht zustande gekommen wären. Einmal abgesehen von dieser **Fehlallokation** der knappen Ressourcen maßen sich politische Entscheidungsträger wiederum Wissen an, dass sie nicht haben können. Die Erfahrungen mit der Technologiepolitik nicht nur in Deutschland zeigen, dass dabei regelmäßig größere Budgets gebunden werden, eine nachhaltige Steigerung des Produktionspotentials aber häufig ausbleibt.

Schaut man über den Tellerrand der makroökonomischen Produktionsfunktion hinaus und fragt, wie die Politik das Wachstum sinnvoll unterstützen kann, dann fallen einem nicht unmittelbar die Ausgestaltung und die Stabilität der Wirtschaftsordnung ein. Tatsächlich liegen hier aber die **Kernkompetenzen der staatlichen Wachstumspolitik**:

- Unternehmer werden nur investieren, wenn sie sicher sein können, die Früchte ihrer Saat auch genießen zu können. Auch die Bereitschaft junger Menschen zu beruflicher Qualifikation steigt, wenn Aufstiegschancen und berufliche Sicherheit dadurch erkennbar zunehmen. Die Garantie von Eigentumsrechten, ein funktionierendes Rechtssystem und eine **stabile Wirtschaftsordnung** sind dabei ebenso zentral wie funktionierende Leistungsanreize und ein hinreichendes Maß an gesellschaftlicher Solidarität. Schließlich, und dies wurde ebenfalls im ersten Abschnitt dieses Kapitels schon angerissen, sollte der Staat eine funktionierende **Infrastruktur** bereitstellen, weil diese aus Sicht der Unternehmer zu den wesentlichen Wettbewerbsvorteilen von Regionen gehört.

- **Freihandel fördert das Wachstum.** Wirtschaftliche Integration führt zu größeren Märkten und einem intensiveren Wettbewerb. Zwar gewinnt nicht jede Branche und jede Region, weil eine internationale Öffnung von Volkswirtschaften den sektoralen Strukturwandel naturgemäß beschleunigt. Deutschland dürfte jedoch per Saldo am stärksten in Europa vom europäischen Einigungsprozess profitiert haben. Überall, wo Zölle, Handelshemmnisse und

Beschränkungen des freien Kapitalverkehrs abgebaut werden, nehmen die Wachstumsspielräume zu.

■ Zentral für die Wachstumsperspektiven einer Volkswirtschaft ist nicht nur die Sicherung, sondern auch die Schaffung von mehr Wettbewerb. Wenn ehemals staatlich bereitgestellte Güter in private Trägerschaft überführt werden, dann spricht man von Privatisierung. Liberalisierung meint die Verringerung staatlicher Markteintrittshemmnisse und unter Deregulierung versteht man schließlich den Abbau administrativer Beschränkungen in Bezug auf ökonomische Aktivitäten. Viele Ökonomen gehen davon aus, dass derartige Maßnahmen die Effizienz des Faktoreinsatzes steigern und so ein höheres Wirtschaftswachstum ermöglichen. Allerdings könnten andere wirtschaftspolitische Ziele durch Wettbewerbsschaffung beeinträchtigt werden. Die Erfahrungen mit der Deregulierung der Finanzmärkte haben beispielsweise mit Blick auf die Weltfinanzkrise gezeigt, dass der maximale Deregulierungsgrad nicht der optimale ist.

Die Förderung von Netzwerken und Kommunikation zwischen Unternehmen wird hinsichtlich ihrer Wachstumseffekte vermutlich überschätzt. Zum einen ist zu berücksichtigen, dass für Wirtschaftsförderung und Clusterbildung Mittel aufgewandt werden, die naturgemäß knapp sind. Ferner könnte sich **rent-seeking** in diesem Umfeld klar wohlfahrtsmindernd auswirken. Werden Produktionsfaktoren dafür aufgewandt, sich beispielsweise über öffentliche Förderprogramme zu informieren oder führt der Einsatz von Lobbyisten dazu, dass die Politik Verbandsinteressen in solchen Programmen berücksichtigt, dann könnte es sich dabei um eine Verschwendung von Produktionsfaktoren handeln. Außerdem ist zu berücksichtigen, dass die beabsichtigte Kooperation zwischen Unternehmern vollkommen unerwünschte, wettbewerbsmindernde Wirkungen haben kann. Adam Smith drückt dies im zehnten Kapitel des ersten Buches im „Wealth of Nations" überspitzt aus: *„Geschäftsleute des gleichen Gewerbes kommen selten … zusammen, ohne dass das Gespräch in einer Verschwörung gegen die Öffentlichkeit endet oder irgendein Plan ausgeheckt wird, wie man die Preise erhöhen kann."*

Fallstudie 4: Binnenmarkt und Wachstum

Durch das wirtschaftliche Zusammenwachsen Europas seit den Sechzigerjahren sind Zollschranken und Handelsbarrieren zwischen den Mitgliedsstaaten gefallen. Anfang der Neunzigerjahre brachte der Binnenmarkt eine neue Qualität. Schranken zwischen nationalen Faktormärkten wurden abgebaut und es gab eine breit angelegte Marktöffnung. Der Binnenmarktprozess war auch mit der Überführung ehemals staatlicher Aufgaben in private Hände (Privatisierung) verbunden, wie dies in der Bundesrepublik etwa in der (Tele-)Kommunikation zu beobachten war. Ferner beseitigten die Mitgliedsstaaten Markteintrittshemmnisse und – wie im Falle der deutschen Energieversorger – staatlich gewährte Monopole (Liberalisierung). **Finden Sie Studien, die die Wachstums- und Struktureffekte des Binnenmarktes abschätzen.**

» Zusammenfassung

- Unter Wirtschaftswachstum versteht man den langfristigen Anstieg der Arbeitsproduktivität. Wesentliche Triebkräfte dieses Wachstums sind Investitionen in das Sachkapital (Gebäude, Maschinen, Betriebsausstattung) und in das Humankapital (Fertigkeiten, Wissen oder Erfahrungen der Arbeitskräfte) sowie der technische Fortschritt.
- Die langfristige wirtschaftliche Entwicklung ist durch Strukturwandel geprägt. Die Drei-Sektoren-Hypothese schildert die Industrialisierung und die Tertiarisierung als Prozess, bei dem angebotsseitige, aber auch nachfrageseitige Mechanismen wechselseitig ineinander greifen. Initialzündung sind Basisinnovationen, die Produktivitäten und Einkommen steigern.
- Wachstumspolitik bedeutet, Maßnahmen zu ergreifen, die direkt oder indirekt das Produktionspotential erhöhen. Staatliche Instrumente können an den eingesetzten Produktionsfaktoren oder am Produktionsprozess ansetzen. Problematisch sind vor allem selektive Strategien. Wenn Politiker versuchen, künftige Marktentwicklungen vorwegzunehmen und durch Subventionen Produktionsstrukturen zu verzerren, ist ihnen längerfristig selten Erfolg beschieden.

» Wichtige Begriffe

Arbeitsproduktivität, intensives Wachstum, Produktionspotential, Komponentenzerlegung, Tertiarisierung, Basisinnovation, Pfadabhängigkeiten, Cluster, Gegenwartspräferenz, rent-seeking.

» Aufgaben

1 Ermitteln Sie mit Hilfe einer Tabellenkalkulation die partiellen Verläufe der Produktionsfunktion $Y = A^{1/4} K^{1/2}$ für $K_1 = 100$ und $K_2 = 200$ auf dem Intervall A = (0, 10, ..., 50). Ermitteln Sie für beide Verläufe die Produktivitäten bei einem Arbeitseinsatz von $A_1 = 20$ und $A_2 = 40$. Kommentieren Sie Ihre Ergebnisse.

2 Was verstehen Sie unter Humankapital? Was ist der entscheidende Unterschied zum Stand des technischen Wissens?

3 Begründen Sie auf der Basis einer makroökonomischen Produktionsfunktion, warum nach der deutschen Wiedervereinigung die Arbeitsproduktivität in Ostdeutschland nur knapp die Hälfte der westdeutschen Produktivität erreichte.

4 Was verstehen Sie unter der Drei-Sektoren-Hypothese? Auf welche Weise kommt der Strukturwandel nach dieser Hypothese zustande?

5 Was kann der Staat tun, um das Wirtschaftswachstum zu fördern? Stellen Sie – ungeachtet der politischen Durchsetzbarkeit – Ihre vier favorisierten Maßnahmen für ein höheres Wachstum in Deutschland dar.

Kapitel 3
Arbeitsmarkt, Beschäftigung und Arbeitslosigkeit

Umfragen zeigen: Arbeitslosigkeit wird von vielen Menschen als dringendes gesellschaftliches Problem angesehen. Wir definieren uns auch über unsere berufliche Tätigkeit. Arbeitseinkommen ermöglichen uns unseren Lebensstandard. Arbeitsplatzrisiken bedeuten nicht nur in wirtschaftlicher, sondern auch in sozialer Hinsicht eine Gefahr. Seit den Ölpreisschocks Mitte und Ende der Siebzigerjahre gibt es in Deutschland keine Vollbeschäftigung mehr.

Oftmals wird die Lage am Arbeitsmarkt auch als Versagen der Wirtschaftspolitik gedeutet. Zwei Aspekte geben aber zu denken: Erstens zeigen die Erfahrungen in unseren Nachbarländern, dass Arbeitslosigkeit auch dort ein Problem zu sein scheint, das nur schwer in den Griff zu bekommen ist. Und zweitens scheinen die meisten Politiker, Wähler und Journalisten bisher nicht wahrgenommen zu haben, dass ein Teil der Verantwortung für die Arbeitsmarktlage bei denen liegt, die Löhne und Arbeitszeiten im Rahmen der grundgesetzlich fixierten Tarifautonomie verhandeln – bei Gewerkschaften und Arbeitgeberverbänden.

» Lernziele

- Die Studierenden lernen, dass der Arbeitsmarkt hinsichtlich der Grundmechanismen nicht anders funktioniert als andere Märkte. Sie kennen die Determinanten der Arbeitsnachfrage der Unternehmen und wissen, welche Variablen das Arbeitsangebot der Haushalte beeinflussen.
- Ihnen sind zentrale Begriffe der Arbeitsmarktstatistik bekannt, und sie können die jeweilige aktuelle Lage am Arbeitsmarkt interpretieren. Sie kennen verschiedene Arten der Arbeitslosigkeit sowie deren Relevanz. Sie kennen grundlegende arbeitsmarktpolitische Instrumente.
- Die Studierenden wissen, dass die langfristigen Probleme auf dem Arbeitsmarkt letztlich auf ein Mismatch von Arbeitsnachfrage und Arbeitsangebot sowie auf eine mangelnde Flexibilität der Arbeitsmärkte zurückzuführen sind.

1 Der Arbeitsmarkt als vollkommener Konkurrenzmarkt

Im vorangegangenen Kapitel wurden die Zusammenhänge zwischen Faktoreinsatz und Produktionsergebnis anhand der neoklassischen Produktionsfunktion erläutert. In einem nächsten Schritt soll die Frage nach den Bestimmungsgründen von Nachfrage und Angebot auf dem Arbeitsmarkt behandelt werden.

Der Produktionsfunktion folgend nimmt die Produktion mit dem Faktoreinsatz zu. Mit dem Output und den Erlösen nehmen aber auch die Kosten zu. Der Gewinn R hängt bei gegebenem Güterpreis p, gegebenem Kapitalbestand K und bei gegebener Technologie nur vom Arbeitseinsatz A ab:

$$R(A) = p\,Y(A, \overline{K}) - wA - K_{fix}.$$

Dabei ist Y der Output, w der Lohnsatz und das Produkt wA somit die Arbeitseinkommen sowie K_{fix} alle übrigen kurzfristig nicht veränderbaren Kosten. Der gewinnmaximale Arbeitseinsatz ergibt sich aus

$$\frac{\partial R}{\partial A} = p\frac{\partial Y}{\partial A} - w = 0.$$

Durch Nullsetzen dieser partiellen Ableitung folgt die **Inputregel**

$$\frac{\partial Y}{\partial A} = w/p\,.$$

wonach die **Grenzproduktivität der Arbeit** im Gewinnmaximum dem Reallohn w/p entspricht.

Der Reallohn ist der auf den Preisindex p bezogene Lohnsatz w. Aus Sicht der Haushalte gibt er die Kaufkraft einer Arbeitseinheit an. Für die Unternehmen stellt der Reallohn eine Kostengröße dar, die etwas über das Verhältnis von Güterpreis und Faktorpreis aussagt. Steigt der Lohn, ohne dass dies zumindest teilweise über die Preise überwälzbar ist, dann steigt der Druck auf Gewinne und Produktionsmenge. Aus der Inputregel folgt

$$w = p\frac{\partial Y}{\partial A},$$

d. h. der **Lohnsatz entspricht im Gewinnmaximum dem Wertgrenzprodukt der Arbeit.** Letzteres bezeichnet die mit der letzten eingesetzten Arbeitseinheit erzielten Erlöse. An dieser Schreibweise erkennt man: Faktoreinsatz muss sich lohnen – die Unternehmen werden also so lange Arbeitskräfte nachfragen, wie der Kosteneffekt der letzten eingesetzten Arbeitseinheit kleiner ist als die Erlössteigerung. Für die letzte eingesetzte Arbeitseinheit müssen deren zusätzliche Kosten auf der linken Seite der Gleichung dem damit verbundenen zusätzlichen Erlös (rechts) entsprechen.

Dies verdeutlicht Abbildung 19. In der Graphik sind die Erlöse und die Kosten gegenübergestellt. Bei gegebenem Güterpreis p und gegebenem Kapitalinput K folgen die Erlöse dem bekannten Verlauf. Die Kosten bestehen aus fixen Kapitalkosten und variablen Arbeitskosten. Letztere ergeben sich aus dem Lohnsatz

w multipliziert mit dem Arbeitseinsatz A. Der Abstand zwischen der Erlöskurve und dem Kostenverlauf ist der Gewinn pro eingesetzter Arbeitseinheit (R^*). Unterstellt man zunächst einen Nominallohn w_0, dann ist der vertikale Abstand zwischen Erlöskurve und Kostenverlauf maximal, wenn die Steigung der Erlöskurve der Steigung des Kostenverlaufs entspricht. Die Steigung des Kostenverlaufs ist der Lohnsatz w, und die Steigung der Erlöse ist das Wertgrenzprodukt der Arbeit. Der maximale Abstand ist durch den schwarzen Balken gekennzeichnet – der gewinnmaximale Arbeitseinsatz A_0 ist erreicht. Werden darüber hinaus Arbeitskräfte nachgefragt, dann entspricht dies einer Bewegung nach rechts. Rechts von A_0 steigen die Kosten stärker als die Erlöse – wir verlassen das Gewinnmaximum R^*_0.

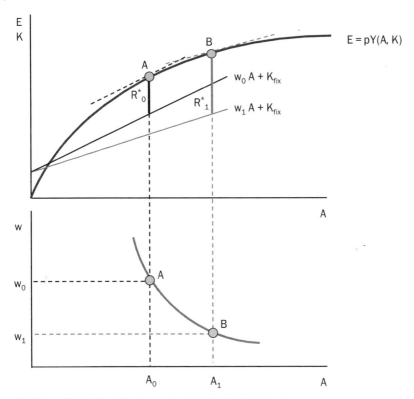

Abbildung 19: Erlöse, Kosten und optimaler Arbeitseinsatz

Eine Verminderung des Nominallohns auf w_1 hat zur Folge, dass die Kostengerade flacher verläuft – sämtliche Änderungen in Abbildung 19 sind blau gezeichnet. Sinkt der Lohnsatz, dann muss auch das Wertgrenzprodukt sinken – in der Abbildung ist dies als blaue Tangente an die Erlöskurve dargestellt. Dort wo die neue Kostengerade mit der Steigung w_1 und die Tangente die gleiche Steigung haben, ist der Gewinn maximal – dieser vertikale Abstand ist fett blau unterlegt (R_1^*). **Mit sinkendem Lohn nimmt die gewinnmaximale Beschäftigung c. p. zu.** Die unten eingezeichnete Nachfrage der Unternehmen nach Arbeitskräften – kurz Arbeitsnachfrage – hat also eine negative Steigung. Offenbar ist hier nicht nur die Beschäftigung größer als in der Ausgangssituation, sondern auch der Gewinn: Der blaue vertikale Balken ist größer als der schwarze. Vor allem Letzteres dürfte die Sympathie von Arbeitgeberverbänden für einfache Vorschläge zur Steigerung der Beschäftigung erklären.

Entsprechend wirken Preissteigerungen: Bei unverändertem Nominallohnsatz w sinkt der Reallohn w/p. Aus Sicht der Arbeitnehmer sinkt die Kaufkraft einer Arbeitseinheit, während aus Sicht der Unternehmen die Gewinne steigen. Steigende Preise bewirken unter sonst gleichen Bedingungen also letztlich das Gleiche wie ein sinkender Nominallohnsatz.

Alle bisherigen Änderungen betreffen die kurze Frist. Was aber passiert im Falle intensiven Wachstums? In Abbildung 20 steigt das Produktionspotential durch technischen Fortschritt. Dadurch verschiebt sich die Produktionsfunktion nach oben. Ein Vergleich der Tangenten in den Punkten A und C zeigt: Mit zunehmendem Produktionspotential nimmt die Grenzproduktivität bei unveränderter Beschäftigung zu. Die Beschäftigten könnten sich das vollständig durch höhere Löhne entgelten lassen. Dann gilt Punkt C, die Beschäftigung ändert sich nicht, aber die Grenzproduktivität und der Reallohn steigen. In den Punkten A und B haben die Tangenten dagegen die gleiche Steigung. Bleibt der Reallohn also konstant, dann steigt die Beschäftigung – in der Abbildung von A_0 auf A_1.

Im unteren Teil von Abbildung 20 ist der gleiche Sachverhalt für die Arbeitsnachfrage dargestellt. Veränderungen des Reallohns erfolgen auf der Kurve – Veränderungen des Produktionspotentials verschieben die Arbeitsnachfrage. Dies verdeutlicht die Ausgangssituation für **Tarifverhandlungen:** Arbeitnehmervertreter werden Lohnsteigerungen nach Maßgabe des Produktivitätsfortschritts und der erwarteten Preissteigerungen fordern und damit zu Punkt C tendieren. Die Arbeitgeber stellen sich dagegen mit einer steigenden Beschäftigung besser, weil ihr Gewinn dann im Vergleich zur Ausgangssituation steigt. Aber auch die bislang Arbeitslosen werden eher den Punkt B mit höherer Beschäftigung und geringerer Arbeitslosigkeit favorisieren, was einen möglichen Konflikt der Insider (Beschäftigten) mit den Outsidern (Arbeitslosen) offenbart. Verhandlungslösungen werden deshalb – je nach Verhandlungsposition und Druckpotential – auf der neuen Arbeitsnachfragekurve zwischen den Punkten B und C liegen.

Die Arbeitsnachfrage ist demnach

$$A^N = f(w/p, Y).$$

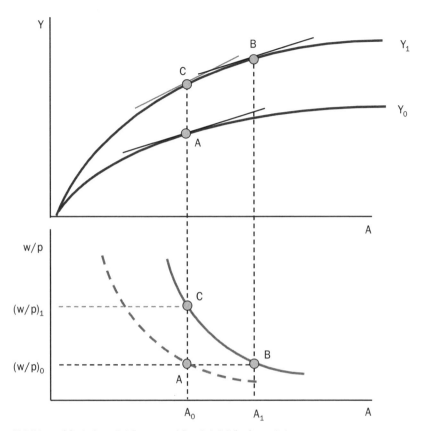

Abbildung 20: Lohnspielräume und Produktivitätsfortschritt

Sie sinkt mit steigendem Reallohn (Bewegung auf der Kurve) und steigt mit zunehmendem Produktionspotential (Rechtsverschiebung).

Kommen wir zum Arbeitskräfteangebot. Für die Haushalte stellt sich die Frage, wie sie ihre zur Verfügung stehende Zeit in Arbeitszeit und Freizeit aufteilen wollen. Je länger ihre Arbeitszeit ist, desto höher fällt ihr Realeinkommen $w/p * A$ aus. Allerdings wird mit jeder Stunde mehr Arbeit auf eine Stunde Freizeit verzichtet. Je höher der Reallohn ausfällt, desto höher werden also die Opportunitätskosten der Freizeit. Die Neigung der Haushalte, Freizeit in Arbeitszeit umwandeln zu wollen, nimmt mit steigendem Reallohn zu. Es wird somit angenommen, dass das Arbeitsangebot bei steigendem Reallohn zunimmt. Die Arbeitsangebotsfunktion ist dann

$$A^A = f(w/p, z).$$

Der in der Gleichung eingefügte Lageparameter z erfasst weitere Einflussfaktoren des Arbeitsangebotes wie die Altersstruktur der Bevölkerung, Wanderungs- und Pendlerbewegungen oder die Erwerbsneigung.

Führen wir Arbeitsnachfrage und Arbeitsangebot zusammen, dann erhalten wir Abbildung 21. Der Reallohn gleicht das Arbeitsangebot der privaten Haushalte und die Arbeitsnachfrage der Unternehmen aus. Vollbeschäftigung ergibt sich, wenn Angebot und Nachfrage übereinstimmen:

$$A^N = A^A.$$

Hieraus ergibt sich der gleichgewichtige Reallohn in Abhängigkeit vom Produktionspotenzial Y und den sonstigen das Arbeitsangebot bestimmenden Faktoren. Wird dieser markträumende Reallohn in die Arbeitsnachfrage- und Angebotsfunktion eingesetzt, ergibt sich das entsprechende gleichgewichtige Vollbeschäftigungsniveau A^*. Der Arbeitsmarkt erscheint in dieser stark vereinfachten Darstellung als eine beliebige Variante eines vollständigen Konkurrenzmarktes. Zwar können Angebot und Nachfrage temporär voneinander abweichen. Der Gleichgewichtsmechanismus sorgt aber für eine langfristige Tendenz zur Vollbeschäftigung.

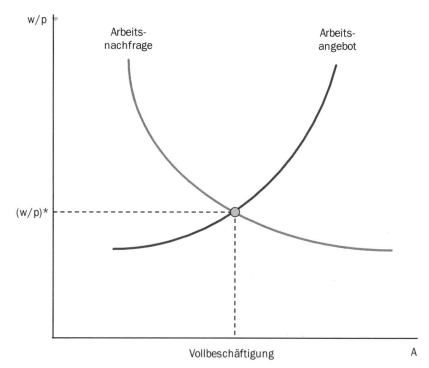

Abbildung 21: Gleichgewicht am Arbeitsmarkt

Entspräche dieses einfache Modell der beobachteten Realität, dann sollte Arbeitslosigkeit allenfalls kurzfristig ein Problem sein. **Warum beobachten wir dann in vielen Ländern eine so hohe und dauerhafte Arbeitslosigkeit?** Abweichend vom Konkurrenzmarktmodell ist zu fragen, wie flexibel Preise und Löhne tatsächlich sind. Zu problematisieren wäre ferner, dass es „die" Arbeit als homogenen Produktionsfaktor nicht gibt. Arbeitskräfte sind in unterschiedlichem Umfang qualifiziert. Beschäftigte können auch nicht friktionslos, d. h. ohne Wartezeiten und Anpassungsmaßnahmen von einer Branche in eine andere transferiert werden. Zu thematisieren wären Preis- und Lohnstarrheiten, die berufliche und regionale Immobilität der Arbeitsanbieter und unterschiedliche Segmente des Arbeitsmarktes. Ohne Frage dürften auch der Kündigungsschutz und andere sozialpolitische Maßnahmen die Anpassungsflexibilität verringern. Sicher kann man die Arbeitsmarkteffekte dieser gesetzlichen Regelungen hinterfragen. Allerdings hilft die Aussage, dass ein neoklassisches Arbeitsmarktgleichgewicht existieren würde, wenn man nur die idealisierenden Bedingungen vollkommener Konkurrenzmärkte herstellen könnte, nur bedingt weiter. Anhänger der hier dargestellten neoklassischen Arbeitsmarkttheorie verweisen regelmäßig darauf, dass flexiblere Löhne und der Abbau von Arbeitsmarktregulierungen die Arbeitslosigkeit verringern könnten. Der folgende Abschnitt soll deutlich machen, dass dies in einem Gedankenexperiment zwar der Fall sein mag. Allerdings sind die Mechanismen auf den Arbeitsmärkten doch um einiges komplexer als bisher dargestellt.

2 Beschäftigung und Arbeitslosigkeit

Nähern wir uns dem Arbeitsmarkt zunächst im Rahmen der amtlichen Statistik. Zunächst sind einige Begriffe zu klären und der statistische Befund genauer zu fassen.

Arbeitnehmer sind den Konventionen der Volkswirtschaftlichen Gesamtrechnungen folgend sozialversicherungspflichtig Beschäftigte, geringfügig Beschäftigte und Beamte. In Tabelle 7 ist zu erkennen, dass deren Zahl von 1995 bis 2000 mit der günstigen Konjunkturentwicklung anstieg und anschließend bis 2005 rezessionsbedingt auf einen Stand von 34,5 Mio. Personen gesunken ist. Das „deutsche Beschäftigungswunder" setzte danach ein. Seit 2005 stieg die Zahl der Arbeitnehmer bis 2012 jedes Jahr durchschnittlich um 1 % auf 37 Mio. Personen. Dabei fällt auf, dass der Anteil der sozialversicherungspflichtig Beschäftigten an den Arbeitnehmern zunächst deutlich gefallen ist. 1995 waren fünf von sechs Arbeitnehmern sozialversicherungspflichtig beschäftigt. Zehn Jahre später lag der Anteil bei drei von vieren. Seither ist der Anteil der sozialversicherungspflichtigen Beschäftigung wieder auf knapp 80 % gestiegen.

Selbständige sind Personen, die einen Betrieb als Eigentümer leiten. Hinzu kommen alle freiberuflich Tätigen. Nimmt man die Zahl der Arbeitnehmer und die der Selbständigen zusammen, dann erhält man die Zahl der Erwerbstätigen

Erwerbstätige = Arbeitnehmer + Selbständige.

Erwerbslos im Sinne der International Labour Organisation (ILO) sind Personen im erwerbsfähigen Alter, die nicht erwerbstätig sind, aber aktiv nach einer Tätigkeit von mindestens einer Stunde pro Woche suchen. **Erwerbspersonen** sind Personen, die dem Arbeitsmarkt grundsätzlich zur Verfügung stehen. Für die Zahl der Erwerbspersonen gilt:

Erwerbspersonen = Erwerbstätige + Erwerbslose.

Die Zahl der Erwerbslosen ermittelt das Statistische Bundesamt auf der Basis regelmäßiger Befragungen repräsentativer Haushalte. Die Erwerbslosenquote ergibt sich schließlich als Anteil der Erwerbslosen an den Erwerbspersonen. Dieser Anteil, der nicht mit der Arbeitslosenquote verwechselt werden sollte, erreichte 2005 ein Maximum von 10,5 % und fiel bis 2012 auf 5,3 %.

Von den knapp 82 Millionen Deutschen waren 2012 gut die Hälfte **Erwerbspersonen**. Die Erwerbsbeteiligung wird über die Erwerbsquote gemessen:

Erwerbsquote = Erwerbspersonen / Bevölkerung.

Sie lag 2012 bei knapp 54 % und ist davor kontinuierlich gestiegen.

	1995	2000	2005	2008	2011	2012
Arbeitnehmer	33.923	35.262	34.453	35.817	36.577	37.022
darunter: Sozialversicherungspflichtig Beschäftigte	29.096	27.931	26.237	27.757	29.309	29.499
SVB-Anteil (%)	*85,8*	*79,2*	*76,2*	*77,5*	*80,1*	*79,7*
Selbständige	3.806	3.995	4.417	4.480	4.539	4.543
Erwerbstätige Inländer	37.729	39.257	38.870	40.297	41.116	41.565
Erwerbslose	3.228	3.137	4.571	3.136	2.502	2.316
Erwerbspersonen	40.957	42.394	43.441	43.433	43.618	43.881
Erwerbslosenquote (%)	*7,9*	*7,4*	*10,5*	*7,2*	*5,7*	*5,3*
Bevölkerung	81.661	82.188	82.464	82.120	81.779	81.918
Erwerbsquote (%)	*50,2*	*51,6*	*52,7*	*52,9*	*53,3*	*53,6*
Arbeitslose (Jahresdurchschnitt)	3.612	3.890	4.861	3.258	2.976	2.897
Arbeitslosenquote (%)	*9,4*	*9,6*	*11,7*	*7,8*	*7,1*	*6,8*

Tabelle 7: Eine Arbeitsmarktbilanz für Deutschland – ausgewählte Jahre

Anders als die Erwerbslosenzahl wird die Zahl der Arbeitslosen durch die Bundesagentur für Arbeit ermittelt. Dabei handelt es sich um eine Vollerhebung. Erfasst werden alle Personen, die offiziell arbeitslos gemeldet sind. Dabei werden auch die Personen als arbeitslos registriert, die einer geringfügigen Beschäftigung nachgehen. Deshalb ist die Zahl der registrierten Arbeitslosen regelmäßig höher als die Erwerbslosenzahl. Generell folgen aber beide dem gleichen Trend. Von 1995 bis 2005 war eine steigende Tendenz zu beobachten – seither sind die Erwerbslosenzahl und die Arbeitslosenzahl jeweils um rund 2 Mio. Personen gesunken.

Bei der **Arbeitslosenquote** ist die Bezugsgröße nicht die Zahl der Erwerbspersonen insgesamt, sondern die geringere Zahl der zivilen Erwerbspersonen:

Arbeitslosenquote = Arbeitslose / zivile Erwerbspersonen * 100 %.

Die Tabelle zeigt, dass sich die Arbeitsmarktlage seit 2005 nachhaltig gebessert hat und dass sich die Arbeitslosenquote um fast 5 %-Punkte reduziert hat. Die Arbeitslosenquote ist der gebräuchlichste Indikator für die Situation am Arbeitsmarkt.

Sowohl die Zahl der Beschäftigten als auch die Arbeitslosenzahl sind Bestandsgrößen, die zu bestimmten Zeitpunkten aus einer Fortschreibung berechnet werden. Für die Zahl der Arbeitslosen gilt naturgemäß

Arbeitslosenzahl in t = Arbeitslosenzahl in $t - 1$
+ Zugänge in die Arbeitslosigkeit – Abgänge aus der Arbeitslosigkeit.

Abbildung 22 verdeutlicht dies am Beispiel des Jahres 2012. Nach Angaben der Bundesagentur für Arbeit meldeten sich in diesem Jahr 7,773 Mio. Menschen arbeitslos – die meisten davon aus Erwerbstätigkeit. Auf der anderen Seite gab es 7,716 Mio. Abgänge aus der Arbeitslosigkeit – allerdings nur zu einem Drittel in neue Jobs. Die Stromgrößen am Arbeitsmarkt zeigen, dass dort eine Dynamik herrscht, die durch die regelmäßig veröffentlichten Bestandsdaten naturgemäß nicht erfasst wird.

Nimmt man die Arbeitslosenquote zum Maßstab, dann fällt im längerfristigen Vergleich eine zunehmende Tendenz auf, die von konjunkturellen Schwankungen überlagert wird. Vor der ersten Ölkrise im Jahr 1974 gab es in Deutschland kaum Arbeitslosigkeit – die Quote lag unter 2 % (Abbildung 23). Durch die Verdopplung der Energiepreise und den sich daraufhin ergebenden Rückgang des Bruttoinlandsprodukts wurde auch der Arbeitsmarkt in Mitleidenschaft gezogen. Obwohl sich die übrigen Märkte relativ rasch an die veränderten Rahmenbedingungen anpassten, ließ der Arbeitsmarkt die erhoffte Erholung vermissen. Die Arbeitslosenquote ist in der zweiten Hälfte der Siebzigerjahre kaum gesunken. Dieser **Sperrklingeneffekt** wiederholte sich während der zweiten Ölkrise 1980/81. Damals verdoppelte sich die Arbeitslosenquote nochmals. Trotz einer guten Wirtschaftslage in der zweiten Hälfte der Achtzigerjahre reduzierte sich die Quote nur auf etwa 6 %.

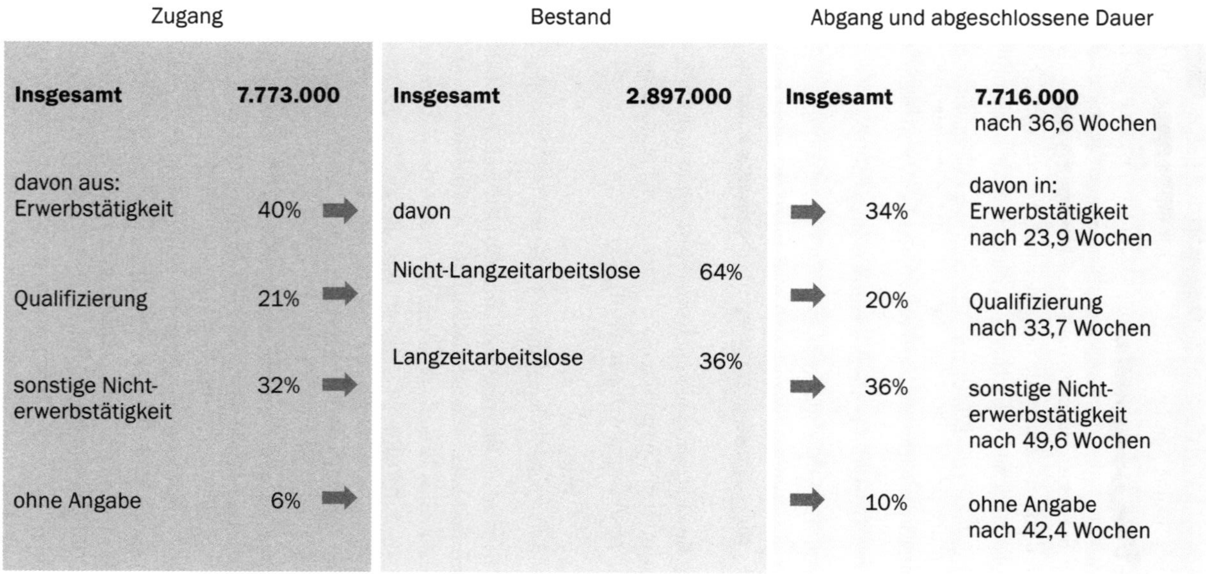

Zugang		Bestand		Abgang und abgeschlossene Dauer	
Insgesamt 7.773.000		**Insgesamt** 2.897.000		**Insgesamt** 7.716.000	nach 36,6 Wochen
davon aus: Erwerbstätigkeit	40%	davon		34%	davon in: Erwerbstätigkeit nach 23,9 Wochen
Qualifizierung	21%	Nicht-Langzeitarbeitslose	64%	20%	Qualifizierung nach 33,7 Wochen
sonstige Nicht-erwerbstätigkeit	32%	Langzeitarbeitslose	36%	36%	sonstige Nicht-erwerbstätigkeit nach 49,6 Wochen
ohne Angabe	6%			10%	ohne Angabe nach 42,4 Wochen

Quelle: Statistik der Bundesagentur für Arbeit

Abbildung 22: Zugang, Abgang und Dauer der Arbeitslosigkeit im Jahr 2012

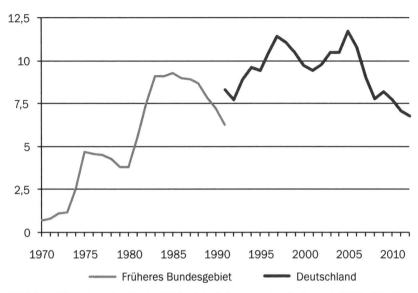

Früheres Bundesgebiet — Deutschland

Abbildung 23: Jahresdurchschnittliche Arbeitslosenquoten in Prozent 1970–2012

Die deutsche Wiedervereinigung wirkte in zweierlei Hinsicht auf den Arbeitsmarkt ein. Kurzfristig überwog der positive Nachfrageeffekt. Dann zeigte sich aber, dass viele Arbeitsplätze in Ostdeutschland nicht konkurrenzfähig waren. Ab Mitte der Neunzigerjahre waren die Arbeitslosenquoten zeitweise zweistellig. Auch wenn die gute Konjunkturlage des Jahres 2000 die Situation vorübergehend verbesserte, hatten sich seither viele an die eigentlich inakzeptabel hohen Arbeitslosenquoten gewöhnt. Erst durch den konjunkturellen Aufschwung 2006/07 ist es gelungen, die Arbeitslosenquote wieder auf das Niveau direkt nach der Vereinigung zurückzuführen. Auch die Weltfinanzkrise konnte die positive Entwicklung nur kurz unterbrechen. 2012 erreichte Deutschland mit 6,8 % die niedrigste Arbeitslosenquote seit der deutschen Vereinigung. Dennoch ist man noch immer weit von einer Vollbeschäftigungssituation entfernt, wie sie bis Mitte der Siebzigerjahre herrschte. Darüber hinaus sagt eine geringe Arbeitslosenquote wenig über die Qualität der Beschäftigung aus. So scheint es auch in Deutschland eine schon aus den USA bekannte Tendenz zunehmender „prekärer" Beschäftigungsverhältnisse (d.h. die Einkommen reichen nicht zum Lebensunterhalt aus) und damit verbunden Mehrfachbeschäftigungen zu geben.

Fallstudie 5: Die „Stille Reserve"

Als stille Reserve wird diejenige Gruppe von Personen bezeichnet, die nicht als Arbeitslose registriert sind, die dem Arbeitsmarkt aber dennoch unter Umständen zur Verfügung stehen. Diese Menschen haben sich vordergründig von der aktiven Arbeitsplatzsuche zurückgezogen, können jedoch im statistisch „Verborgenen" eigeninitiativ und ohne Registrierung bei der Arbeitsagentur arbeitssuchend sein. Eine zweite Gruppe von Personen ist temporär in arbeitsmarktpolitischen Maßnahmen (Fortbildung, Umschulung etc.) gebunden. Ähnliches gilt für Kurzarbeiter und Personen in Arbeitsbeschaffungsmaßnahmen. Schließlich dürfte eine dritte Gruppe ganz oder teilweise illegal beschäftigt sein. Rechnet man die stille Reserve zu den Erwerbspersonen hinzu, dann gelangt man zum Erwerbspersonenpotential. Selbstverständlich kann der Umfang der stillen Reserve und des Erwerbspersonenpotentials nur geschätzt werden.

Finden Sie dazu möglichst aktuelle Schätzungen der stillen Reserve und des Erwerbspersonenpotentials.

Die Entwicklung der Arbeitsmärkte in den letzten vier Jahrzehnten in Deutschland zeigt: Die Prognose des neoklassischen Arbeitsmarktmodells ist zumindest für die Verhältnisse in Deutschland nicht zu halten. Offensichtlich kehrt der Arbeitsmarkt nach einer Rezession nicht zum gleichgewichtigen Beschäftigungsniveau zurück. Deshalb liegt es nahe zu fragen, welche Unterschiede der tatsächliche Arbeitsmarkt zum Marktmodell aufweist. Abbildung 24 gibt einen Überblick über einige Ursachen.

Die **friktionelle Arbeitslosigkeit** ist eine wiederkehrende Form von Arbeitslosigkeit, die mit dem Suchen und Finden eines neuen Arbeitsplatzes zu tun hat. Bewerber sind nicht perfekt informiert. Sie brauchen Zeit zur Auswertung von Informationen über Stellenangebote und Unternehmen. Auch die Unternehmen haben Transaktionskosten. Der Suchprozess wird durch die Zahlung von Arbeitslosengeld unterstützt. Dies sorgt für Effizienz, da Arbeitslose nicht das erste Angebot annehmen müssen. Sucharbeitslosigkeit gilt in gewissem Umfang als unvermeidbar. Je nachdem, wie effizient vermittelt wird und wie die finanzielle Unterstützung des Staates ausgestaltet ist, kann die durchschnittliche Suchzeit kürzer oder länger ausfallen.

Die **saisonale Arbeitslosigkeit** ist ein Phänomen stark jahreszeitlich geprägter Märkte. Beschäftigte in der Tourismuswirtschaft sind den Schwankungen der Ferientermine und des Wetters unterworfen. Die Landwirtschaft orientiert sich am Zyklus der Vegetation und der Handel weist im Weihnachtsquartal meist die höchsten Umsätze aus. Obwohl es auch im Interesse von Unternehmen liegt,

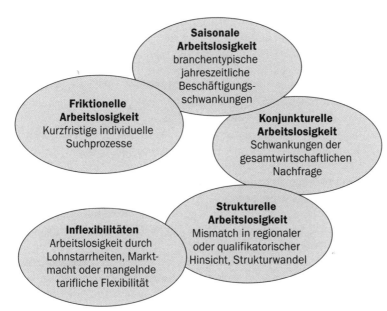

Abbildung 24: Arten der Arbeitslosigkeit

solche Fluktuationen durch geeignete Maßnahmen zu glätten, verbleiben jahreszeitliche Auslastungsschwankungen. Deren Folgen sollte die Arbeitsmarktpolitik durch geeignete Maßnahmen dämpfen – ein Beispiel ist das Schlechtwettergeld im Baugewerbe.

Gegenüber den beiden erstgenannten Arten spielt die konjunkturelle Arbeitslosigkeit auch quantitativ eine größere Rolle. Mit jeder Rezession ist die Arbeitslosenquote in Deutschland bisher gestiegen. Die **konjunkturelle Arbeitslosigkeit** findet deshalb auch in der wirtschaftspolitischen Debatte eine stärkere Beachtung. Später wird näher erläutert, wie zyklische Schwankungen der wirtschaftlichen Aktivität entstehen. Ursache für Rezessionen sind meist Nachfrageausfälle, die alle Branchen mehr oder weniger stark betreffen. Diese Art der Arbeitslosigkeit entsteht also durch temporäre Auslastungsschwankungen. Die Wirtschaftspolitik ist hier gefordert, die Folgen derartiger Schwankungen abzuschwächen. Dies kann durch Nachfrage stabilisierende Eingriffe des Staates geschehen. Über mögliche Maßnahmen werden unter Ökonomen und in der Politik kontroverse Debatten geführt. Ein allgemein akzeptiertes Instrument ist in diesem Zusammenhang das Kurzarbeitergeld. Anders als staatliche Ausgabenprogramme wird dadurch die Struktur der Nachfrage nicht verzerrt und die Maßnahmen finden ein natürliches Ende, wenn das Gröbste überwunden ist.

Geht man über die kurze Frist hinaus, dann stellt sich die Frage, aus welchem Grund sich die Arbeitslosigkeit in Deutschland in den letzten Jahrzehnten derart verfestigt hat. Die friktionelle und die saisonale Arbeitslosigkeit erklären das nicht. Besonders erstere ist zudem quantitativ unbedeutend. Obwohl ihrem Umfang nach relevanter, stellt auch die konjunkturelle Arbeitslosigkeit über die mittlere Frist hinaus kaum ein Problem dar. Interessanter ist dagegen die Frage, warum sich der Sockel der Arbeitslosigkeit kontinuierlich erhöhte.

Zur Analyse dieser Frage hat sich unter Ökonomen der Begriff „natürliche Arbeitslosenquote" eingebürgert. Diese Arbeitslosenquote erfasst alle Einflüsse auf die Arbeitsmarktsituation, die nicht vorübergehender Natur sind. Langfristig hohe Arbeitslosenquoten deuten auf Inflexibilitäten am Arbeitsmarkt oder auf eine strukturelle Arbeitslosigkeit hin. Wenn sich dieser Teil der Arbeitslosigkeit verfestigt und zudem ansteigt, dann liegt ein ernstes und dauerhaftes Problem vor. Diese natürliche Arbeitslosigkeit lässt sich nicht durch konjunkturpolitische Instrumente reduzieren.

Strukturelle Arbeitslosigkeit ist daran zu erkennen, dass neben der Arbeitslosigkeit auch die Zahl der offenen Stellen zunimmt. Jobmöglichkeiten werden nicht wahrgenommen – es kommt zu einem **mismatch** am Arbeitsmarkt. Die Dimensionen können vielfältig sein:

- **Qualifikationen** – die wirtschaftliche Entwicklung erfordert zunehmend höher qualifizierte Arbeitnehmer. Stehen die geforderten Qualifikationen nicht in gewünschtem Umfang zur Verfügung, dann bleiben Stellen unbesetzt und damit Wachstumschancen ungenutzt. Andererseits steigt das Risiko gering qualifizierter Menschen, arbeitslos zu werden.
- **Regionen** – in Deutschland gibt es regional unterschiedliche Arbeitslosenquoten. Grob gesprochen sind sie im Süden Deutschlands geringer als beispielsweise im Osten. Da die Bindung von Menschen an Regionen ein nicht zu unterschätzender Faktor ist, klappt es allerdings selten, Arbeitskräfte dorthin umzusiedeln, wo eine hohe Nachfrage nach ihnen besteht.
- **Berufe** – durch die zunehmende Automatisierung und Internationalisierung der Produktion werden bestimmte Tätigkeiten in Deutschland obsolet. Der Strukturwandel hat eine Vielzahl klassischer Berufe weitgehend verschwinden lassen – den Schuster, den Bergmann oder aktuell die Kassiererin im Supermarkt. Weitere werden folgen.

Der Begriff der strukturellen Arbeitslosigkeit macht deutlich, dass es „den" gesamtwirtschaftlichen Arbeitsmarkt nicht gibt. Tatsächlich besteht der Arbeitsmarkt aus einer Vielzahl teilweise abgeschotteter Teilmärkte. Strukturelle Arbeitslosigkeit entsteht immer dann, wenn der Übergang von einem auf den anderen Teilmarkt schwierig ist. Eine kluge Arbeitsmarktpolitik sollte deshalb darauf hinwirken, Schranken zwischen verschiedenen Teilarbeitsmärkten möglichst abzubauen. Dazu ist die Förderung der regionalen und der beruflichen Mobilität ebenso geeignet wie Umschulungs- und Weiterbildungsprogramme.

Als weitere Ursache der zunehmenden Sockelarbeitslosigkeit werden **Inflexibilitäten** angesehen. Dies betrifft einerseits die Löhne. Wird Arbeit durch konjunkturelle Krisen weniger knapp, dann müsste dies c. p. eigentlich zu sinkenden Löhnen führen. Schraubt man dieses Ventil zu, dann nimmt man eine höhere Arbeitslosigkeit in Kauf. Die mangelnde Flexibilität betrifft andererseits Arbeitszeiten, Kündigungsfristen oder auch die grundsätzliche Bereitschaft, eine Arbeit anzunehmen. Da dies alle Teilarbeitsmärkte gleichermaßen betrifft, handelt es sich hierbei nicht um ein strukturelles Phänomen. Wenn der Arbeitsmarkt insgesamt nicht zum Gleichgewicht tendiert, dann kann dies nach der Logik des neoklassischen Arbeitsmarktmodells nur an starren Löhnen liegen. Dies gilt es im folgenden Abschnitt näher zu betrachten.

3 Effizienzlöhne, Marktmacht und Lohnstarrheiten

Damit stellt sich die Frage, was Anbieter und Nachfrager auf dem Arbeitsmarkt veranlassen könnte, systematisch „zu hohe" Löhne zu vereinbaren und nicht an das Gleichgewichtsniveau anzupassen. Unternehmen könnten Anreize haben, ihre Beschäftigten besser als zum markträumenden Reallohn zu entlohnen. Der **Effizienzlohntheorie** folgend kann das Management eines Unternehmens höhere Löhne nutzen, um besonders leistungsfähige Mitarbeiter anzusprechen. Eine bessere Bezahlung könnte die Beschäftigten zudem motivieren, größere Anstrengungen zu unternehmen. Schließlich senken Effizienzlöhne sogar Kosten, wenn es dadurch gelingt, die Fluktuation zu senken.

Einige Ökonomen mutmaßen, dass Gewerkschaften in der Lage sind, die Unternehmer auszubeuten. Durch **Marktmacht** könnte es Arbeitnehmervertretern gelingen, den markträumenden Reallohn zu überschreiten. Das Ergebnis ist mit dem im Cournot-Monopol vergleichbar. Höhere Löhne werden mit einer sinkenden Beschäftigung erkauft. So lange die Arbeitsnachfrage hinreichend unelastisch ist, maximieren die Gewerkschaften die Arbeitseinkommen der aktuell Beschäftigten und nicht die Beschäftigung selbst. Es ist keineswegs ausgeschlossen, dass kleinere und gut organisierte Gewerkschaften nach diesem Muster verfahren. Betrachtet man jedoch den gewerkschaftlichen Organisationsgrad der Arbeitnehmer insgesamt, dann merkt man schnell, dass derartige Argumente kaum zu verallgemeinern sind. Denkbar wäre allerdings, dass die in der Vergangenheit durchgesetzten, meist über dem Produktivitätsanstieg liegenden Lohnsteigerungen im Niedriglohnsektor zu den Beschäftigungsproblemen dort beigetragen haben.

Lohnstarrheiten könnten auch durch die Ausgestaltung sozialer Sicherungssysteme hervorgerufen werden. Unter dem Stichwort **Anspruchslöhne** wird diskutiert, inwieweit eine soziale Mindestsicherung dazu beiträgt, in Einstellungsgesprächen nicht unter eine bestimmte Einkommensgrenze zu gehen. In neoklassischer Denktradition ist es sicher nicht abzustreiten, dass staatliche Transferzahlungen die individuelle Bereitschaft dämpfen, überhaupt Arbeit anzubieten. Zwei Bemerkungen sind dazu notwendig: Zum einen ist es Ziel der Arbeitsmarktpolitik, mit staatlichen Mitteln den Suchprozess so zu unterstützen, dass nicht der erste beste Job akzeptiert werden muss und so effizientere Vereinbarungen zustande kommen können. Und zum anderen geht es bei der Mindestsicherung – etwa durch das Arbeitslosengeld II – um eine sozialpolitische Leitplanke. Diese liegt in Deutschland auf einem niedrigen Niveau. Allerdings ist das **Lohnabstandsgebot** zu beachten, nach dem Arbeitseinkommen nach Abzug aller Abgaben grundsätzlich höher sein sollte als die Summe aller zu erzielenden Sozialtransfers. Diese Differenz wird auch dadurch verkleinert, dass die staatlichen Abgaben auf Arbeitseinkommen steigen. Deshalb sollte die Politik sicherstellen, dass die Finanzierung der Sozialsysteme die Beschäftigten nicht überfordert und es andererseits gelingt, die Leistungsanreize der Empfänger von Sozialleistungen zu erhöhen.

Fallstudie 6: Die „rot-grünen" Arbeitsmarktreformen

Der Sachverständigenrat zur Begutachtung der gesamtwirtschaftlichen Entwicklung hat 2002 „Zwanzig Punkte für Beschäftigung und Wachstum" formuliert. Darin hat er Maßnahmen vorgeschlagen, die „die Nachfrage der Unternehmen nach Arbeit stärken, die Flexibilität und die Anpassungsmechanismen auf dem Arbeitsmarkt verbessern und die Anspruchslöhne senken" sollen. Die damalige Bundesregierung hat einige dieser Vorschläge umgesetzt – zuletzt 2005 die Zusammenlegung von Sozialhilfe und Arbeitslosenhilfe zum sogenannten „Arbeitslosengeld II". Zudem wurde allen Leistungsempfängern mehr berufliche und regionale Flexibilität abverlangt. Die Zumutbarkeitsregeln für schlechter entlohnte Arbeit wurden entschärft. Während die Effekte auf dem Arbeitsmarkt weitgehend positiv gesehen werden, sind die sozialen und gesellschaftlichen Folgen der Arbeitsmarktreformen umstritten.

Finden Sie heraus, wie der Sachverständigenrat in seinen aktuellen Veröffentlichungen die Wirkungen der Reformen beurteilt. Welche Argumente finden sich bei den kritischen Stimmen?

Mindestlöhne begründen ebenfalls Lohnstarrheiten. Dabei nutzt es nichts, darauf zu verweisen, dass Mindestlöhne in anderen Ländern durchaus funktionieren. Eine solche Argumentation ignoriert c. p.–Bedingungen. Beispielsweise kann niemand ausschließen, dass eine Aufhebung der Mindestlöhne im Ausland die Arbeitsmarktsituation dort verbessern würde. Unter sonst gleichen Bedingungen führen effektive Mindestlöhne, die nicht durch Preissteigerungen kompensiert werden, entlang der Arbeitsnachfrage zu einer sinkenden Beschäftigung und damit zu einer steigenden Arbeitslosigkeit. Ob ein solcher kosteninduzierter Beschäftigungsrückgang durch den Kaufkrafteffekt höherer Löhne wettgemacht werden kann, ist an dieser Stelle nicht endgültig zu klären.

4   Wachstum und Beschäftigung

Selten sind sich Ökonomen so einig wie beim Zusammenhang von Wirtschaftswachstum und Arbeitseinsatz. Langfristiges Wachstum entsteht durch technischen Fortschritt und durch eine verstärkte Nutzung von Arbeit und Kapital. In der kurzen Frist wird diese Betrachtungsweise oftmals umgekehrt: Bei gegebenem Produktivitätsfortschritt wird erwartet, dass ein Produktionszuwachs in bestimmter Höhe einen Anstieg der Beschäftigung nach sich zieht. Obwohl man also eigentlich keine nur einseitige Wirkungsrichtung zwischen Wachstum und Beschäftigung angeben kann, lässt sich dennoch eher beschreibend fragen, wie das Wachstum beschaffen sein muss, um nachhaltig Beschäftigung zu schaffen. Mit dem Messkonzept der Beschäftigungsschwellen werden diese Zusammenhänge abgeschätzt.

Grundlegend für das Konzept der Beschäftigungsschwellen ist das **Verdoornsche Gesetz**. Dabei wird eine lineare Beziehung zwischen der Veränderungsrate der Arbeitsproduktivität und dem Produktionswachstum postuliert. In Phasen hoher Produktionszuwächse legt die Arbeitsproduktivität überdurchschnittlich zu:

$$\% \Delta (Y/A) = a + b \% \Delta Y$$

mit Y/A als Arbeitsproduktivität, Y als Produktion und $\% \Delta$ als dem Wachstumsratenoperator sowie a und b als zu messende, positive Koeffizienten. Der Koeffizient a als permanenter Einfluss des technischen Fortschritts auf die Arbeitsproduktivität sollte positiv sein und b sollte zwischen Null und Eins liegen. Die Veränderungsrate der Arbeitsproduktivität lässt sich als Differenz aus der Wachstumsrate Y und der Veränderungsrate der Beschäftigung A schreiben:

$$\% \Delta (Y/A) = \% \Delta Y - \% \Delta A.$$

Durch Gleichsetzen und nach den Beschäftigungsänderungen umgestellt folgt

$$\% \Delta A = -a + (1 - b) \% \Delta Y.$$

Abbildung 25 zeigt die Beziehung zwischen Beschäftigung und Wachstum. Die **Beschäftigungselastizität** $(1 - b)$ als Steigung der Geraden gibt an, um wie viel Prozent die Beschäftigung steigt, wenn die Produktion um 1 % zunimmt. Normalerweise wird diese Elastizität positiv und kleiner als Eins sein. Ist die Gerade bekannt, dann lässt sich das Wirtschaftswachstum abschätzen, bei dem die Beschäftigung in einem gegebenen Zeitintervall gerade unverändert geblieben ist. Bei unveränderter Beschäftigung – also $\% \Delta A = 0$ – ergibt sich daraus die **Beschäftigungsschwelle** als $a/(1 - b)$. Sie ist unter diesen Bedingungen positiv – d. h. die Beschäftigung wird also erst ab einer bestimmten positiven Veränderungsrate der Produktion zunehmen.

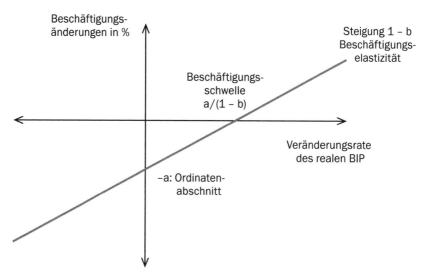

Abbildung 25: Beschäftigungsschwelle und Beschäftigungselastizität

Nun stellt sich die Frage, wie gut Abbildung 25 die beobachtbare Realität wiedergibt und wie stabil die Beziehung zwischen Wachstum und neuen Jobs in Deutschland in den letzten Jahren war. Zu diesem Zweck werden die Erwerbstätigenstunden und das preisbereinigte BIP gegenübergestellt. Verwendet werden Quartalsdaten für den Zeitraum vom ersten Quartal 1993 bis zum vierten Quartal 2012 aus den **Volkswirtschaftlichen Gesamtrechnungen.** Beide Variablen sind als Veränderungsraten zum jeweiligen Vorjahresquartal transformiert.

Über alle 80 Quartale ergab sich eine durchschnittliche Beschäftigungselastizität von 0,6 und eine Beschäftigungsschwelle von 1,5 %. Entsprechend veränderte sich die Zahl der eingesetzten Erwerbstätigenstunden bei einer Wachstumsrate von 1,5 % nicht. Ein Wachstum von 2,5 % ließ im Beobachtungszeitraum einen Zuwachs des Arbeitsvolumens von 0,6 % erwarten. Bei einem Nullwachstum ging die Beschäftigung dagegen um knapp 1 % zurück.

Allerdings sah die Beziehung während der ersten vierzig Quartale deutlich anders aus als zwischen 2003 und 2012. Dies machen die beiden Scatterplots in Abbildung 26 deutlich, bei denen jeder Punkt ein Quartal darstellt:

- Die Ausgleichsgerade zwischen den einzelnen Punkten zeigt: Zwischen 1993 und 2002 ergaben die Schätzungen einen Hochachsenabschnitt von $a = -1{,}6$

und eine Beschäftigungselastizität $(1 - b) = 0,7$, so dass die geschätzte Beschäftigungsschwelle bei 2 % lag. Erst bei Wachstumsraten über 2 % stieg die Beschäftigung. Damit das Arbeitsvolumen um 1 % zulegt, war sogar eine BIP-Wachstumsrate von 3,7 % nötig: Aus $1 = -1,6 + 0,7 \% \Delta Y$ folgt $\% \Delta Y = 3,7 \%$.

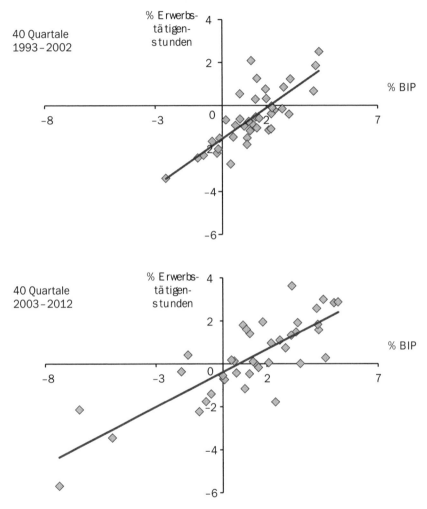

Abbildung 26: Arbeitsvolumen und Wirtschaftswachstum 1993 – 2012

- Zwischen 2003 und 2012 hat sich dieser empirische Zusammenhang verändert. Die Ausgleichsgerade verschob sich deutlich nach oben und wurde etwas flacher. Die Beschäftigungselastizität nahm auf 0,5 ab und die Beschäftigungsschwelle wurde schon bei einer BIP-Wachstumsrate von 0,7 % erreicht.

www.uvk-lucius.de/makro

Einen Anstieg des Arbeitsvolumens um 1 % gab es unter diesen Bedingungen schon bei einem BIP-Wachstum von 2,7 %. Dieser Befund ist durchaus zweischneidig. Zwar war es ab 2003 offensichtlich leichter, durch Wachstum Beschäftigung zu generieren. Der Ordinatenabschnitt *a* gibt aber an, um wie viel das Arbeitsvolumen sinkt, wenn sich die Produktion nicht verändert. Damit misst er die durchschnittliche Veränderungsrate der Arbeitsproduktivität im Beobachtungszeitraum. Aus verschiedenen Gründen lag dieses Produktivitätswachstum im früheren Teilzeitraum um gut 1 %-Punkt höher als im aktuelleren Zeitraum. Dies hat seit 2003 natürlich Erfolge auf dem Arbeitsmarkt erleichtert, die Verteilungsspielräume wurden aber enger und die Reallohnzuwächse verringerten sich entsprechend.

» Zusammenfassung

- Gewinnmaximierende Unternehmen werden ihre Nachfrage nach Arbeitskräften reduzieren, wenn unter sonst gleichen Bedingungen der Lohn steigt. Begreift man den Arbeitsmarkt zunächst einmal als einen Markt wie jeden anderen, dann stellt sich die Frage, warum der Lohn Nachfrage und Angebot in der Realität nicht ausgleicht und Arbeitslosigkeit herrscht.

- Der Arbeitsmarkt unterliegt offensichtlich besonderen Bedingungen. Er besteht aus Teilmärkten, die teilweise gegeneinander abgeschottet sind. Das Geschehen wird durch eine Reihe sozial- und arbeitsmarktpolitischer Weichenstellungen beeinflusst. Langfristig wird die Arbeitslosigkeit weniger durch konjunkturelle Einflüsse als durch strukturelle Ursachen und eine mangelnde Flexibilität bestimmt.

- Die hohe Sockelarbeitslosigkeit in Deutschland ist letztlich das Ergebnis eines gesellschaftlichen Konsenses. Alle Maßnahmen, die die Lohnflexibilität, die Anreizmechanismen oder das Wirtschaftswachstum steigern, sind geeignet, die Arbeitslosigkeit zu reduzieren.

» Wichtige Begriffe

Grenzproduktivitätentheorie, Erwerbsquote, Arbeitslosenquote, stille Reserve, Sucharbeitslosigkeit, natürliche Arbeitslosenquote, mismatch, Effizienzlohntheorie, Anspruchslöhne.

» Aufgaben

1 Bereiten Sie aktuelle Daten zum Arbeitsmarkt auf – etwa als Arbeitsmarktbilanz, wie sie die Wirtschaftsforschungsinstitute in ihren regelmäßigen Konjunkturprognosen aufstellen. Erklären Sie dabei die Begriffe „Erwerbspersonen", „Arbeitsvolumen" und „stille Reserve". Welche beiden Möglichkeiten gibt es, Ungleichgewichte am Arbeitsmarkt in Form von Quoten auszudrücken?

2 Die makroökonomische Produktionsfunktion sei $Y = 100 * A^{0,5}$. Füllen Sie die folgende Tabelle für $p = 2$ und $w = 50$ aus. Kommentieren Sie Ihr Ergebnis. Zeigen Sie schematisch, was passiert, wenn der Lohnsatz steigt.

[handschriftlich: $50 \cdot A^{-0,5}$]

Arbeits-einheiten	Produktion	Erlöse	Kosten	Gewinn	Grenz-produktivität
0	0	0	0	0	0
1	100	200	50	30	50
2	141	282	100	182	35,36
3	173	346	150	196	28,86
4	200	400	200	200	25
5	224	448	250	198	22,36

3 Die gesamtwirtschaftliche Produktionsfunktion sei $Y = 100 A^{2/3} K^{1/3}$.
   a) Ermitteln Sie die gewinnmaximale Arbeitsnachfrage.
   b) Das Arbeitsangebot sei durch $A^A = 250\,w/p$ beschrieben. Bestimmen Sie anschließend das Arbeitsmarktgleichgewicht für $Y = 6000$.
   c) Was ändert sich, wenn die Produktion Y um 10 % steigt?

4 Beschreiben Sie das Phänomen der „konjunkturellen Arbeitslosigkeit" und suchen Sie Informationen darüber, welches Ausmaß diese Art der Arbeitslosigkeit in der aktuellen ökonomischen Lage in Deutschland hat.

Kapitel 4
Geldwesen, Geldpolitik und Inflation

Nicht erst seit der Finanzkrise ist die monetäre Sphäre der Volkswirtschaft für die meisten Menschen eine „terra incognita". Die Funktionsmechanismen, nach denen Kapitalmärkte, Kreditmärkte und der Geldmarkt arbeiten, scheinen vielen intransparent – und zwar ungeachtet der Flut an Informationen, die darüber täglich verfügbar ist.

Der Geldmarkt im engeren Sinne ist der Markt zwischen der Zentralbank und den Geschäftsbanken – durch die Geldpolitik wird die Liquidität des Bankensektors gesteuert. Das Bankensystem soll eine angemessene, aber nicht zu reichliche Geldversorgung der Nichtbanken sicherstellen. Dazu vergeben Banken Kredite.

Geld ist produktiv. In einer Tauschwirtschaft senkt Geld die Transaktionskosten. Wird Geld allgemein als Tauschmittel akzeptiert, dann müssen keine Tauschpartner gefunden werden, die direkt „passende" Güter oder Gegenleistungen zur Verfügung stellen. Geldpreise liefern kompaktere Informationen als reale Austauschverhältnisse und Geld erlaubt es, Tauschakte zeitlich auseinander zu ziehen. Rein funktional betrachtet ist Geld Tauschmittel, Recheneinheit und Wertaufbewahrungsmittel.

» Lernziele

- Die Studierenden wissen um die Geldschöpfungsmöglichkeiten im zweistufigen Mischgeldsystem und können das Geldbasiskonzept an einfachen Beispielen nachvollziehen. Ihnen sind die Geldmengenaggregate geläufig.
- Die Studierenden kennen die neoklassische Geldnachfrage, die ausschließlich am Transaktionsmotiv der Nichtbanken anknüpft. Sie kennen die Quantitätsgleichung und können begründen, warum ein überreichliches Geldangebot langfristig zu Inflation führt. Sie wissen, warum man Inflation möglichst vermeiden sollte und können die volkswirtschaftlichen Kosten der Geldentwertung benennen.
- Die Studierenden kennen die Leitzinsen und sind in der Lage, die geldpolitischen Möglichkeiten von Zentralbanken einzuschätzen. Sie können Änderungen dieser Leitzinsen als geldpolitische Signale der Zentralbank richtig deuten.

1   Geldangebot und Geldmengenaggregate

Die Aufgabe des Finanzsystems ist es, die Ersparnisse von Kapitalgebern und die Kapitalnachfrage der investierenden Wirtschaftseinheiten zusammenzubringen. Kapitalgeber sind vor allem die privaten Haushalte, während Unternehmen Kredite benötigen, um ihre Investitionen in Sachkapital zu finanzieren. Zu den Finanzmärkten gehören

- der **Kapitalmarkt**: Über die langfristigen Zinsen werden die Nachfrage und das Angebot von Finanzkapital direkt, d.h. ohne Intermediation von Banken, koordiniert. Die Nachfrager finanzieren sich direkt über festverzinsliche Wertpapiere oder Aktien. Die Anbieter erwarten Zinserträge oder Kursgewinne.

- der **Kreditmarkt**: Hier werden Kreditinstitute aktiv und sind intermediär zwischen Kapitalanbieter und Kapitalnachfrager geschaltet. Die volkswirtschaftliche Funktion von Banken ist es, in Bezug auf Ihre Einlagen und ihre Kredite eine **Transformation von Fristen, Losgrößen und Risiken** vorzunehmen. Während Sparer meist kleinere Beträge mit einer kürzeren Laufzeit als Einlagen bereitstellen, fragen Investoren größere Beträge langfristig als Kredite nach. Außerdem können Banken durch das „Gesetz der großen Zahl" die Risiken von Kreditausfällen minimieren. Sie wissen zwar nicht, welche Kredite ausfallen, aber sie haben gute Informationen über die Ausfallwahrscheinlichkeiten. Banken reduzieren die Transaktionskosten.

In einem zweistufigen Mischgeldsystem gibt es **Bargeld**, dessen Umlauf direkt von der Zentralbank kontrolliert wird und **Buchgeld**, das bei den Geschäftsbanken durch die Vergabe von Krediten entsteht. Den Umlauf von Buchgeld kann die Zentralbank nur indirekt beeinflussen. Allerdings ist die Zentralbank in der Lage, die Bedingungen der Kreditvergabe zu setzen. Dies bezeichnet man als **Geldpolitik**: Durch Veränderungen der Bankenliquidität und der Geldmarktzinsen übt die Zentralbank einen indirekten Einfluss auf die wirtschaftliche Entwicklung aus. Langfristig zielt die Politik der Zentralbank hauptsächlich darauf ab, den Geldwert zu sichern und damit Inflation möglichst zu vermeiden.

Da Geld eine Forderung der Nichtbanken gegen das Bankensystem ist, wird Geldpolitik immer in der Bilanz der Zentralbank sichtbar. Bargeld ist eine Forderung gegen die Zentralbank. Sie bringt Geld in den Umlauf, wenn sie Wertpapiere oder Devisen kauft. Geschäfte, die die Einlagen von Kreditinstituten P2 oder auf der Aktivseite die Währungsreserven A1 oder die Forderungen an Kreditinstitute A2 verändern, beeinflussen den Notenumlauf P1.

Zentralbankbilanz

A1 Währungsreserven	P1 Notenumlauf
A2 Forderungen an	P2 Einlagen von
Kreditinstitute	Kreditinstituten
A3 Sonstige Aktiva	P3 Sonstige Passiva

Doch wie schaffen Kreditinstitute Geld? Buchgeld entsteht durch die Vergabe von Krediten. Nehmen wir an, Bank 1 flössen durch den Verkauf von Wertpapieren an die Zentralbank 100 € zu. Diese nutze sie, um zusätzliche Kredite zu vergeben. Nehmen wir weiter an, die Bank hinterlege einen Teil des Kredits als Reserve. Die Bilanz der Bank 1 ändert sich dann wie folgt:

Bank 1

Δ Reserven	10	Δ Einlagen	100
Δ Kredit	90		

Der Kunde nutze den Kredit, um bargeldlos Zahlungen an einen Lieferanten zu tätigen, der sein Konto bei Bank 2 führt. Dort würden also Einlagen von 90 zufließen, die ebenfalls zur Kreditvergabe genutzt werden könnten. Bei einer Reservehaltung von ebenfalls 10 % gilt:

Bank 2

Δ Reserven	9	Δ Einlagen	90
Δ Kredit	81		

Daraus ergibt sich **der maximale Kreditschöpfungsspielraum**. Sofern auf jeder Stufe die gesamte Liquidität zur Kreditvergabe genutzt wird, kann sich die Reihe 100, 90, 81 … fortsetzen, bis die ursprüngliche Liquidität von 100 € vollständig zu Reserve geworden ist. Wenn alle beteiligten Banken Reserven in Höhe von 10 % halten, dann entstehen neue Kredite von maximal 1000 €.

Erfahrungsgemäß halten Nichtbanken Bargeld und Buchgeld in einem bestimmten Verhältnis, so dass sich das Geldschöpfungspotential der Kreditinstitute weiter verringert. Das verdeutlicht das folgende Modell des Geldangebotsprozesses. Das Geldangebot besteht aus Bargeld (*BG*) und Buchgeld der Nichtbanken (*D*). Letztere umfassen alle kurzfristig fälligen Einlagen der Nichtbanken bei den Geschäftsbanken:

$$M = BG + D.$$

Die **Geldbasis** *B* besteht aus Bargeld und Reservehaltung der Kreditinstitute:

$$B = BG + RH.$$

Die Zentralbank kontrolliert die Geldbasis B vollständig. Sie umfasst die Positionen P_1 und P_2 der oben dargestellten Bilanz. Wenn die Nichtbanken Bargeld und Buchgeld in einem konstanten Verhältnis b halten, dann gilt

$$b = BG/D \quad \text{oder} \quad BG = bD.$$

Der Koeffizient b beschreibt das von den Nichtbanken angestrebte Verhältnis von Bargeld und Buchgeld. Das Geldangebot M folgt durch Einsetzen der dritten Gleichung in die erste:

$$M = b * D + D = (1 + b)D.$$

Wenn die Geschäftsbanken verpflichtet sind, Reserven in Höhe einer konstanten Relation r zu den Sichtguthaben zu halten, dann gilt:

$$RH = rD.$$

Setzt man diese und die dritte Gleichung oben in die Gleichung für die Geldbasis ein, dann folgt

$$B = bD + rD = (r + b)D \quad \text{oder} \quad D = B/(r + b).$$

Offenbar hängt in diesem stark vereinfachten Modell der Umfang des Buchgelds D ausschließlich von der Geldbasis ab. Damit gilt für das Geldangebot wegen $M = (1 + b)D$ auch

$$M = \frac{1 + b}{r + b} B = mB.$$

Dies ist das **Geldbasiskonzept**: So lange die Bargeldhaltung der Nichtbanken und die Reservehaltung der Geschäftsbanken unverändert sind, hängt das Geldangebot M ausschließlich von der Geldbasis B ab. Da die Zentralbank die Geldbasis vollständig kontrolliert, steuert sie bei konstantem Geldschöpfungsmultiplikator m indirekt auch die maximale Geldschöpfung der Kreditinstitute. Natürlich werden in diesem Modell die **Portfolio-Entscheidungen** von Finanzinstituten vernachlässigt: Tatsächlich werden Banken ihre Liquiditätsreserven nur teilweise zur Kreditvergabe nutzen – als alternative Anlagen stehen Wertpapiere, Aktien oder Derivate zur Verfügung.

Im obigen numerischen Beispiel wurde $b = 0$ und $r = 0{,}1$ angenommen. Es galt also $\Delta M = 100/0{,}1 = 1000$ mit einem Geldschöpfungsspielraum von maximal 1000 €. Unterstellt man zudem eine Bargeldquote $b = 0{,}2$, dann fließt auf jeder Stufe des oben skizzierten Prozesses Bargeld ab. In diesem Fall verringert sich der maximale Spielraum der Banken auf

$$\Delta M = \frac{1 + 0{,}2}{0{,}1 + 0{,}2} \cdot 100 = 400.$$

Je höher also der Anteil des bargeldlosen Zahlungsverkehrs, desto größer sind die Kreditschöpfungsmöglichkeiten der Banken.

Eine geeignete Abgrenzung des Geldangebots hängt vom Zweck ab, den das gewählte **Geldmengenaggregat** erfüllen soll. Erfasst werden soll naturgemäß die Liquidität der Nichtbanken. Geld und Geldvermögen sind aber mehr oder weniger leicht gegeneinander auszutauschen. Deshalb stellt sich die Frage, inwieweit Bankguthaben, Wertpapiere oder auch Sachkapital mit berücksichtigt werden sollten. Zentralbanken stützen ihre Marktanalysen meist auf mehrere monetäre Kenngrößen. Sie unterscheiden mindestens ein eng gefasstes Aggregat mit sehr hohem Liquiditätsgrad und ein weit gefasstes Geldmengenaggregat, bei dem auch bestimmte Wertpapiere Berücksichtigung finden. Bei allen monetären Kenngrößen sind Sachvermögenswerte wie Aktien oder Immobilien ausgeschlossen, u. a. weil ihre Umwandlung in Geld mit Transaktionskosten und Kursrisiken verbunden ist. Für das Eurosystem werden drei Geldmengenaggregate unterschieden:

- Die **Geldmenge M1** ist die Summe aus Bargeldumlauf und täglich fälligen Einlagen der Nichtbanken. Letztere können jederzeit kostenlos in Bargeld umgewandelt werden. Bei dieser engen Abgrenzung ist die Zahlungsmittelfunktion zentral. Die Bargeldbestände der Kreditinstitute und die Einlagen der Kreditinstitute bei der Zentralbank (Reserven) gehören nicht zur Geldmenge.

- M2 enthält darüber hinaus Termineinlagen mit einer Laufzeit von bis zu zwei Jahren und Spar-Einlagen mit vereinbarter Kündigungsfrist von bis zu drei Monaten. Die **Geldmenge M2** enthält demnach auch finanzielle Mittel, die die Wertaufbewahrungsfunktion übernehmen. Deren Liquidität wird durch mögliche Kündigungsfristen, Strafzinsen oder Gebühren eingeschränkt.

- M3 enthält über M2 hinaus Schuldverschreibungen mit einer Laufzeit von bis zu zwei Jahren sowie Anteile an Geldmarktfonds und Geldmarktpapiere. Die Europäische Zentralbank (EZB) widmet der **Geldmenge M3** als weite Abgrenzung der Liquidität in den Händen der Nichtbanken eine besondere Aufmerksamkeit.

Tabelle 8 zeigt, dass die Nichtbanken im Euro-Raum zur Abwicklung ihrer Transaktionen weniger als 10 % ihrer Liquidität in Bargeld halten. Deshalb fürchten Banken nichts mehr als einen **bank run**: Wenn die Nichtbanken während einer Finanzkrise ihre Einlagen auflösen und gegen vermeintlich sicheres Bargeld eintauschen, dann wird auch den ordentlich wirtschaftenden Banken relativ schnell das Bargeld ausgehen. Sie werden illiquide. Damit wird deutlich, warum einige europäische Regierungen am Anfang der Finanzkrise Einlagegarantien gegeben haben. Sie dienten hauptsächlich dazu, Bankkunden von Barabhebungen abzuhalten. Wie der Vergleich von M1 und M2 verdeutlicht, spielen Spar- und Termineinlagen bei Liquiditätsanalysen eine herausgehobene Rolle. Anders als täglich fälliges Buchgeld werfen diese Einlagen Zinsen ab und sind deshalb eine etwas weniger liquide Alternative. Dagegen ist der Unterschied zwischen M2 und M3 quantitativ weniger bedeutsam. Schließlich zeigt die letzte Spalte der Tabelle, dass Deutschland 2012 mit jeweils etwa einem Viertel zu den Geldmengenaggregaten im Euro-Raum beigetragen hat.

	Mrd. EUR	Struktur (Prozent)	darunter: Deutscher Beitrag
Bargeldumlauf		877	8,9	216
+ täglich fällige Einlagen	4297	43,8	
= Geldmenge M1		5174	52,7	1366
+ Spar- und Termineinlagen	3877	39,5	
= Geldmenge M2		9051	92,2	2232
+ Geldmarktpapiere und Schuldverschreibungen mit einer Laufzeit von bis zu 2 Jahren.	764	7,8	
= Geldmenge M3		9815	100,0	2343

Quelle Deutsche Bundesbank.

Tabelle 8: Geldmengenaggregate im Euro-Raum Ende 2012

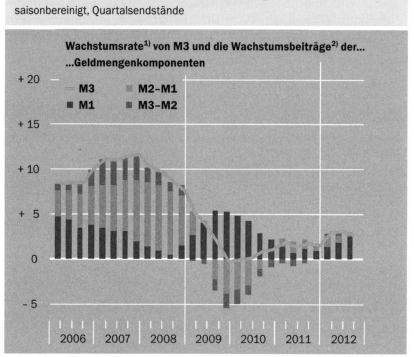

Komponenten und Gegenposten der Geldmenge im Euroraum
saisonbereinigt, Quartalsendstände

Wachstumsrate[1] von M3 und die Wachstumsbeiträge[2] der...
...Geldmengenkomponenten

M3   M2-M1
M1   M3-M2

Quelle: Deutsche Bundesbank,

Abbildung 27: Komponenten der Geldmenge im Euro-Raum 2006-2012

Abbildung 27 zeigt die Entwicklung der Geldmenge M3 und ihrer Komponenten im Euro-Raum im Zeitraum von 2006 bis 2012. Dargestellt sind die prozentualen Veränderungen zum Vorjahresquartal. Bis zur Weltfinanzkrise 2008/09 nahm die Geldmenge regelmäßig um mehr als 5 % pro Jahr zu. Ende 2009 gab es kein Geldmengenwachstum. Seither nimmt M3 moderat zu. Während in der expansiven Phase bis 2008 alle Komponenten von M3 mehr oder weniger gleichermaßen zulegten, kam es während der Krise zu ausgeprägten Umschichtungen zu Lasten der Termineinlagen (Differenz M2 – M1). Diese Umschichtungen mögen auch damit zusammenhängen, dass Termineinlagen zuletzt geringer verzinst wurden. Seit Anfang 2011 bestand das Geldmengenwachstum überwiegend aus höchster Liquidität.

2 Die Geldnachfrage

Geld wird von den Wirtschaftssubjekten zu Transaktionszwecken gehalten. Diese Transaktionskasse wird durch Bargeldbestände und kurzfristig liquide Einlagen repräsentiert. Klar unterschieden werden muss zwischen Einkommen auf der einen und der Nachfrage nach Liquidität auf der anderen Seite. Einkommen können als Zugriffsoption auf Güter oder als Entlohnung für die Bereitstellung von Produktionsfaktoren interpretiert werden. Die umlaufende Geldmenge ist eine Bestandsgröße. In Comedy-Shows fällt gelegentlich der Satz: „ … ihr Geld ist nicht verschwunden, es hat nur ein anderer." Dieser Gag bringt den wesentlichen Unterschied zum Einkommen als Stromgröße auf den Punkt.

Eine hilfreiche Analogie sind möglicherweise Fahrzeuge. **Stromgrößen** sind dabei der Input an Kraftstoff oder die sich daraus ergebende Motorleistung als Output. Das umlaufende Öl ist dagegen eine **Bestandsgröße** – es verteilt sich im Motor und verringert die Reibung beweglicher Teile. So wenig wie sich die umlaufende Geldmenge durch Transaktionen verändert, so wenig wird die Menge an Motoröl durch die Mobilität tangiert.

Wenden wir uns der Frage zu, wie oft ein Euro in einer Periode zur Begleichung von Zahlungsverpflichtungen verwendet wird (Abbildung 28). Dazu wird zunächst vereinfachend ein fiktiver Haushalt betrachtet, der am Anfang eines Monats über einen Geldbestand L verfüge. Durch Transaktionen fließe dieser Bestand kontinuierlich ab. Zur Hälfte des Monats sei die Liquidität vollständig abgeflossen. Dann beschaffe sich der Haushalt wiederum Liquidität in Höhe von L, die in der zweiten Hälfte des Monats kontinuierlich abfließe. Im Monat bewältigt der Haushalt also ein Transaktionsvolumen von $p\,Y$. Im Jahr wären das $12*pY$. Wenn der Haushalt bei kontinuierlichem Liquiditätsabfluss zweimal im Monat Geld abhebt, dann ist die dazu notwendige durchschnittliche Geldhaltung $L/2$. In der Abbildung kann man dies daran erkennen, dass das obere Dreieck mit der Liquiditätsspitze und das untere Dreieck mit unterdurchschnittlicher Liquidität gleich groß sind. Auf das Jahr bezogen würde in diesem Beispiel für die **Geldnachfrage**

$$L = \frac{1}{2*12} p Y.$$

gelten. Pro Jahr läuft ein beliebiger Euro in diesem Beispiel also 24mal um – dies gibt die Umlaufgeschwindigkeit des Geldes wieder. Diese **Umlaufgeschwindigkeit** reflektiert die Zahlungsgewohnheiten von Haushalten und Unternehmen.

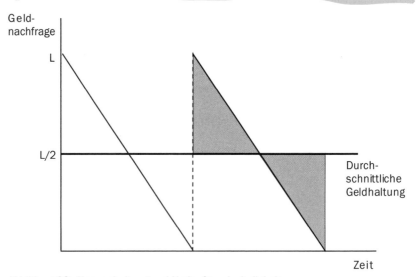

Abbildung 28: Kassenhaltung und Umlaufgeschwindigkeit

Grundsätzlich muss immer gelten, dass die Geldmenge M multipliziert mit der Umlaufgeschwindigkeit U dem Transaktionsvolumen – also beispielsweise dem nominalen Bruttoinlandsprodukt pY – entspricht. Dieser Zusammenhang wird mit der nachfolgenden **Quantitätsgleichung** beschrieben:

$$MU = pY.$$

Dabei handelt es sich um einen definitorischen Zusammenhang, der grundsätzlich und immer gilt. Eine veränderliche Umlaufgeschwindigkeit sorgt stets dafür, dass sich beide Seiten der Gleichung entsprechen.

Durch eine Veränderung wird aus der Quantitätsgleichung eine **Geldnachfragetheorie**: Die Zahlungsgewohnheiten werden als unverändert unterstellt und damit die Umlaufgeschwindigkeit U als konstant angenommen. Die Geldnachfrage erhält das Symbol L (liquidity preference) und der konstante Kassenhaltungskoeffizient $k = 1/U$ wird auf die andere Seite der Gleichung geschrieben:

$$L = \frac{1}{U} p\,Y = k\,p\,Y.$$

Durch die angenommene Konstanz des Kassenhaltungskoeffizienten k ergibt sich eine einfache Theorie der Geldnachfrage: Je höher das Transaktionsvolumen $p\,Y$ ist, desto höher fällt bei konstantem Kassenhaltungskoeffizienten k die Geldnachfrage L aus.

3 Geldmarktgleichgewicht und Preisstabilität

Dem **Geldbasiskonzept** folgend sei unterstellt, dass das Geldangebot M von der Zentralbank festgelegt wird. Da die Geldbasis B vollständig in der Bilanz der Zentralbank erscheint, hat sie diese Größe auch vollständig unter ihrer Kontrolle. Weiter wird vereinfachend angenommen, dass der Geldschöpfungsmultiplikator m konstant sei. Dies mag vor allem langfristig der Fall sein. Kurzfristig haben die Geschäftsbanken bei der Geldschöpfung dagegen Spielräume. Unter diesen Annahmen kann die Zentralbank die Geldmenge exakt festlegen. M ist damit eine exogene Größe, die nicht aus dem Modellzusammenhang heraus bestimmt wird, sondern als Stellgröße der Geldpolitik exogen vorgegeben wird.

Das **Geldmarktgleichgewicht** ergibt sich somit aus der Identität von Geldnachfrage L und dem von der Zentralbank festgelegten Geldangebot M

$$\overline{M} = k\,p\,Y.$$

So lange das Geldangebot durch die Geldpolitik der Zentralbank festgelegt wird und der Kassenhaltungskoeffizient k als konstanter Verhaltensparameter betrachtet wird, gibt es eine umgekehrt proportionale Beziehung zwischen dem gesamtwirtschaftlichen Preisniveau P und dem realen Bruttoinlandsprodukt Y:

$$p = \frac{\overline{M}}{k\,Y}.$$

Diese Gleichgewichtsbedingung am Geldmarkt ähnelt nur scheinbar der Quantitätsgleichung. Tatsächlich sagt sie inhaltlich etwas anderes aus. Aus der Identität des konstanten Geldangebots und der Geldnachfrage ergibt sich für jedes Einkommen Y ein gleichgewichtiges Preisniveau p^*. Preisniveaus ober- und unterhalb des gleichgewichtigen Niveaus haben nur vorübergehend Bestand. Liegt das Preisniveau oberhalb von p^*, dann ist die Nachfrage nach Transaktionskasse höher als das Geldangebot. Damit das Transaktionsvolumen vollständig umgesetzt werden kann, muss das Preisniveau sinken. Nur dann ist das Transaktionsvolumen mit dem konstanten Geldangebot wieder kompatibel. Liegt das Preisniveau dagegen kurzfristig unterhalb von p^*, dann sorgt die Gleichgewichtsbedingung am Geldmarkt für steigende Preise.

Damit hat die Zentralbank einen erheblichen Einfluss auf das Preisniveau (Abbildung 29). Wird das Geldangebot gesteigert, ohne dass sich die Kassenhaltung der Nichtbanken oder das reale Bruttoinlandsprodukt verändert, dann steigt das Preisniveau – die Volkswirtschaft leidet also unter Inflation. Reagiert die Zentralbank nicht auf Veränderungen der Zahlungsgewohnheiten oder des Transaktionsvolumens, müssen ebenfalls Veränderungen des Preisniveaus hingenommen werden.

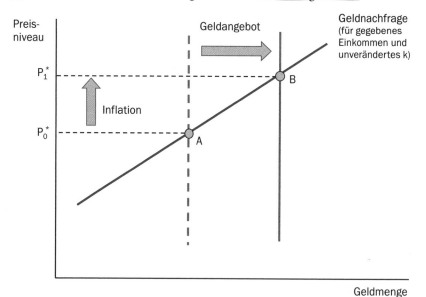

Abbildung 29: Geldmenge und Preisniveau

Die Kunst der Geldpolitik besteht also darin, das Geldangebot so anzupassen, dass das Preisniveau nicht über ein tolerierbares Maß hinausgeht. Dies zeigt Abbildung 30. Als Datenänderung wird hier Wirtschaftswachstum unterstellt. Wenn das reale Bruttoinlandsprodukt Y steigt, verschiebt sich die Geldnachfrage nach rechts. Für jedes beliebige Preisniveau wird bei gegebenen Zahlungsgewohnheiten mehr Geld gehalten. Würde man in dieser Situation das Geldangebot nicht anpassen, dann könnte die höhere Produktion nur umgesetzt werden, wenn das Preisniveau fällt. Wenn es der Zentralbank gelingt, das Geldangebot um genau den „richtigen" Betrag zu steigern, dann wird das Preisniveau unverändert bleiben. In der Abbildung alimentiert das zusätzliche Geldangebot das Wirtschaftswachstum exakt.

Im Vertrag über die Arbeitsweise der Europäischen Union heißt es in Artikel 127: „Das vorrangige Ziel des Europäischen Systems der Zentralbanken ist es, die Preisstabilität zu gewährleisten. Soweit dies ohne Beeinträchtigung des Zieles der Preisstabilität möglich ist, unterstützt das ESZB die allgemeine Wirtschaftspolitik in der Union, um zur Verwirklichung der in Artikel 3 des Vertrags

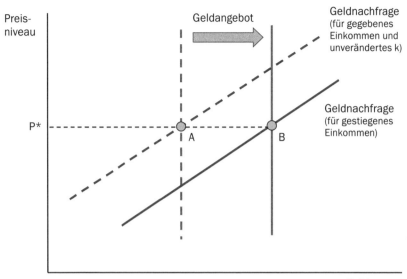

Abbildung 30: Geldangebot, Wachstum und Preisniveau

über die Europäische Union festgelegten Ziele der Union beizutragen." Unter **Preisstabilität** versteht der EZB-Rat Preissteigerungsraten, die im Euro-Raum mittelfristig unter, aber nahe der 2 %-Marke liegen. Die Zentralbank versteht sich als Hüter der Währungsstabilität. Sowohl andauernde Inflation als auch Deflation sollen vermieden werden.

Und dies mit gutem Grund. Geld kann seine Funktionen nur dann erfüllen, wenn der Geldwert hinreichend stabil ist. Inflation tangiert die Wertaufbewahrung unmittelbar. Geldhaltung wird durch hohe Inflation ständig entwertet. Daher werden Haushalte und Unternehmen Umschichtungen ihres Vermögens zugunsten von vermeintlich wertstabilen Aktiva wie Gold oder Immobilien vornehmen. Diese Flucht in die Sachwerte wäre ohne Inflation nicht notwendig. Es handelt sich also um eine **Fehlallokation**, die zudem noch Transaktionskosten verursacht. Insgesamt wenden Wirtschaftssubjekte also Ressourcen auf, um ihre Liquidität möglichst gering zu halten – der häufige Gang zur Bank ist dabei nur eine Facette dieses Problems.

Eine instabile Währung bringt Intransparenzen und Unsicherheiten mit sich. Bei dauerhafter Inflation ist schwer zu erkennen, ob sich das Preisniveau oder die Preisrelationen untereinander ändern. Verändert sich der Maßstab, dann ist die Funktion als Recheneinheit eingeschränkt. Auch hier entstehen **Transaktionskosten:** Informationsbeschaffung und –verarbeitung fressen Ressourcen. Nicht zuletzt bei den Unternehmen entstehen durch häufige Preisänderungen Anpassungskosten. Automatische Abrechnungssysteme werden umprogrammiert, Kataloge und

Preislisten neu gedruckt und den Kunden gegebenenfalls erklärt. Überspitzt werden diese Kosten auch „Speisekarten-Kosten" genannt. Schließlich gefährden volatile Inflationsraten die Funktion des Geldes als Tauschmittel – im Falle der **Währungssubstitution** wird das gesetzliche Zahlungsmittel durch Fremdwährungen oder Warengeld ersetzt. Ein Land verliert damit effektiv seine Währungshoheit.

Darüber hinaus sind **Umverteilungswirkungen** zu beachten, deren Effekte kaum zu quantifizieren sind. Klar ist, dass Gläubiger gegenüber Schuldnern verlieren – und zwar vor allem, wenn die Inflation unterschätzt wurde. Während die Bezieher von Gewinneinkommen tendenziell von Inflation profitieren, sind Bezieher von Festeinkommen – Arbeitnehmer, Rentner oder Transferempfänger – durch einen zögerlichen oder unvollständigen Inflationsausgleich ihrer Einkommen eher benachteiligt. Schließlich ist der Staat im Falle einer progressiven Besteuerung über die **kalte Progression** Gewinner. Eine progressive Besteuerung bedeutet, dass die Steuersätze mit dem nominalen Einkommen zunehmen. Sofern die Einkommensteuersätze nicht regelmäßig nach unten angepasst werden, bedeutet Inflation, dass die Steuersätze zunehmen, obwohl sich die Leistungsfähigkeit gemessen am Realeinkommen gar nicht verändert.

Die meisten Volkswirte sind sich darin einig, dass sowohl durch Inflation als auch durch **Deflation** – also ein sinkendes Preisniveau – erhebliche volkswirtschaftliche Kosten entstehen. Umgekehrt erleichtert Preisstabilität die Erwartungsbildung und senkt die Transaktionskosten. Die Vermeidung hoher Inflationsraten trägt als Teilaspekt der makroökonomischen Stabilität deshalb dazu bei, das Wirtschaftswachstum zu steigern. Es sollte allerdings nicht unerwähnt bleiben, dass eine Deflationstendenz leicht außer Kontrolle geraten und die Volkswirtschaft in eine tiefe Rezession führen kann. Grund sind die aufgrund der flächendeckenden Preisreduktionen von den Wirtschaftssubjekten erwarteten weiteren Preissenkungen, die zu einem „Nachfrageattentismus" führen können und somit Nachfragerückgänge mit sich weiter beschleunigenden Preisabschlägen nach sich ziehen.

Fallstudie 7: Geldmengenziele

Die EZB betrachtet die Geldmengenentwicklung langfristig als eine Zielgröße zur Gewährleistung von Preisstabilität. Deshalb legt sie Wert darauf, die Liquidität in den Händen der Nichtbanken zu steuern. Drückt man die Quantitätsgleichung in prozentualen Veränderungsraten (% Δ) aus, dann ergibt sich

$$\% \Delta M = \% \Delta p + \% \Delta Y - \% \Delta U.$$

Das Inflationspotential errechnet sich aus dem Geldmengenziel – also einer am Jahresbeginn festgelegten Größenordnung der prozentualen Veränderungen von M3 – abzüglich des zu erwartenden Wachstums und möglicher Veränderungen der Umlaufgeschwindigkeit. Wenn für das reale Wachstum im Euro-Raum eine Größenordnung von 2 bis 3 % angesetzt wird und sich die Umlaufgeschwindigkeit nicht ändert, dann müsste die Zentralbank ein Geldmengenziel von 4 bis 5 % anstreben, sofern sie eine Inflationsrate von maximal 2 % zu tolerieren bereit ist.

Vergleichen Sie Geldmengenentwicklung, Wirtschaftswachstum und Inflationsrate im Euroraum für die letzten zehn Jahre. Fertigen Sie mit Hilfe einer Tabellenkalkulation ein Schaubild an und kommentieren Sie Ihre Ergebnisse.

Die deflationären Tendenzen in einigen südeuropäischen Ländern in den Jahren 2013/14 und vor allem in Japan zwischen 2000 und 2010 zeigen, dass dieses Phänomen tatsächlich auftreten kann. In Südeuropa führten massive Einkommensrückgänge der privaten Haushalte aufgrund der Umstrukturierungs- und Konsolidierungsmaßnahmen durch die Regierungen zu nennenswerten Nachfrageausfällen. Letztere wurden mit Preisnachlässen durch die Anbieter auf breiter Front beantwortet, die letztendlich zum angesprochenen Attentismus der Nachfrager aufgrund weiterer erwarteter Preisnachlässe führte. Hauptbetroffene Bereiche waren langlebige Gebrauchsgüter wie Kraftfahrzeuge, Möbel, Haushaltsgeräte und Güter der Unterhaltungselektronik. Anders als bei inflationären Tendenzen haben Zentralbanken bei deflationären Entwicklungen kaum Möglichkeiten, die Entwicklung zu stoppen.

4   Die kurzfristige Praxis der europäischen Geldpolitik

Anders als in der bisher gepflegten langfristigen Betrachtung steuern Zentralbanken das Geldangebot kurzfristig nicht durch die quantitative Komponente, die **Geldbasis**, sondern durch eine preisliche Komponente. Sie setzen im Refinanzierungsgeschäft mit den Geschäftsbanken Leitzinsen und steuern damit neben der Bankenliquidität auch deren Refinanzierungskosten. Veränderungen der Leitzinsen werden von Finanzmarktexperten regelmäßig als geldpolitisches Signal gewertet.

Dabei spielen **Offenmarktgeschäfte** die dominierende Rolle. Darunter versteht man den Kauf oder Verkauf von Geldmarktpapieren mit kurzer Laufzeit, um Einfluss auf die Bankenliquidität zu nehmen. Die Initiative zu diesen Geschäften geht immer von der Zentralbank aus. Bei den Offenmarktgeschäften handelt es sich meist um Wertpapierpensionsgeschäfte. Im Zuge solcher Geschäfte werden die gehandelten Wertpapiere von den Geschäftsbanken zu einem vereinbarten Preis zurückgenommen. Damit übt die Zentralbank auch einen Einfluss auf den kurzfristigen Zins aus, zu dem sich Banken refinanzieren können.

Die Geldversorgung erfolgt durch die Versteigerung von Zentralbankgeld, wobei der Preis für die gewünschte Liquidität der zu entrichtende Zins ist. Die Geschäftsbanken zahlen für die Überlassung von Liquidität Zinsen. Die EZB gibt bei Hauptrefinanzierungsgeschäften einen Mindestzins vor. Dieser **Hauptrefinanzierungssatz** ist der Leitzins der EZB. Das Hauptrefinanzierungsgeschäft bilden wöchentlich stattfindende Transaktionen mit einer Laufzeit von meist einer Woche. Am Ende der Laufzeit erfolgt ein Rückfluss des Zentralbankgelds. Ein Liquiditätsabfluss im Sinne einer kontraktiven Geldpolitik kann deshalb schon dann erfolgen, wenn ein auslaufendes Geschäft nicht oder nur teilweise durch ein neues ersetzt wird. Neben dem Hauptrefinanzierungsgeschäft gibt es das längerfristige Refinanzierungsgeschäft. Es unterscheidet sich vom Hauptrefinanzierungsgeschäft vor allem in der Laufzeit, die in der Regel drei Monate beträgt.

Zur Feinsteuerung der kurzfristigen Zinssätze bietet die EZB den Geschäftsbanken zwei ständige Fazilitäten an. Fazilitäten sind kurzfristige Kredite von oder Einlagen bei der EZB. Betroffen sind also die Positionen A2 und P2 der EZB-Bilanz. Anders als bei Refinanzierungsgeschäften liegt hier die Initiative bei den Kreditinstituten:

- **Spitzenrefinanzierungsfazilitäten** als (Übernacht-)Überbrückung von Liquiditätsengpässen. Die EZB gibt sehr kurzfristig Kredite zu einem Zins, der mindestens einen Prozentpunkt über dem Hauptfinanzierungssatz liegt. Dies ist für die Banken also teuer.
- **Einlagefazilitäten** als Aufnahme einer als übermäßig angesehenen Liquidität bei der EZB. Banken können also über Nacht Liquidität bei der Zentralbank „parken" und erhalten dafür einen Zins, der im Allgemeinen etwa einen Prozentpunkt unter dem Hauptfinanzierungssatz liegt.

Der Zinssatz der Einlagefazilität stellt eine Untergrenze des Zinses am Geldmarkt dar. Gelingt es den Kreditinstituten nicht, ihre überschüssige Liquidität anderen Geschäftsbanken zur Verfügung zu stellen, dann werden sie diese Möglichkeit in Anspruch nehmen, um überhaupt Zinserträge zu erzielen. Umgekehrt bildet die Verzinsung der Spitzenfazilität eine entsprechende Obergrenze. Wenn kein anderer Marktteilnehmer mehr Liquidität bereitstellt, sind Kreditinstitute bei Liquiditätsengpässen gezwungen, diese sehr teure Refinanzierung in Anspruch zu nehmen. Dagegen hat der Zins für Hauptfinanzierungsgeschäfte die Funktion eines Leitzinses am Geldmarkt – dies erklärt sich letztlich auch aus einem Wahlhandlungsmodell: Geschäftsbanken können sich Liquidität bei der Zentralbank über Offenmarktgeschäfte oder bei anderen Kreditinstituten am Geldmarkt beschaffen.

Dies stellt der sogenannte Zinskorridor in Abbildung 31 für den Zeitraum von August 2003 bis Juli 2013 dar. Zunächst lagen die drei Zinssätze der EZB jeweils um einen Prozentpunkt auseinander. Diese Bandbreite wurde mit Beginn der Finanzkrise ab Herbst 2008 auf ±0,5 Punkte bzw. ab Mai 2009 auf ±0,75

Punkte verkleinert. Seit Mai 2013 galt wieder ein kleinerer Korridor: Der Hauptrefinanzierungssatz lag bei 0,5 %, der Spitzenrefinanzierungssatz bei 1 %. Der Einlagenzins lag seit Juli 2012 bei 0 %.

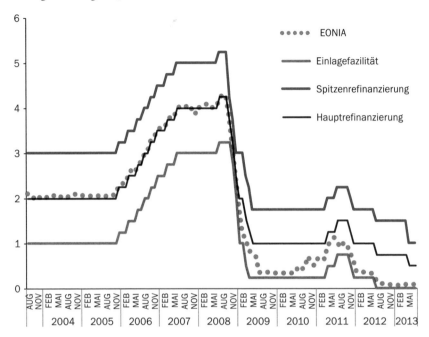

Abbildung 31: Geldmarktzins und Leitzinsen der EZB in Prozent

Der Geldmarktzins EONIA (Euro OverNight Index Average), der von der EZB veröffentlichte Durchschnittssatz für Tagesgeld im Interbankengeschäft, passte sich in diesen Korridor ein und lag bis zur Finanzkrise meist nah am Hauptrefinanzierungssatz. Seit die Geschäftsbanken nach 2009 reichlich mit Liquidität versorgt wurden, liegt der EONIA eher am unteren Rand des Zinskorridors.

Die EZB selbst sieht seit 2003 drei unterschiedliche Phasen der Zinspolitik: „Angesichts des moderaten Preisdrucks wurden die Leitzinsen bis Dezember 2005 unverändert belassen." Die anschließende Phase zeichnete sich durch eine eher kontraktive Geldpolitik aus, „da die Teuerung vor dem Hintergrund eines robusten Wirtschaftswachstums und einer raschen Ausweitung der Geldmenge sowie der Kreditvergabe im Eurogebiet anstieg." Ab Herbst 2008 begann eine Phase, die „durch einen verhaltenen Preisauftrieb in einem Umfeld, in dem Spannungen an den Finanzmärkten die Konjunkturaussichten eingetrübt und die Aufwärtsrisiken für die Preisstabilität deutlich verringert hatten." Daraufhin senkte die EZB den Hauptrefinanzierungssatz innerhalb weniger Monate von 4,25 % auf 1 %. Kritiker der EZB sehen mit Sorge, dass die Zentralbank in einer

Situation wie der gegenwärtigen kaum Möglichkeiten hat, weitere geldpolitische Signale zu setzen. Eigentlich können die Leitzinsen nur noch in eine Richtung gehen – nach oben.

Doch wie wirken Veränderungen der Leitzinsen auf die Inflation und das makroökonomische Umfeld? Geschäftsbanken benötigen zur Kreditvergabe Zentralbankgeld. Sie decken damit ihren Bargeldbedarf, können Verbindlichkeiten gegenüber anderen Banken ausgleichen und die Anforderungen an zu hinterlegende Mindestreserven erfüllen. Geschäftsbanken müssen Mindestreserven auf die von Nichtbanken gehaltenen kurzfristig fälligen Einlagen hinterlegen. Die Mindestreserve wirkt wie eine Geldschöpfungsbremse. Geschäftsbanken haben dadurch einen zusätzlichen Zentralbankgeldbedarf und hängen am „Liquiditätstropf" der EZB. Der Geldmarkt ist der **Beschaffungsmarkt von Geschäftsbanken**, der Preis auf diesem Markt wird durch die EZB festgelegt. Änderungen der Geldmarktsätze wirken sich damit auf andere Zinssätze aus. Am stärksten dürfte dies bei kurzfristigen Krediten und Termineinlagen der Fall sein. Die Zinssätze bei langen Laufzeiten – Renditen von Staatsanleihen oder langfristige Kreditzinsen – hängen dagegen stärker von Erwartungen über Konjunktur und Wachstum, aber auch über die künftige Inflation ab.

Die Geldpolitik hat über die Erwartungsbildung der Nichtbanken einen indirekten Einfluss auf die Preise für Vermögenswerte. Zinsänderungen beeinflussen den Konsum der privaten Haushalte und die Investitionsentscheidungen der Unternehmen aber auch direkt. Schlagen sinkende Leitzinsen teilweise auf die Kreditmärkte durch, dann stimulieren diese die Güternachfrage, so dass der Inflationsdruck zunimmt. Eine zunehmende Geldentwertung könnte mittelfristig zu veränderten **Inflationserwartungen** führen, die Löhne und Kapitalkosten langfristig steigen lassen. Genießt eine Zentralbank dagegen ein hohes Maß an **Glaubwürdigkeit**, kann die Geldpolitik einen starken direkten Einfluss auf die Preisentwicklung ausüben, indem sie die Erwartungen der Wirtschaftssubjekte hinsichtlich der künftigen Inflationsentwicklung lenkt und damit deren Lohn- und Preissetzungsverhalten beeinflusst.

» Zusammenfassung

- Bargeld ist eine Forderung gegen die Zentralbank, Buchgeld eine höchst liquide Forderung der Nichtbanken gegen die Geschäftsbanken.
- Der Kreditschöpfungsspielraum von Banken ist begrenzt durch
  a) die Liquiditätsreserven, über die eine Bank verfügt,
  b) die Bargeldquote des Publikums und
  c) die Mindestreservepflicht.
  Unter stark vereinfachten Bedingungen wird oft unterstellt, die Zentralbank könne nicht nur die Geldbasis, sondern darüber hinaus das gesamte Geldangebot steuern.
- Die neoklassische Geldnachfrage unterstellt, dass Geld lediglich zu Transaktionszwecken eingesetzt wird. Bei konstantem Kassenhaltungskoeffizienten ist die Geldnachfrage proportional zum nominalen BIP.
- Inflation hat eine Reihe unerwünschter Wirkungen – nicht zuletzt dämpft sie das Wirtschaftswachstum. Zentralbanken setzen sich deshalb meist das Ziel, die Inflationsrate möglichst niedrig zu halten. Eine Möglichkeit, dies langfristig zu erreichen, ist die Geldmengensteuerung.

» Wichtige Begriffe

Geldfunktionen, Geldpolitik, Buchgeld, Geldbasis, Geldmengenaggregate, Umlaufgeschwindigkeit, Quantitätsgleichung, Währungssubstitution, kalte Progression, Wertpapierpensionsgeschäft, Spitzenfazilität, Mindestreserve.

» Aufgaben

1 Erläutern Sie die Geldmengendefinitionen im Eurosystem. Warum zählen Aktien und Immobilien nicht zur Geldmenge?

2 Angenommen, das Geldangebot beträgt dieses Jahr € 800 Mrd., das nominale BIP liegt bei € 6 Billionen und das reale BIP beträgt € 4 Billionen.

a) Wie hoch sind Preisniveau und die Umlaufgeschwindigkeit des Geldes?

b) Die Umlaufgeschwindigkeit sei konstant und das reale BIP wachse um 5 % pro Jahr. Wie verändert sich das nominale BIP, wenn die Zentralbank nicht das Geldangebot erhöht?

c) Welches Geldangebot sollte die Zentralbank im nächsten Jahr anstreben, wenn sie eine Inflationsrate von 2 % anstrebt?

3 Ermitteln Sie den maximalen Kreditschöpfungsspielraum für eine Bargeldquote $b = 1/3$ und einen Reservesatz $r = 1/10$, wenn einem Kreditinstitut eine zusätzliche Geldbasis von $B = 100$ zufließt. Skizzieren Sie den Multiplikatorprozess.

4 Welche langfristige Beziehung besteht zwischen Geldmenge und Inflation? Zeigen Sie graphisch die Auswirkungen einer überreichlichen Ausweitung des Geldangebots auf.

5 Welche Kosten entstehen durch Inflation? Was ist zusätzlich im Falle der Deflation– also einer permanenten Verringerung des Preisniveaus – zu erwarten?

Kapitel 5
Ein makroökonomisches Langfrist-Modell

„Wenn mehr Beschäftigung geschaffen werden soll, muss vor allem die Arbeitsnachfrage der Unternehmen gestärkt werden. Denn Unternehmen entscheiden darüber, wie viele Beschäftigte eingestellt werden; für sie muss sich die Einrichtung zusätzlicher Arbeitsplätze lohnen."

(Sachverständigenrat zur Begutachtung der gesamtwirtschaftlichen Entwicklung, Jahresgutachten 2002/03).

Prägnanter kann man die angebotspolitische Position der Wirtschaftspolitik kaum formulieren. Dieser Position folgend sind vor allem Inflexibilitäten auf den Arbeitsmärkten und mangelhafte Anreize für mehr Investitionen die Kernursachen für die zähe Arbeitslosigkeit in Deutschland. Gebetsmühlenartig wiederholen Politiker und Lobbyisten ihr Mantra *„Leistung muss sich wieder lohnen"* und werben für Senkungen der Unternehmenssteuern und einen Umbau des Sozialstaats. In diesem Abschnitt wird ein makroökonomisches Modell diskutiert, das einige dieser Forderungen in einer längerfristigen Perspektive verständlicher erscheinen lässt.

» Lernziele

- Die Studierenden lernen ein makroökonomisches Modell kennen, das die Zusammenhänge von Beschäftigung, Produktion und Geldwert in einer längeren Frist darstellt. Die Studierenden erkennen, dass die Güternachfrage in diesem System kaum eine Rolle spielt, so dass dieses Modell zur Erklärung des Konjunkturphänomens ungeeignet ist.
- Die Studierenden kennen die Teilmärkte Arbeitsmarkt, Gütermarkt, Kapitalmarkt und Geldmarkt und können den Gleichgewichtsmechanismus des Modells wiedergeben.
- Die Studierenden können die Modellmechanismen auf reale wirtschaftspolitische Situationen anwenden. Sie wissen, welche Effekte eine Ausweitung des Geldangebots hat, welche Leitplanken man bei Lohnverhandlungen einbauen sollte und wie Wachstum in dem Modell Verteilungsspielräume eröffnet.

1   Arbeitsmarkt und Güterangebot

Das langfristige Makro-Modell wird auch neoklassisches Modell genannt, weil es auf Verhaltenshypothesen und Gleichgewichtsmechanismen der Mikroökonomie zurückgreift, die ihrerseits von neoklassischen Ökonomen zwischen 1860 und 1930 geprägt wurden. Das Modell fügt zudem die bisherigen Überlegungen zur gesamtwirtschaftlichen Produktion (Kapitel 2), zum Arbeitsmarkt (Kapitel 3) und zur monetären Sphäre der Volkswirtschaft (Kapitel 4) zusammen.

Kern des neoklassischen Modells ist der Arbeitsmarkt. Hier wird vereinfachend angenommen, dass Arbeitsangebot und Arbeitsnachfrage auf einem nicht weiter nach Regionen, Qualifikationen oder Berufen segmentierten Markt koordiniert werden. Unter der Bedingung der vollkommenen Konkurrenz wird über einen flexiblen Reallohn eine **Tendenz zur Vollbeschäftigung** herbeiführt. Somit gelten letztlich die im ersten Abschnitt des dritten Kapitels dargestellten Mechanismen: Arbeitslosigkeit kann unter diesen Bedingungen nur ein vorübergehendes Phänomen sein. Die für den Arbeitsmarkt typischen Unvollkommenheiten und Starrheiten werden an dieser Stelle ausgeblendet. Außerdem wird unterstellt, es gebe keine Marktmacht – weder auf der Arbeitnehmerseite noch auf der Arbeitgeberseite.

Der Stand des technischen Fortschritts und der Sachkapitalbestand sind zu jedem Zeitpunkt gegeben. Das gesamtwirtschaftliche **Güterangebot** ergibt sich aus einer Produktionsfunktion

$$Y = F(A, \overline{K}).$$

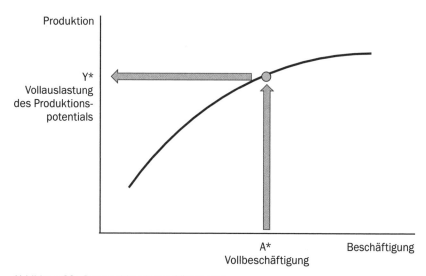

Abbildung 32: Der neoklassische Gütermarkt

Diese Funktion ist substitutional. Veränderungen der Faktorpreisrelationen führen also zu Anpassungen der Faktoreinsatzrelationen. Zudem sinken die Grenzproduktivitäten, wie dies schon im Kapitel 2 angenommen wurde. Setzt man in die Produktionsfunktion die Beschäftigung ein, dann erhält man das gesamtwirtschaftliche Güterangebot. Bei Vollbeschäftigung treffen alle diejenigen, die zum herrschenden Reallohn Arbeit anbieten, in den Unternehmen auf eine entsprechende Arbeitsnachfrage. Abbildung 32 zeigt: Bei Vollbeschäftigung A^* entspricht die Produktion dem Produktionspotential Y^*.

2 Sparen und Investieren

Eine wichtige Botschaft des Kapitels 2 war: **Die Wirtschaft wächst durch Investitionen.** Je mehr in Relation zum BIP investiert wird, desto stärker nehmen die Produktionsmöglichkeiten zu. Emerging economies wie gegenwärtig China oder Indien weisen Investitionsquoten von bis zu 40 % des BIP auf, während die Volkswirtschaften Westeuropas kaum mehr als 20 % ihrer laufenden Produktion nutzen, um den Sachkapitalbestand zu modernisieren oder auszubauen. Die Sachkapitalausstattung einer Volkswirtschaft beeinflusst deren Produktivität und damit die künftigen Produktions- und Konsummöglichkeiten. Der letztendliche **Zweck allen Wirtschaftens ist der Konsum.** Eine Volkswirtschaft mit einer hohen Investitionsquote setzt demnach stärker auf zukünftigen Konsum, während weniger stark wachsende Volkswirtschaften den gegenwärtigen Konsum höher gewichten.

Im Abschnitt über den Wirtschaftskreislauf wurde gezeigt, dass die **Vermögensänderungen** einer Volkswirtschaft in einem Konto zusammengefasst werden können. Die Bilanzgleichung dieses Kontos war

$$I + (Ex - Im) = S + (I^{\text{öff}} - Def).$$

Dies wollen wir nachfolgend insofern vereinfachen, als wir auf die Modellierung von Staat und Ausland verzichten. Alternativ könnte man von einer ausgeglichenen Leistungsbilanz und von einem ausgeglichenen Vermögenshaushalt des Staates ausgehen. In diesem Fall gleichen sich Exporte und Importe wertmäßig aus und die öffentliche Hand finanziert sämtliche Investitionen durch Defizite. Dann werden beide Ausdrücke in Klammern Null. Die Bilanzgleichung des Vermögensänderungskontos wird zu

$$I = S.$$

Im einfachsten Fall investieren die Unternehmen, während die Haushalte sparen. Beide Größen müssen sich ausgleichen. Die zentrale Bedeutung dieser Gleichung zeigt auch folgende Überlegung: Im einfachen Kreislaufschema können die Haushalte das Einkommen verwenden, um entweder zu konsumieren oder zu sparen – es gilt $Y = C + S$. Für die Unternehmen gilt $Y = C + I$ – die Produktion kann entweder für Konsumzwecke oder für Investitionen verwendet werden. Im **Kreislaufgleichgewicht** muss also die obige Gleichung erfüllt sein.

Haushalte sparen, weil sie

- zukünftig größere Anschaffungen planen,
- ein Vermögenspolster für ihr Alter schaffen wollen
- oder weil sie unvorhergesehene Risiken wie Krankheit oder Arbeitslosigkeit abfedern wollen.

Außerdem wollen Haushalte Zinseinkommen und Wertzuwächse durch Vermögensbildung erzielen. Erst die Entscheidung der Haushalte für einen Konsumverzicht ermöglicht Ersparnisbildung. Sparen bedeutet für die Haushalte, auf gegenwärtige Konsummöglichkeiten zu verzichten. Haushalte zeichnen sich durch eine **Gegenwartspräferenz** aus – das heißt, dass sie dem gegenwärtigen Konsum einen höheren Nutzen beimessen als zukünftigen Konsummöglichkeiten. Deshalb werden sie nur dann auf einen Teil des gegenwärtigen Konsums verzichten, wenn sie dafür durch Zinsen entschädigt werden. Die Neigung zur Ersparnisbildung wird umso ausgeprägter sein, je höher die Zinsen ausfallen. Steigt diese Prämie für die Überlassung von Ansprüchen auf die laufende Produktion, dann sind Haushalte eher bereit, gegenwärtig auf Konsum zu verzichten. Mit Blick in die Zukunft werden sie dabei die Kaufkraft ihres Vermögens nicht aus dem Auge verlieren.

Für die Nachfrage der Unternehmen nach Sachkapital gilt wie beim Faktor Arbeit die **Grenzproduktivitätentheorie**:

$$r = p \frac{\partial Y}{\partial K}.$$

Der Zins r entspricht dem Wertgrenzprodukt der letzten eingesetzten Kapitaleinheit. Aus Sicht der Unternehmen spiegelt der Realzins r/p damit die Grenzproduktivität des Kapitaleinsatzes wider. Folglich sinken die Investitionen der Unternehmen mit steigendem Realzins.

Damit gleicht der Realzins im langfristigen makroökonomischen Modell die Gegenwartspräferenz der Haushalte und die marginale Produktivität des Kapitaleinsatzes aus. Abbildung 33 zeigt: Der Kapitalmarkt ist im neoklassischen Makro-Modell über die Gleichgewichtsbedingung geräumt. Der Realzins wird damit endogen im Modellzusammenhang bestimmt. Außerdem ist automatisch das Kreislaufgleichgewicht gesichert.

Gleichzeitig bedeutet dies aber auch, dass es in diesem Modell nicht zu Ungleichgewichten aufgrund von mangelnder Nachfrage kommen kann: Wenn in einem ersten Schritt über die Arbeitsmarktergebnisse und die Produktionsfunktion das Güterangebot festgelegt wird und im zweiten Schritt auf dem Kapitalmarkt die Ersparnis, dann ergibt sich die Konsumnachfrage C als Rest:

$$C = Y - S.$$

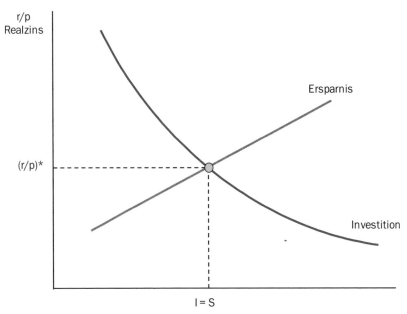

Abbildung 33: Der neoklassische Kapitalmarkt

Da aber gleichzeitig die Ersparnis den Investitionen entsprechen muss und damit auch $Y = C + I$ gilt, kann es niemals zu einer Nachfragelücke kommen. Der Teil des Güterangebots, der nicht für Investitionen verwendet wird, dient dem Konsum. Dies ist das **Saysche Theorem**, nach dem sich die Güternachfrage langfristig nach dem Güterangebot richtet. Die letztlich entscheidenden Variablen in diesem Modell sind also Produktion und Beschäftigung.

3   Gleichgewicht auf allen Märkten

In den vorangegangenen Kapiteln wurden Arbeitsmarkt, Gütermarkt, Kapitalmarkt und Geldmarkt unabhängig voneinander analysiert. Dies wird nachfolgend aufgegeben, indem die Querverbindungen zwischen den Teilmärkten aufgezeigt werden.

Ausgangspunkt der Analyse bildet der Arbeitsmarkt (Abbildung 34). Durch Gleichsetzen von Arbeitsangebot und Arbeitsnachfrage ergibt sich der gleichgewichtige Reallohn $(w/p)^*$. Das Vollbeschäftigungsniveau A^* bestimmt bei einem als konstant angenommenem Kapitalstock das Güterangebot Y^*, letzteres ist dem Sayschen Theorem zufolge automatisch identisch mit der Güternachfrage.

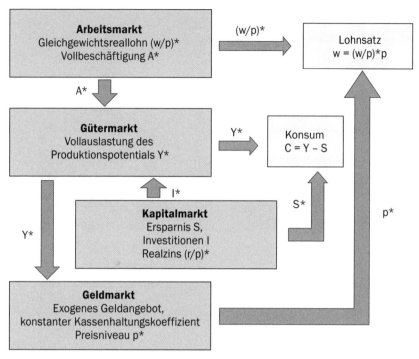

Abbildung 34: Das neoklassische Modell im Zusammenhang

Die Struktur der gesamtwirtschaftlichen Nachfrage wird auf dem Kapitalmarkt festgelegt. Mit der Übereinstimmung von Kapitalangebot S und Kapitalnachfrage I ergibt sich der gleichgewichtige Realzins $(r/p)^*$, nach Abzug der Ersparnisse S von der Gesamtnachfrage Y erhält man den Konsum C.

Gleichgewicht am Geldmarkt liegt vor für

$$\frac{M}{p} = L(Y).$$

Wenn die Zentralbank das Geldangebot auch kurzfristig kontrollieren kann, dann ist das Geldangebot gegeben und das Preisniveau p^* ergibt sich auf dem Geldmarkt aus der jeweiligen Produktion.

Im Modellzusammenhang bestimmte **endogene Variablen** sind also der Reallohn w/p, die Beschäftigung A, die Produktion Y und das Preisniveau P. Ferner sind der Realzins r/p, die Investitionen I, die Ersparnis S und die Konsumnachfrage C zu nennen. Steigt unter den skizzierten Bedingungen die Produktion, dann muss das Preisniveau bei unverändertem Geldangebot und unveränderten Zahlungsgewohnheiten sinken. Mit dem Preisniveau p verändern sich schließlich der Lohnsatz w und der Nominalzins r. **Exogene Variable** sind der Kapitalbestand K und das Geldangebot M. Stabil sollen ferner alle sonstigen Rahmenbedingungen sein – darunter also etwa die Freizeitpräferenz und die Gegenwartspräferenz der Haushalte, die Liquiditätspräferenz oder Stand des technischen Fortschritts.

Die Lösung des neoklassischen Modells wird in der Abbildung 35 dargestellt. Oben links findet sich der Arbeitsmarkt. Der dort ermittelte Arbeitseinsatz geht in die Produktionsfunktion unten links ein. Bei konstantem Kapitalstock ergibt sich das Güterangebot, das aufgrund des Sayschen Theorems der Güternachfrage entsprechen muss. Unten rechts ist der Geldmarkt abgebildet. Bei konstantem Geldangebot und unveränderten Zahlungsgewohnheiten gilt für das Geldmarktgleichgewicht durch Umformulierung der obigen Gleichgewichtsbedingung

$$p = \frac{\overline{M}}{kY}.$$

Der Geldmarkt dient also letztlich dazu, das gesamtwirtschaftliche Preisniveau zu bestimmen, das zur jeweiligen Produktion passt. Mit steigendem Produktionsniveau sinkt das Preisniveau, weil sich das Transaktionsvolumen pY bei konstantem Geldangebot M nicht ändern kann.

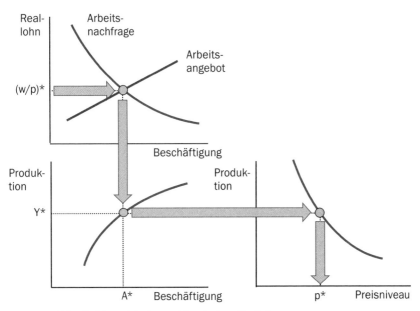

Abbildung 35: Gleichgewicht im neoklassischen Modell

Die Verbindungslinie aller Gleichgewichtswerte ist die Lösung dieses Modells. Man erkennt unmittelbar: Der **Arbeitsmarkt ist der Kern des Modells**. Veränderungen auf diesem Markt strahlen auf das Produktionsniveau ebenso wie auf das gesamtwirtschaftliche Preisniveau aus.

4   Zur Wirkung wirtschaftspolitischer Maßnahmen

Die zentrale Frage in diesem Modell ist, welche Interaktionen zwischen den einzelnen Märkten stattfinden. Veränderungen auf den Faktormärkten und auf dem Gütermarkt – der **realen Sphäre** – könnten Auswirkungen auf die nominalen Variablen wie Preisniveau, Geldnachfrage oder Nominallohn haben. Diese nominalen Größen bilden die **monetäre Sphäre** des Modells. Das Beispiel der Weltfinanzkrise hat gezeigt, dass die realwirtschaftlichen Wirkungen monetärer Ungleichgewichte ebenfalls von Interesse sein können.

Welchen Einfluss haben Veränderungen auf den Finanzmärkten also auf Beschäftigung und Wachstum? Um dies zu untersuchen, soll eine Steigerung des Geldangebots betrachtet werden. Die Frage ist also, welche Einflüsse von der Geldpolitik der Zentralbank auf Produktion und Beschäftigung ausgehen. Dies wird in Abbildung 36 dargestellt. Die Überlegungen beginnen unten rechts auf dem Geldmarkt. Pfeil (1) deutet an, dass ein höheres Geldangebot zu einer Rechtsverschiebung der Gleichgewichtskurve auf dem Geldmarkt führt. Zur Absorption der zusätzlichen Liquidität müssen entweder die Preise oder die Produktion zunehmen. Bleibt die Produktion unverändert, dann führt das höhere Geldangebot zu steigenden Preisen (2). Bei unverändertem Nominallohn ist dieser Preisanstieg mit einem Rückgang des Reallohns verbunden (3). Der hiermit einhergehende Nachfrageüberhang auf dem Arbeitsmarkt löst relativ schnell Anpassungsprozesse in Richtung des ursprünglichen Reallohns aus (4): Wenn bei gestiegenem Preisniveau das ursprüngliche Reallohnniveau im Vollbeschäftigungsgleichgewicht wieder erreicht werden soll, dann muss der Nominallohn prozentual in gleichem Ausmaß steigen wie das Preisniveau.

Was wir hier in Aktion sehen, ist die **neoklassische Dichotomie**. Demnach ist das Geschehen auf den Güter- und Faktormärkten langfristig unabhängig von den Ereignissen auf den Geld- und Finanzmärkten. Das Geldangebot beeinflusst die nominalen, nicht aber die realen Variablen. Wenn die Zentralbank das Geldangebot M verdoppelt, dann verdoppeln sich Preisniveau p, Nominallohn w und Nominalzins r. Die realen Größen, beispielsweise Produktion, Reallohn oder Realzins, bleiben dagegen unverändert. Diese Eigenschaft wird auch als **Geldneutralität** bezeichnet. In der Vorstellung der Ökonomen des späten 19. Jahrhunderts und des frühen 20. Jahrhunderts war Geld ein Schleier, der sich über die Realwirtschaft legt, aber das Niveau und Struktur realwirtschaftlicher Größen nicht tangiert. Geldpolitik hat demnach keinen Einfluss auf Wachstum und Beschäftigung.

Diese Denkschule konnte die katastrophalen Auswirkungen des „Schwarzen Freitags" am 25. Oktober 1927 mit dem Zusammenbruch der amerikanischen Börse und der nachfolgenden Weltwirtschaftskrise mit rund vier Jahren stagnierender Produktion und dramatischer Arbeitslosigkeit allerdings kaum erklären. Kurzfristig können die skizzierten Gleichgewichtsmechanismen außer Kraft gesetzt sein. Eine expansive Geldpolitik kann dann helfen, konjunkturelle Krisen

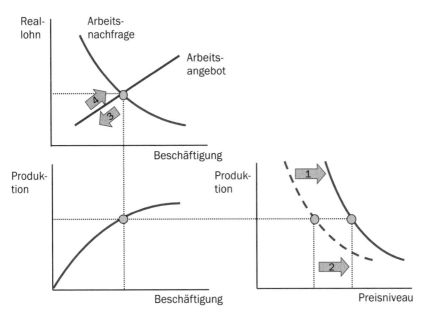

Abbildung 36: Geldneutralität im neoklassischen Modell

zu überwinden. Dies wird in den folgenden Kapiteln noch eingehender dargestellt. Langfristig ist Geldpolitik – zumindest nach Meinung vieler Volkswirte –
aber nicht geeignet, das wirtschaftliche Wachstum anzukurbeln.

Wie sieht es in umgekehrter Richtung aus? Welche Auswirkungen haben Änderungen in der realen Sphäre auf die Geldgrößen? Zu diesem Zweck wollen
wir eine Erhöhung des Kapitalstocks betrachten. Investitionen und Wirtschaftswachstum haben unmittelbare Auswirkungen auf die Produktionsfunktion. In
Abbildung 37 verschiebt sie sich nach oben: Mit jeder beliebigen Menge Arbeit
kann man nach der Investition mehr herstellen als vorher (1). Zweitens führt
die gestiegene Produktion bei jedem beliebigen Reallohn zu mehr Arbeitsnachfrage – die Kurve verschiebt sich also nach rechts. Folgen wir Pfeil (2) und lassen den Reallohn zunächst unverändert. Der Grenzproduktivitätentheorie entsprechend wird sich dann die Steigung der Tangenten an die neue und die alte
Produktionsfunktion nicht unterscheiden. Wird das Wachstum also vollständig beschäftigungswirksam, dann ergibt sich der schwarze Punkt auf der neuen
Produktionsfunktion. Wird dagegen der gesamte Produktivitätsfortschritt in
Lohnsteigerungen umgesetzt, dann bleibt die Beschäftigung im Vergleich zur
Situation vor der Investition unverändert. Das blaue Dreieck oberhalb des ursprünglichen Arbeitsmarktgleichgewichts kennzeichnet den durch Wachstum
entstehenden **Verteilungsspielraum**, der schon in der Abbildung 20 in Kapitel 3
angesprochen wurde.

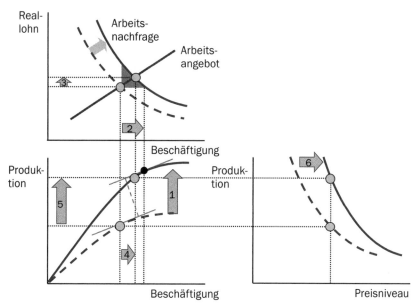

Abbildung 37: Wirtschaftswachstum im neoklassischen Modell

Im Falle eines normal verlaufenden Arbeitsangebotes wird es durch Wachstum zu höheren Reallöhnen (3) und zu einer höheren Beschäftigung (4) kommen. Es ergibt sich ein neues Vollbeschäftigungsgleichgewicht rechts oben vom alten. Der Produktionszuwachs (5) entsteht überwiegend durch den höheren Kapitalbestand – ein kleinerer Teil ist auf den ebenfalls zunehmenden Arbeitseinsatz zurückzuführen.

Würde die Zentralbank das Geldangebot unverändert halten, dann müsste das Preisniveau bei steigender Produktion sinken. Sinkende Preise würden u. a. sinkende Nominallöhne erfordern, um den Reallohn zu stabilisieren. Auf diesem Wege könnte ein Übergang in eine **Deflation** drohen, die noch viel unangenehmere ökonomische Folgeeffekte als eine Geldentwertung haben könnte. Aus diesem Grund ist die Zentralbank gut beraten, den Produktionsanstieg durch ein höheres Geldangebot zu alimentieren (6). In der Graphik ist die Ausweitung des Geldangebots so dargestellt, dass das Preisniveau unverändert bleibt. Orientiert an der Quantitätsgleichung entspricht die Veränderungsrate der Produktion dann genau der des Geldangebots. So genau wird die Zentralbank das im Zweifel aber nicht hinbekommen. Da sie sinkende Preise aber unbedingt vermeiden will, toleriert sie im Allgemeinen einen leichten Anstieg des Preisniveaus.

Schließlich stellt sich in einem dritten Gedankenexperiment die Frage nach der Flexibilität des Arbeitsmarkts. Da der Arbeitsmarkt Dreh- und Angelpunkt des neoklassischen Modells ist, soll nachfolgend dargestellt werden, welche Me-

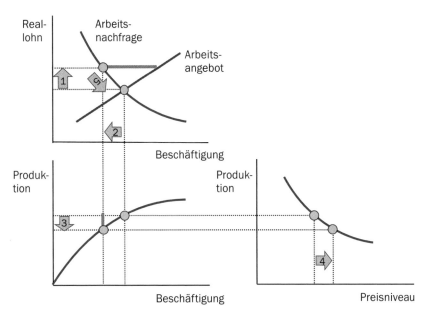

Abbildung 38: Die Lohn-Preis-Spirale im neoklassischen Modell

chanismen dafür sorgen, dass eine Tendenz zum Gleichgewicht bestehen bleibt. Die Ausführungen zur expansiven Geldpolitik haben gezeigt, dass zu niedrige Reallöhne und Nachfrageüberhänge am Arbeitsmarkt allenfalls kurzfristig bestehen bleiben. Ein steigendes Preisniveau sorgt zwar zunächst für einen sinkenden Reallohn – der entstehende Nachfrageüberschuss am Arbeitsmarkt wird die Arbeitgeber aber rasch dazu motivieren, die Nominallöhne so weit anzuheben, dass der alte Reallohn wieder greift.

Tatsächlich könnten **nach unten starre Nominallöhne** die Anpassung an ein neues Gleichgewicht aber verzögern. Diesem Gedanken folgt Abbildung 38. Ausgangspunkt ist „zu hoher" Reallohn (1), der sich beispielsweise durch zu starke Nominallohnsteigerungen ergeben haben könnte. Stellen wir uns weiter vor, dieses Ungleichgewicht könne aufgrund von Starrheiten nicht durch einen sinkenden Nominallohn abgebaut werden. Die blaue Linie kennzeichnet die sich ergebende Arbeitslosigkeit als Differenz zwischen Arbeitsnachfrage und Arbeitsangebot zum herrschenden Reallohn.

Dann sinkt die Beschäftigung (2), und die Produktion wird die Kapazität unterschreiten, so dass sich eine **Outputlücke** (3) auftut. Diese Outputlücke ist durch eine vertikale blaue Linie gekennzeichnet. Wenn weniger produziert wird, dann muss bei unverändertem Geldangebot und unveränderter Kassenhaltung das Preisniveau steigen (4). Das steigende Preisniveau senkt aber den Reallohn, so dass die Beschäftigung wieder in Richtung des Gleichgewichts tendiert (5). Diese Tendenz wird anhalten, bis wieder Vollbeschäftigung erreicht ist. Lohnpolitik ist also nicht in der Lage, in diesem System gleichgewichtiger Märkte dafür zu sorgen, dass der Reallohn steigt. Es ergibt sich eine **Lohn-Preis-Spirale**, bei der sich nach Ablauf aller Anpassungsprozesse gegenüber der Ausgangssituation real nichts ändert. Der Reallohn spielt sich auf dem ursprünglichen Gleichgewichtsniveau ein. Die Arbeitslosigkeit und die Outputlücke verschwinden.

Eher konservative Wirtschaftsexperten und arbeitgebernahe Interessenvertreter orientieren ihre Empfehlungen oftmals am neoklassischen Modell. Auch wenn es sich nur um eine bestimmte wirtschaftspolitische Position handelt, macht die Kenntnis der Zusammenhänge die Wirkungsmechanismen vieler Maßnahmenvorschläge transparenter:

- Da ist zum einen die **produktivitätsorientierte Lohnpolitik**. Die Verteilungsspielräume in Lohnverhandlungen sind eng. Beschäftigungs- und kostenneutral ist ein Zuwachs der Nominallöhne, der maximal so hoch ist wie der Produktivitätsfortschritt plus der Inflationsrate. Dann gleichen sich Produktivitätszuwachs und Reallohnanstieg nämlich aus. Soll die Beschäftigung steigen, dann muss die Lohnvereinbarung unter der skizzierten Grenze bleiben. Die Modellanwendung zur Lohn-Preis-Spirale macht außerdem deutlich: Übermäßige Nominallohnzuwächse führen im langfristigen Makro-Modell kurzfristig zu einer sinkenden Beschäftigung und langfristig zu Inflation.

- Wachstumspolitik kann bedeuten, dass der Staat selektiv Investitionsprojekte direkt fördert – beispielsweise bestimmte Technologien. Besser, weil nicht diskriminierend, sind dagegen allgemeine **Steuererleichterungen**. Dies können günstigere Abschreibungsbedingungen oder auch niedrigere Unternehmenssteuern sein. Auf dem Kapitalmarkt des neoklassischen Modells (Abbildung 33) führen derartige Maßnahmen zu einer Rechtsverschiebung der Kapitalnachfrage (Investitionen). Die Wirtschaftspolitik steigert dadurch den Realzins und verzerrt die Gegenwartspräferenz. Allerdings kommt durch höhere Investitionen auch mehr Wachstum zustande, so dass sich die zukünftigen Verteilungsspielräume vergrößern.

- Staatliche Mehrausgaben und auch Steuersenkungen haben auch eine Kehrseite, sofern dadurch die staatliche Verschuldung steigt. Steuersenkungen „auf Pump" führen dazu, dass der Staat selbst stärker auf dem Kreditmarkt als Nachfrager auftritt. Auch dadurch steigt der Realzins – mit dem Ergebnis, dass staatliche Ausgabenprogramme private Investitionsprojekte aus dem Kreditmarkt herausdrängen können. Durch dieses **crowding out** wird das Wachstum eher geschwächt als gestärkt.

- Angebotsorientierte Ratgeber plädieren regelmäßig für einen **flexibleren Arbeitsmarkt**. Die Tatsache, dass die beobachtbare Arbeitsmarktrealität kaum dem hier dargestellten Modell entspricht, deuten einige als eine arbeitsmarktpolitische Handlungsanweisung. Ohne Frage werden Flexibilisierungserfordernisse nicht zuletzt durch die Erfolge der Leiharbeitsfirmen, den Zuwachs geringfügiger Beschäftigungsverhältnisse und eine vermutlich zunehmende Schwarzarbeit deutlich. Mehr Freiheit bedeutet im Allgemeinen weniger soziale Sicherheit – tatsächlich gilt es hier sorgfältig abzuwägen.

Das neoklassische Modell erweist sich insgesamt als nützlich, weil es Beziehungen zwischen Faktor-, Güter- und Finanzmärkten abbildet. Es hilft, die Wirkungsweise und die zu erwartenden Effekte wirtschaftspolitischer Maßnahmen mit Hilfe eines konsistenten Modells zu beurteilen. Bei alledem sollte jedoch klar sein: Das Modell beruht auf restriktiven Annahmen und vermittelt ein stark vereinfachtes Abbild der Realität. Zur Beurteilung der kurzfristigen Wirkungen stabilitätspolitischer Maßnahmen ist es zudem vollkommen ungeeignet. Und selbst die langfristigen Modellergebnisse und die wirtschaftspolitischen Schlussfolgerungen daraus sind keineswegs unumstritten.

» Zusammenfassung

- Der Arbeitsmarkt ist Dreh- und Angelpunkt des neoklassischen Modells. Längerfristig tendiert dieser Arbeitsmarkt zum Gleichgewicht. Neben dem Arbeitsmarkt ist die Angebotsseite der Gütermärkte von strategischer Bedeutung. Auf längere Sicht stellt sich vor allem die Frage, wie man durch Wirtschaftspolitik die Investitionen und damit das Wirtschaftswachstum möglichst begünstigt.

- Auf dem Kapitalmarkt sorgt der Realzins für den Ausgleich von Investitionen und Ersparnis ($I = S$). Der Realzins entspricht der Rendite des eingesetzten Sachkapitals. Nach dem Sayschen Theorem schafft sich jedes Angebot seine Nachfrage. Nachfragelücken kann es nicht geben, weil zunächst über das Niveau der Produktion und anschließend über die Verwendung entschieden wird. Sinkt die Konsumnachfrage vorübergehend, wird einfach mehr gespart und investiert.

- Das Modell ist durch die Unabhängigkeit von realer und monetärer Sphäre gekennzeichnet. Die unterstellte Geldneutralität bedeutet, dass sich jeder monetäre Schock langfristig nur auf das Preisniveau auswirkt, nicht aber auf Produktion und Beschäftigung. Die nachfolgenden Kapitel werden zeigen, dass auch diese Hypothese unter Ökonomen nicht unstrittig ist.

» Wichtige Begriffe

Grenzproduktivitätentheorie, Gegenwartspräferenz, Saysches Theorem, Quantitätsgleichung, reale Sphäre, Dichotomie, Outputlücke, produktivitätsorientierte Lohnpolitik.

» Aufgaben

1 Wenn Steuererleichterungen für höhere Einkommen diskutiert werden, findet sich schnell jemand, der behauptet, dass dadurch Nachfrage ausfalle, weil die Sparquote der „Reichen" viel höher sei als die der „Armen". Betrachten Sie dieses Argument durch eine neoklassische Brille.

2 Erläutern Sie das Saysche Theorem. Welche Bedeutung hat dieses Theorem für die Darstellung des neoklassischen Gütermarktes?

3 Wie wird auf der Basis des neoklassischen Modells Inflation erklärt?

4 Stellen Sie das Gleichgewicht im neoklassischen Modell mit Arbeitsmarkt, Gütermarkt und Geldmarkt graphisch dar. Schildern Sie die gesamtwirtschaftlichen Wirkungen einer Ausweitung des Geldangebots und stellen Sie sie in Ihrer Graphik dar. Was verstehen Sie unter Geldneutralität bzw. unter der neoklassischen Dichotomie?

5 Erläutern Sie ausgehend von Abbildung 35 die Auswirkungen eines demografisch bedingten Rückgangs der (Erwerbs-)Bevölkerung.

Kapitel 6
Das keynesianische Modell

Vom englischen Ökonomen John Maynard Keynes stammt das Zitat „… *in the long run, we are all dead*". Damit bezieht er sich auf die Aussagen der Neoklassik, dass bei freiem Spiel der Marktmechanismen langfristig immer ein Gleichgewicht auf den gesamtwirtschaftlichen Faktor-, Güter- und Geldmärkten zu erwarten sei. Keynes meinte demgegenüber, dass zum einen bis zum Erreichen eines neuen Gleichgewichts eine lange Zeit mit erheblichen ökonomischen Problemen liegen könne. Zum anderen bestehe die von der Neoklassik angenommene Flexibilität der Preise zumindest kurzfristig gar nicht. Vor dem Erfahrungshintergrund der Großen Depression weist Keynes dem Staat eine zentrale Rolle bei der Konjunkturstabilisierung zu: Er sollte demnach Nachfragelücken durch defizitfinanzierte Ausgabenprogramme abdämpfen.

» Lernziele

- Die Studierenden kennen die Ursachen von Konjunkturschwankungen. Sie können Konjunkturphasen und idealtypische Konjunkturabläufe erläutern.
- Sie kennen die keynesianische Konsumfunktion und können die Wirkungen eines staatlichen Nachfrageprogramms anhand des einfachen Multiplikatormodells beschreiben. Sie sind sich aber der Grenzen dieses Modells bewusst.
- Die Studierenden kennen das Kreislaufgleichgewicht im keynesianischen Modell. Sie können erläutern, warum die Identität zwischen Investition und Ersparnis nicht mehr „automatisch" erfüllt ist und warum bei steigenden Einkommen Gütermarktgleichgewichte nur bei fallenden Zinsen denkbar sind.
- Die Studierenden lernen einen anderen Blickwinkel bezüglich der realwirtschaftlichen Wirkungen der Geldpolitik kennen. Sie wissen, dass Produktion und Beschäftigung in der kurzen Frist auf Zinsimpulse reagieren. Die Studierenden können die Auffassungen über die Wirkungen der Geldpolitik in der kurzen und in der langen Frist unterscheiden.

1   Ursachen konjunktureller Schwankungen

Als **Konjunktur** bezeichnet man die kurzfristigen Schwankungen der gesamtwirtschaftlichen Produktion um einen längerfristigen Wachstumstrend (siehe hierzu auch Abb. 13). Kommentare zur konjunkturellen Entwicklung sind in Politik und Medien ein wichtiges Diskussionsthema. Neben Fragen zur aktuellen Konjunktursituation stehen dabei die zukünftige Entwicklung der Nachfrage, der Produktion oder der Beschäftigung im Vordergrund des Interesses. Das Konjunkturphänomen soll in diesem Kapitel etwas eingehender betrachtet werden. Folgende Fragen sind dabei von besonderer Bedeutung:

- Was ist Konjunktur und wie sieht ein typischer Konjunkturverlauf aus?
- Welche Ursachen haben die kurzfristigen Schwankungen der gesamtwirtschaftlichen Aktivität?
- Welches theoretische Gerüst stellt die Volkswirtschaftslehre zur Analyse konjunktureller Schwankungen zur Verfügung?
- Welche Wirkungen haben konjunkturpolitische Instrumente?

Abbildung 39 stellt einen idealtypischen Konjunkturverlauf am Beispiel des realen BIP dar. Beschleunigt sich das wirtschaftliche Wachstum, dann spricht man von einem konjunkturellen **Aufschwung**. Nachfrage und Einkommen nehmen stärker als im langfristigen Durchschnitt zu. Die Preise verändern sich kaum, die Gewinne nehmen kräftig zu und die Beschäftigung steigt verhalten. Die zweite Phase eines Konjunkturaufschwungs ist der obere **konjunkturelle Wendepunkt** (bei außerordentlich starkem Wachstum auch als **Boom** bezeichnet). Hier strebt das wirtschaftliche Aktivitätsniveau seinem Maximum zu. Die Beschleunigung des Wachstums endet hier und die Wachstumsraten gehen tendenziell wieder zurück. Die Vollauslastung der Produktionskapazitäten lässt deutlich steigende Preise und kräftig steigende Löhne erwarten. Viele Wirtschaftssubjekte sind in Bezug auf die künftige wirtschaftliche Entwicklung sehr zuversichtlich. Die Erwartungen sind optimistisch. Es herrscht **Vollbeschäftigung** – qualifizierte Arbeitskräfte werden dringend gesucht. Aber die Gewinne wachsen nicht mehr, so dass die Unternehmen ihre Investitionsnachfrage zurückfahren.

Damit wird der **Abschwung** eingeleitet, die Wachstumsraten des BIP sinken und fallen im weiteren Verlauf unter den langfristigen Durchschnitt. Die Arbeitseinkommen und die Konsumnachfrage steigen noch, aber die Investitionsnachfrage stagniert. Gelegentlich ist der Abschwung durch „Nullwachstum" und damit durch eine wirtschaftliche Stagnation gekennzeichnet. Die Erwartungen schlagen um. Die meisten Wirtschaftssubjekte sind nunmehr sehr pessimistisch. Sind schließlich negative Veränderungsraten zu konstatieren, dann spricht man von einer **Rezession**. Die Beschäftigung sinkt und die Arbeitslosigkeit nimmt zu. Damit fällt auch die Konsumnachfrage als Konjunkturstütze aus. Konjunkturexperten sprechen von einer Rezession, wenn für mindestens zwei Quartale hintereinander jeweils negative Veränderungsraten ermittelt wurden.

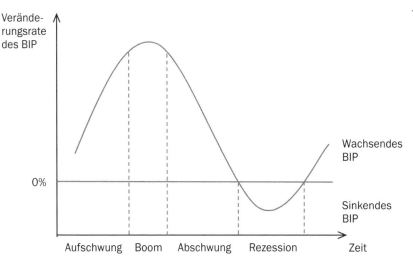

Abbildung 39: Konjunkturphasen

In der beobachteten Realität verlaufen Konjunkturzyklen eher unregelmäßig. Zu ihrer Analyse werden meist Veränderungsraten auf **Quartalsdatenbasis der Volkswirtschaftlichen Gesamtrechnungen** herangezogen. Gemessen an jährlichen Veränderungsraten ging das reale Bruttoinlandsprodukt in Deutschland in den Jahren 1967, 1975, 1982, 1993, 2003 und 2009 zurück. Zwischen diesen Tiefpunkten der Konjunkturentwicklung lagen zwischen sechs und elf Jahre. Eine Regelmäßigkeit ist nicht zu erkennen – **jede Rezession ist anders**. Die Abschwünge hatten jeweils spezifische, aber nicht immer eindeutige Ursachen. Dennoch kann vereinfacht konstatiert werden, dass

- die Rezession 1967 eine Art „Normalisierung" nach dem Auslaufen der Wirtschaftswunderphase war,
- die Rezessionen 1975 und 1982 Folgen der 1. und 2. Ölkrise mit weltweit explodierenden Ölpreisen und anschließenden Kostenschüben und Nachfrageausfällen darstellten und
- die Rezession 1993 wiederum als eine „Normalisierung" nach dem Wiedervereinigungsboom der Jahre davor interpretiert werden kann.

Unrealistische Erwartungen an die Kommunikationstechnologie, teilweise abenteuerliche Finanztransaktionen und eine ernüchternde ökonomische Realität waren 2003 einer der Auslöser des Abschwungs. Ausgehend vom sogenannten „dot-com"-Boom des Jahres 2000 schwächte sich das Wachstum zunächst stark ab. Insbesondere die Krise der Weltfinanzmärkte von 2009 mit der Immobilienblase in den USA als Auslöser ist noch in frischer Erinnerung. Diese Krise und die stabilisierungspolitischen Reaktionen darauf werden in Kapitel 10 noch ausführlich dargestellt.

Abbildung 40 zeigt die konjunkturelle Entwicklung von 2004 bis 2012. Dabei sind die Hochachsen mit den prozentualen Veränderungsraten im oberen bzw. unteren Teil gleich skaliert. Betrachten wir zunächst die Entwicklung des BIP: Die Jahre 2004 und 2005 standen im Zeichen einer zögerlichen konjunkturellen Erholung. Eine hochkonjunkturelle Phase mit BIP-Wachstumsraten von jeweils mehr als 3 % fand schließlich 2006 und 2007 statt. Die weltweite Wirtschaftskrise 2008 / 09 führte in Deutschland zu einem bis dahin ungekannten Einbruch der wirtschaftlichen Aktivität. 2009 ist das BIP gegenüber dem Vorjahr um mehr als 5 % gesunken. 2010 und 2011 waren dann durch eine – auch für die meisten Konjunkturbeobachter – unerwartet starke Erholung gekennzeichnet, die das preisbereinigte BIP wieder auf Vorkrisenniveau anhob. 2012 war schließlich ein Jahr des Abschwungs – unter anderem geprägt durch pessimistische Erwartungen im Zusammenhang mit dem Euro und der Staatsschulden- und Bankenkrise.

Hinter dieser konjunkturellen Entwicklung stehen naturgemäß die einzelnen Nachfragekomponenten des BIP. Einige von ihnen schwanken besonders stark, während andere eher zur Stabilität des BIPs beitragen. Rufen wir uns die BIP-Definition von der Verwendungsseite ins Gedächtnis: Das Bruttoinlandsprodukt setzt sich zusammen aus den Konsumausgaben der Haushalte und dem staatlichen Konsum, der Investitionsnachfrage von Unternehmen und Staat und der Exportnachfrage abzüglich der Importe. In Deutschland wirkten die privaten und staatlichen Konsumausgaben bisher eher dämpfend auf den Zyklus ein. Dagegen waren die Investitionen und vor allem die Exporte die **Cyclemaker**. Sie trugen in erheblichem Maße zu den konjunkturellen Schwankungen bei. Im unteren Teil der Abbildung ist zu sehen, dass die Veränderungsraten der Exporte eine Spannweite von −20 % bis +20 % erreichten. Zwischen 2004 und 2012 wurde jede Konjunkturerholung von zweistelligen Zuwächsen der Exporte begleitet und jeder Abschwung beruhte auch auf einer schrumpfenden Auslandsnachfrage. Nicht ganz so heftig, aber immer noch wesentlich ausgeprägter als die Schwankungen des BIP, waren die Ausschläge bei den Investitionen. Sie sind zudem ein guter Indikator für die Stimmung in der Wirtschaft. Nur Unternehmen mit optimistischen Erwartungen werden ihre Kapazitäten ausbauen. Gerade im Zuge der Euro-Krise sank die Investitionsnachfrage aufgrund der Unsicherheiten. Unternehmer brauchen bei Investitionen Planungssicherheit, die in den Jahren 2012 und 2013 aufgrund einer Reihe gesamtwirtschaftlicher Risiken nicht gegeben war. Hinzu kam auch, dass die staatliche Sparpolitik in Südeuropa in dieser Phase die Exportnachfrage nur noch langsam wachsen ließ.

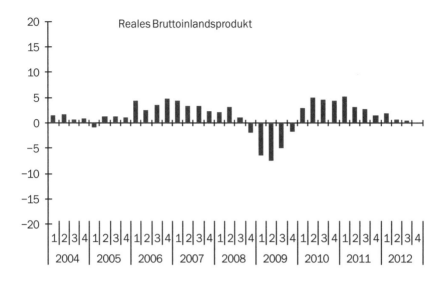

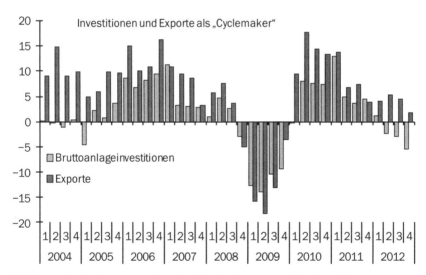

Abbildung 40: Veränderungsraten des BIP, der Exporte und der Investitionen
in Prozent im Vergleich zum Vorjahresquartal 2004-2012

In den folgenden Abschnitten wird ein makroökonomisches Modell entwickelt, das die Nachfrageentwicklung und die kurze Frist betont. Dabei stellt sich anders als im neoklassischen Modell die Frage, welche Rolle Staat und Zentralbank zur Stabilisierung der Konjunktur leisten können.

Fallstudie 8: Konjunkturdiagnose

Die Ergebnisse der volkswirtschaftlichen Gesamtrechnungen werden vom Statistischen Bundesamt mit einer Zeitverzögerung von bis zu zwei Monaten veröffentlicht. Deshalb sind zur **Konjunkturdiagnose** eine Vielzahl weiterer Daten heranzuziehen. Sofern diese Informationen mit geringen Zeitverzögerungen vorliegen und gleichzeitig der Konjunkturentwicklung vorausgehen, werden die entsprechenden Variablen als **konjunkturelle Frühindikatoren** bezeichnet.

Beurteilen Sie die gegenwärtige Konjunktursituation. Finden und interpretieren Sie folgende Frühindikatoren:

- die Auftragseingänge in der Industrie, die das Statistische Bundesamt monatlich veröffentlicht;
- die Geschäftserwartungen der Unternehmen – zum Beispiel anhand des „Geschäftsklimaindex" des Ifo-Instituts;
- die Aktienkursentwicklung – beispielsweise gemessen an der Entwicklung des DAX;
- die Konsumneigung der privaten Haushalte – gemessen etwa durch den „Konsumklimaindex" der GfK;
- die Preisentwicklung wichtiger Rohstoffe
- und die Ergebnisse der Frühjahrs- und der Herbstumfrage der DIHK zu den Geschäftserwartungen ihrer Mitgliedsunternehmen.

Stellen Sie zwei Indikatoren Ihrer Wahl graphisch dar und vergleichen Sie diese mit den Wachstumsraten des BIP.

2   Der einfache Einkommensmultiplikator

Anhänger der keynesianischen Theorie lehnen das Saysche Theorem meist ab. Sie behaupten, dass sich die Produktionsentscheidungen der Unternehmen an der erwarteten Nachfrage orientieren. Dabei kann es zu Fehleinschätzungen kommen, die konjunkturelle Schwankungen verursachen können. Anders als im neoklassischen Modell orientiert sich das Güterangebot der Unternehmen an der Nachfrage Y^D. Die Nachfrage bestehe aus dem privatem Konsum und den Investitionen:

$$Y^D = C + I.$$

Die Konsumnachfrage ergibt sich hier nicht als Rest, sondern wird in Form der **keynesianischen Konsumfunktion** ins Zentrum der Betrachtung gerückt. Die Konsumnachfrage besteht aus einem einkommensunabhängigen Basiskonsum C_a und einer einkommensabhängigen Nachfrage:

$$C = C_a + c\,Y.$$

Die Konsumquote c gibt die **marginale Konsumneigung** wieder. Sie gibt an, um wie viele Einheiten der Konsum variiert, wenn sich die Einkommen um eine Einheit verändern. Es handelt sich also um die erste Ableitung der Konsumfunktion:

$$\frac{dC}{dY} = c \qquad \left.\begin{array}{l} \text{erste Ableitung} \\ \text{der Konsumfunktion} = \text{Konsumquote} \end{array}\right.$$

Die marginale Konsumneigung c ist positiv, aber kleiner als Eins. Ein Einkommensanstieg wird nur teilweise zu Konsumnachfrage. Aus der Budgetgleichung der privaten Haushalte

$$Y = C + S$$

ergibt sich die Ersparnis als

$$S = Y - C = Y - (C_a - c\,Y)$$

$$= -C_a + (1 - c)\,Y.$$

Damit hängt die Ersparnis der Haushalte ebenfalls vom Realeinkommen ab. Der Koeffizient $(1 - c)$ bezeichnet die **marginale Sparneigung**.

In Abbildung 41 wird die keynesianische Konsumfunktion dargestellt. Der Achsenabschnitt ist der Basiskonsum C_a. Die Steigung entspricht der marginalen Konsumneigung. Die **45°-Linie** verbindet sämtliche Punkte, für die $C = Y$ gilt. Daraus ergibt sich die Sparfunktion quasi automatisch: Sie beginnt bei $-C_a$ und steigt mit der Sparneigung $(1 - c)$. Der Schnittpunkt mit der Querachse ergibt sich für den eingezeichneten Punkt $C = Y$. Die Ersparnis ist dann naturgemäß Null. Bei niedrigerem Einkommen sind die Konsumausgaben höher als die Einkommen ($C > Y$), die Ersparnisse entsprechend negativ. Die Abbildung macht deutlich, dass zu einer steiler verlaufenden Konsumfunktion eine flachere Sparfunktion gehört. Wenn die marginale Konsumneigung c zunimmt, muss die Sparneigung 1 − c sinken.

Gleichgewicht am Gütermarkt liegt vor, wenn die gesamtwirtschaftliche Güternachfrage Y^D und das gesamtwirtschaftliche Güterangebot Y^S übereinstimmen. Besteht die Nachfrage zudem ausschließlich aus Konsum und Investitionen, dann gilt außerdem

$$Y^S = Y^D = C + I.$$

Sind die privaten und die staatlichen Investitionen exogen und wird die keynesianische Konsumfunktion eingesetzt, dann erhält man die Bestimmungsgleichung für das gleichgewichtige Einkommen $Y^* = Y^S = Y^D$ als:

$$Y^* = C_a + c\,Y^* + I$$

mit der Lösung

$$Y^* = \frac{1}{1-c}(C_a + I).$$

Die Gleichung zeigt: **Je höher der autonome Konsum oder die Investitionen, desto größer ist das gleichgewichtige Einkommen.** Verändert sich bei gegebenen exogenen Variablen C_a und I hingegen die Konsumquote c als einziger Verhaltensparameter, dann gilt: Je höher die marginale Konsumquote (und je geringer die Sparneigung), desto höher fällt das Gleichgewichtseinkommen Y^* aus.

Eine zentrale Überlegung der keynesianischen Theorie ist es, dass der Staat durch die Veränderung seiner Ausgaben das gesamtwirtschaftliche Gleichgewicht beeinflussen kann. Als Ausgangspunkt nehmen wir einen Anstieg der staatlichen Investitionsausgaben ΔI an. Da sich das Angebot annahmegemäß elastisch anpasst, steigen Produktion und Einkommen zunächst in Höhe des Nachfrageanstiegs ($\Delta Y_1 = \Delta I$). Danach ergeben sich sukzessive weitere Produktions- und Einkommenssteigerungen:

- Der anfängliche Einkommensimpuls bewirkt bei unveränderter Konsumneigung eine Ausweitung der Konsumausgaben ($\Delta Y_2 = c\Delta Y_1$). Der Anstieg der Konsumnachfrage führt zu einem neuerlichen Zuwachs bei Produktion, Einkommen und Konsum.

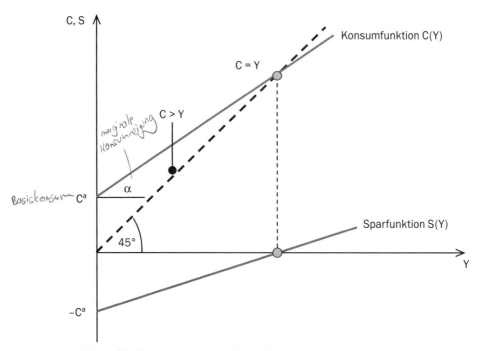

Abbildung 41: Die keynesianische Konsumfunktion

- Allgemein gilt für den **Multiplikatorprozess**, dass die Einkommenseffekte wegen $0 < c < 1$ von Runde zu Runde kleiner werden (sogenannte Sickerverluste). Insgesamt führt eine Erhöhung der staatlichen Investitionsnachfrage zu einer im Vergleich zu diesem Ausgangsimpuls vielfachen Ausweitung von Produktion, Einkommen und Konsum.

Aus der obigen Gleichgewichtsbedingung lassen sich in Veränderungen die Anpassungen von Einkommen und Konsum berechnen. Es gilt:

$$\Delta Y^* = \frac{1}{1 - c} \Delta I.$$

Der **keynesianische Multiplikator** hängt daher entscheidend von der marginalen Konsumquote ab. Je höher sie ausfällt, desto höher ist die Ausweitung des Produktionsniveaus ΔY^*.

Abbildung 42 zeigt den Multiplikatorprozess. Auf der gestrichelten 45^0-Linie herrscht Gütermarktgleichgewicht – es gilt $Y^D = Y^S$. Ausgehend von der gesamtwirtschaftlichen Nachfragefunktion sowie ihrem Schnittpunkt mit der gestrichelten 45°-Linie erhält man das Ausgangsgleichgewicht Y_1^*. Eine Erhöhung der staatlichen Investitionsausgaben führt zu einer Parallelverschiebung der gesamtwirtschaftlichen Nachfrage nach oben (1). Bei elastischem Güterangebot passt sich die Produktion unmittelbar an (2). Die Einkommenssteigerung erhöht die Konsumnachfrage (3), diese wiederum das Einkommen (4). Der Multiplikatorprozess kommt schließlich zum Erliegen, wenn $Y_2^* = C(Y_2^*) + I + \Delta I$ gilt. Das neue Gleichgewicht ist erreicht.

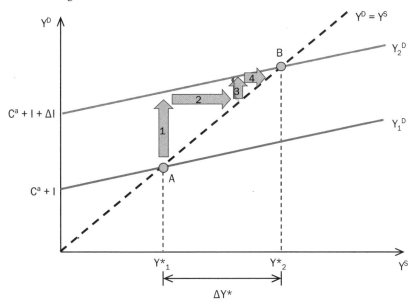

Abbildung 42: Der keynesianische Multiplikatorprozess

Fallstudie 9: Staatliche Konjunkturprogramme

Unterstellen Sie eine Konsumfunktion $C = 400 + 0,8\,Y$ und konstante Investitionen von 500. Bei einem Ausgangsgleichgewicht von $Y^* = 4.500$ herrsche konjunkturelle Arbeitslosigkeit, so dass die Regierung zusätzliche Investitionen von 100 tätigt.
Ergänzen Sie die folgende Tabelle und berechnen Sie für die Runden das neue Gleichgewicht. Interpretieren Sie Ihre Ergebnisse.

Runde	Einkommen	Konsum	Investitionen	Nachfrage
0	4500	4000	500	4500
1	4500	4000	600	4600
2	4600	4080	600	4680
3	4680	4144	600	4744
...	4744	4195	600	4795
n			600	

Das numerische Beispiel macht deutlich: Bei einer Konsumquote $c = 0,8$ ergibt sich ein Einkommensmultiplikator von 5 – die kumulierten Einkommenswirkungen sind damit fünfmal größer als der anfängliche stabilisierungspolitische Impuls. Sind damit konjunkturelle Schwankungen besiegt oder zumindest abgeschwächt, wie es die Anhänger einer **antizyklischen Konjunkturpolitik** bis in die Siebzigerjahre glaubten?

Zunächst ist zu berücksichtigen, dass das zugrundeliegende Modell außer einer keynesianischen Konsumfunktion nicht viel zu bieten hat. Die Investitionen als einzige weitere Nachfragekomponente sind exogen. Eine Modellierung von Ex- und Importen findet nicht statt. Tatsächlich würde man erwarten, dass in jeder Multiplikatorrunde ein Teil der zusätzlichen Nachfrage durch Importe (als weitere Sickerverluste) gedeckt wird. Dies würde die Multiplikatoreffekte dämpfen. In diesem einfachen Modell findet aber **kein Nachfrageabfluss ins Ausland** statt.

Eine zweite Bemerkung gilt der Finanzierung zusätzlicher Ausgaben. Hier wird nicht unmittelbar klar, ob staatliche Defizite entstehen. Eine Finanzierung durch Umschichtung der Staatsausgaben oder eine Steuerfinanzierung scheiden hier aber aus, weil davon kein zusätzlicher Nachfrageimpuls erwartet werden kann. Ein Konjunkturprogramm setzt also eine zusätzliche Verschuldung des Staates voraus (**deficit spending**). Ungeklärt bleibt in dem einfachen Modell, ob und wie die Verschuldung zurückgeführt wird. Wegen der fehlenden Modellierung von Geld- oder Kapitalmarkt bleibt auch offen, ob durch die Defizite die Zinsen steigen. Wäre dies der Fall, könnten alle übrigen zinsabhängigen Nachfragekomponenten zurückgedrängt werden – also vor allem private Investitionen und Ausgaben für dauerhafte Konsumgüter. Die Verdrängung privater Nachfrage durch staatliche Nachfrage nennt man **crowding out**. Allerdings ist dieser Effekt während einer Rezession eher zu vernachlässigen.

Drittens wird das gesamtwirtschaftliche Güterangebot als vollkommen elastisch angenommen. Ein Anstieg der Nachfrage führt in diesem Modell nicht zu steigenden Preisen. Tatsächlich dürfte die zusätzliche Nachfrage aber in gewissem Umfang Inflation induzieren. Im einfachen Multiplikatormodell gibt es aber **keine Inflation**.

Schließlich muss viertens betont werden, dass die obigen Berechnungen einen dauerhaften Anstieg der autonomen Investitionen unterstellen. Nimmt der Staat die zusätzlichen Ausgaben aber wieder zurück, dann wird die Modellvolkswirtschaft unter sonst gleichen Bedingungen wieder auf ihr Ausgangseinkommen zurückfallen.

3   Gütermarkt und Geldmarkt im keynesianischen Modell

Bereits im neoklassischen Modell wurde über die Zinsabhängigkeit der Investitionsnachfrage diskutiert. Je höher der Zins, desto niedriger ist die Investitionsnachfrage. Dies gilt auch für das keynesianische Modell:

$$I = I(r) + \overline{I_{ST}}.$$

Hinzu kommen die keynesianische Konsumfunktion

$$C = C_a + c\,Y$$

und wegen $S = Y - C$ das sich daraus ergebende Sparverhalten

$$S = -C_a + (1 - c)\,Y.$$

Im **Kreislaufgleichgewicht** müssen die Ersparnisse mit den Investitionen übereinstimmen. Anders als im neoklassischen Modell sind die Ersparnisse nunmehr einkommensabhängig – mit steigendem Einkommen wird mehr gespart:

$$S(Y) = I(r) + \overline{I_{ST}}.$$

Somit existieren mehrere Zins-Einkommens-Kombinationen, die mit einer Übereinstimmung von Ersparnissen und Investitionen einhergehen.

- Bei hohem Zins sind die Investitionen niedrig – um ebenso geringe Ersparnisse zu realisieren, muss das Einkommen niedrig sein. Dies ist beispielsweise in Punkt A in Abbildung 43 der Fall.

- Ist das Einkommen dagegen hoch, dann haben wir es auch mit einer hohen Ersparnis zu tun. Soll die Investitionsnachfrage dem entsprechen, dann muss der Zins niedrig sein (Punkt B).

Gleichgewichte am Gütermarkt sind jetzt sowohl vom Einkommen und vom Zinsniveau abhängig. **Die IS-Kurve als geometrischer Ort aller Gütermarktgleichgewichte hat eine negative Steigung.**

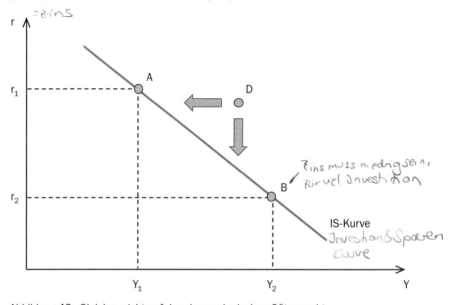

Abbildung 43: Gleichgewicht auf dem keynesianischen Gütermarkt

Oberhalb der IS-Kurve – also beispielsweise im Punkt D – gilt $S > I$. Bei dieser **Nachfragelücke** (Angebotsüberschuss auf dem Gütermarkt) werden weniger Investitionen nachgefragt als Ersparnis zur Verfügung steht. In dieser Situation muss entweder die Ersparnis durch sinkende Einkommen sinken (Bewegung nach links) oder die Investitionen durch sinkende Zinsen steigen (Bewegung nach unten). Umgekehrt würde bei Ausgangssituationen unterhalb der IS-Kurve ein Nachfrageüberschuss auf dem Gütermarkt vorliegen, der durch steigende Einkommen oder durch steigende Zinsen abgebaut werden könnte.

Alle exogenen Ereignisse, die die Nachfrage auf dem Gütermarkt steigern, verschieben die **IS-Kurve nach rechts**. Neben defizitfinanzierten staatlichen Konjunkturprogrammen wären – teilweise außerhalb des hier skizzierten Modellrahmens – zu nennen:

- Ein sich besserndes Konsumklima sorgt dafür, dass die privaten Haushalte ihr Konsumverhalten ändern – eine steigende Konsumneigung führt dazu, dass zu jedem beliebigen Zins mehr Güter nachgefragt werden. Auch sinkende Einkommensteuersätze könnten in diese Richtung wirken. Beides würde den obigen Angebotsüberschuss im Punkt D reduzieren.

- Entsprechendes gilt für optimistischere Erwartungen der Unternehmer, die diese dazu bringen, stärker zu investieren.

Umgekehrt gilt: Alles, was die keynesianische Nachfragelücke vergrößert, führt zu einer Linksverschiebung der IS-Kurve.

Nachdem mit Hilfe der Einkommensabhängigkeit der Ersparnis im keynesianischen Modell das Saysche Theorem ausgehebelt wurde, besteht der zweite wesentliche Unterschied in der Modellierung der Geldnachfrage. Wir werden sehen, dass damit die **neoklassische Dichotomie aufgehoben** ist. Im keynesianischen System existieren wechselseitige Abhängigkeiten zwischen dem Gütermarkt (reale Sphäre) und dem Geldmarkt (monetäre Sphäre).

Ausgangspunkt der Überlegungen hierzu bildet die Hypothese, dass Wirtschaftssubjekte neben der Geldhaltung zu Transaktionszwecken auch liquide Mittel zu Spekulationszwecken halten. Wird ein Teil der Liquidität vorübergehend nicht für Transaktionszwecke benötigt, dann bietet sich die Möglichkeit, dieses Geld in Wertpapieren anzulegen. Einerseits spiegelt der Zins dann die Opportunitätskosten der Geldhaltung wider. Andererseits besteht zwischen dem Kurs eines Wertpapiers und seiner Rendite bei gegebener Nominalverzinsung eine gegenläufige Beziehung: **Je höher der Kurs, desto geringer ist die Rendite** und umgekehrt. In Zeiten hoher Zinsen wird die Mehrheit der Anleger für die Zukunft sinkende Zinsen und somit steigende Kurse erwarten. Daher erscheint es ratsam, einen Großteil des Vermögens in Wertpapieren anzulegen und später bei höheren Kursen wieder zu veräußern, die Spekulationskasse sinkt. Ist das Zinsniveau vergleichsweise niedrig, erwartet die Mehrheit der Anleger steigende Zinsen und damit sinkende Kurse. In dieser Situation werden die meisten Wirtschaftssubjekte ihr Vermögen eher in Geld als in Wertpapieren halten, die Spekulationskasse steigt also.

Für die keynesianische Geldnachfrage

$$L = L(Y, r)$$

heißt das, dass sie wie im neoklassischen Modell mit steigendem Einkommen zunimmt. Hinzu kommt der Zinseinfluss: Mit steigendem Zins wird Geldhaltung aus dem Spekulationsmotiv immer unattraktiver, weil die Opportunitätskosten der zinslosen Vermögenshaltung in Geld zunehmen. Während der langfristige Zins im neoklassischen Modell die Grenzproduktivität des Realkapitals spiegelt, wird er im keynesianischen Modell als Wertpapierrendite interpretiert.

Der Einfachheit halber wird wiederum ein exogenes Geldangebot angenommen. Wie im neoklassischen Modell wird dabei unterstellt, die Zentralbank könne das Geldangebot M auch kurzfristig steuern. Anders als im neoklassischen

Modell ist das Preisniveau unveränderlich. Indexieren wir es der Einfachheit halber zusätzlich auf Eins, dann gilt im Geldmarktgleichgewicht

$$\overline{M} = L(Y, r).$$

Für das **Geldmarktgleichgewicht** ist es notwendig, dass das Geldangebot und die Geldnachfrage übereinstimmen. Geldmarktgleichgewichte können sich unter diesen Bedingungen ebenfalls für unterschiedliche Zins- Einkommens-Kombinationen ergeben:

- Bei gegebenem Geldangebot wird bei hohem Einkommen ein Großteil der Liquidität für Transaktionszwecke benötigt. Dies setzt eine geringe Vermögenshaltung in Geld (zu Spekulationszwecken) voraus. Das ist allerdings nur denkbar, wenn das Zinsniveau sehr hoch ist (Punkt A in Abbildung 44).
- Umgekehrt dient die Liquidität bei geringem Einkommen (und damit geringem Transaktionsvolumen) vor allem der Vermögenshaltung. Dies ist aber nur bei einem extrem niedrigen Zins möglich (Punkt B).

Gleichgewichte am Geldmarkt sind ebenfalls vom Einkommen und vom Zinsniveau abhängig. **Die LM-Kurve als geometrischer Ort aller Geldmarktgleichgewichte** hat eine positive Steigung. Ein Punkt D unterhalb der LM-Kurve signalisiert einen Nachfrageüberschuss am Geldmarkt. Um zurück auf die Gleichgewichtskurve zu kommen, müsste bei gegebenem Geldangebot entweder der Zins steigen. In diesem Falle würde die liquide Vermögenshaltung unattrak-

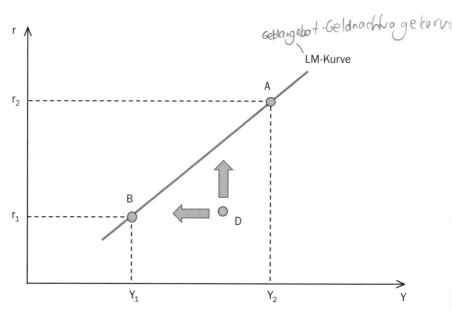

Abbildung 44: Gleichgewicht auf dem keynesianischen Geldmarkt

tiver, so dass die Geldnachfrage sinken würde. Oder das Einkommen müsste sinken, was die Geldhaltung zu Transaktionszwecken einschränken würde.

Die **LM-Kurve verschiebt sich nach rechts**, wenn die Zentralbank das Geldangebot erhöht. In diesem Fall würde ein Nachfrageüberschuss – beispielsweise im Punkt D – einfach dadurch kompensiert, dass mehr Geld angeboten wird. Die LM-Kurve verschiebt sich auch, wenn die Nichtbanken längerfristig ihr Verhalten bezüglich der Geldhaltung verändern. Dies könnte etwa durch einen geringeren Kassenhaltungskoeffizienten k der Fall sein, weil die Nichtbanken dann weniger Geldumlauf benötigen, um ein bestimmtes Transaktionsvolumen zu bewältigen.

Ein simultanes Gleichgewicht auf beiden Märkten ergibt sich durch Gleichsetzen von IS- und LM-Kurve. In Abbildung 45 bestimmt der Schnittpunkt beider Kurven das gleichgewichtige Einkommens- und Zinsniveau auf beiden Teilmärkten. Ungleichgewichtssituationen erfordern eine Anpassung von Zinsen und Einkommen auf beiden Teilmärkten. Situationen oberhalb der LM-Kurve beschreiben einen **Angebotsüberhang** auf dem Geldmarkt ($L < M$). Entsprechend liegt unterhalb ein Nachfrageüberhang auf dem Geldmarkt vor. Rechts von der IS-Kurve tritt eine **Nachfragelücke** auf, weil die Ersparnis die Investitionsnachfrage überschreitet ($I < S$).

Treten Situationen oberhalb des Gleichgewichtspunktes auf, dann wird über Einkommens- und Zinsanpassungen eine Rückkehr zum Gleichgewicht eingeleitet. Der Angebotsüberhang auf dem Geldmarkt führt zu sinkenden Zinsen, bis ein Punkt auf der LM-Kurve erreicht ist und somit Gleichgewicht auf dem Geldmarkt herrscht. Sinkende Zinsen regen die Investitionen an. Sollte die Nachfrage trotzdem noch zu gering sein, dann könnten sich auf dem Gütermarkt zusätzlich Einkommensrückgänge ergeben, bis ein Punkt auf der IS-Kurve erreicht wird. Es ist allerdings davon auszugehen, dass Zinsvariationen schneller ablaufen als Einkommensanpassungen. Deshalb wird wohl zuerst ein Punkt auf der LM-Kurve und dann über Produktions- und Einkommensvariationen das simultane Gleichgewicht Y^*, r^* erreicht.

Die Anpassungsprozesse aus den anderen Ungleichgewichtssituationen ergeben sich analog:

- Rechts vom Gleichgewicht herrscht ein Nachfrageüberschuss auf dem Geldmarkt ($L > M$) und eine zu geringe Nachfrage auf dem Gütermarkt ($I < S$). Dies dürfte durch steigende Zinsen mit der Tendenz zur LM-Kurve allein kaum zu korrigieren sein. Folglich werden Einkommen sinken müssen, damit zudem ein Punkt auf der IS-Kurve realisiert wird.
- Unterhalb des Gleichgewichts gilt $I > S$ und $L > M$. Beide Ungleichgewichte lassen sich recht gut durch steigende Zinsen auflösen, so dass die Einkommen kaum tangiert sein werden.
- Links vom Geld- und Gütermarktgleichgewicht ist vor allem das Einkommen zu gering. Selbst wenn die Anpassungen zunächst auf dem Geldmarkt ablau-

fen und aufgrund des Angebotsüberschusses der Zins fällt, wird dies primär die Investitionen und mittelbar auch Einkommen und die Ersparnis steigern, bis auch hier wieder ein Punkt auf der IS-Kurve erreicht ist.

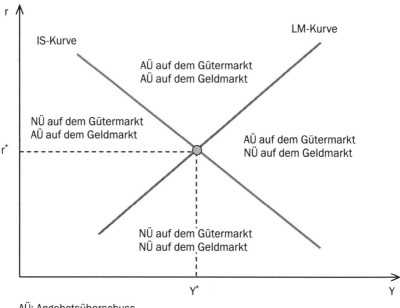

AÜ: Angebotsüberschuss
NÜ: Nachfrageüberschuss

Abbildung 45: Simultanes Gleichgewicht und Ungleichgewichte auf Geld- und Güter-markt

4   Geld- und Fiskalpolitik im IS / LM-Modell

Kommen wir zurück zur **antizyklischen Konjunkturpolitik**. Fiskalpolitik bedeutet hier wiederum, dass der Staat zusätzliche defizitfinanzierte Ausgaben tätigt, um die Konjunktur zu stabilisieren. Dieser Fall ist von den Konjunktur-paketen der Jahre 2009 und 2010 noch gut in Erinnerung. In Abbildung 46 wird gezeigt, dass ein derartiges Ausgabenprogramm die Gleichgewichtskurve auf dem Gütermarkt von IS_0 nach IS_1 verschiebt. Die Rechtsverschiebung kommt zustande, weil nun bei jedem beliebigen Zins r mehr nachgefragt wird. Über den Multiplikatorprozess steigen die Einkommen. Würden keine Zinsanpassungen erfolgen oder wäre die LM-Kurve vollkommen elastisch, dann würde das neue Einkommen rechts vom Ausgangsgleichgewicht im Punkt B bei einem unverän-derten Zinsniveau liegen.

Die LM-Kurve in der Abbildung hat aber eine positive Steigung. Dies reflektiert, dass die Geldnachfrage aufgrund des steigenden Einkommens zunehmen müsste. · Wenn das Geldangebot unverändert bleibt, kann diese Tendenz nur durch steigende Zinsen absorbiert werden. Wir bewegen uns von B auf der IS Kurve in Richtung des Punktes C. **Eine defizitfinanzierte Ausgabensteigerung des Staates führt im IS / LM-Modell zu steigenden Einkommen, aber auch zu steigenden Zinsen.** Steigende Zinsen dämpfen die zinsabhängige Nachfrage – die privaten Investitionen sinken tendenziell. Die zinsinduzierte Bewegung auf der IS_1-Kurve nach links/oben nennt man **crowding out**, weil letztlich staatliche Mehrausgaben die private Nachfrage teilweise zurückdrängen. Dieser Effekt wird umso stärker ausfallen, je steiler die LM-Kurve verläuft bzw. je schwächer die Geldnachfrage auf Zinsänderungen reagiert.

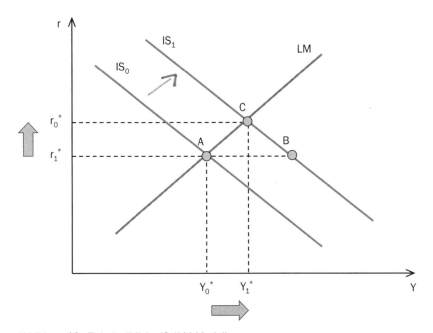

Abbildung 46: Fiskalpolitik im IS / LM-Modell

Den Fall, den Keynesianer im Auge haben, wenn sie die Relevanz des crowding out bestreiten, ist der der **Liquiditätsfalle.** Wenn die Zinsen ein sehr niedriges Niveau haben, dann reicht unter Umständen schon ein sehr geringer Zinsanstieg aus, um Umschichtungen weg von der Geldhaltung hin zu illiquideren Vermögensarten zu ermöglichen. In diesem Fall würde die LM-Kurve in Abbildung 46 nahezu horizontal verlaufen, so dass Zinswirkungen des staatlichen Defizits weitgehend ausbleiben.

Eine Erhöhung des Geldangebots führt zu einer Verschiebung der LM-Kurve nach rechts (Abbildung 47) Das steigende Geldangebot wird zunächst einmal über sinkende Zinsen und eine deshalb zunehmende Geldnachfrage absorbiert. Bei kurzfristig konstantem Einkommen wird ein Geldmarktgleichgewicht im Punkt B erreicht. Dazu müsste der Zins allerdings kräftig sinken, damit das zusätzliche Geldangebot möglichst auch nachgefragt würde.

In B herrscht kein Gütermarktgleichgewicht. Allerdings regen die sinkenden Zinsen die Investitionsnachfrage an. Auch dies induziert die bekannten Multi-plikatorprozesse. Die steigende Nachfrage sorgt für eine steigende Produktion und diese wiederum für steigende Einkommen usw. Allerdings hat das wie-derum Rückwirkungen auf dem Geldmarkt. Mit steigenden Einkommen und steigenden Zinsen bewegt man sich entlang der LM_1-Kurve ins neue Gleichge-wicht C. Im Vergleich zur Ausgangssituation A bewirkt Geldpolitik, dass das Gleichgewichtseinkommen steigt, während der Zins sinkt. Dies alles setzt aber voraus, dass die Investitionsnachfrage auf sinkende Zinsen reagiert. Ist das nicht gegeben, dann spricht man auch von der **Investitionsfalle** – die IS-Kurve würde dann (nahezu) vertikal verlaufen. Trotz sinkender Zinsen springen die Investitio-nen in diesem Fall nicht an.

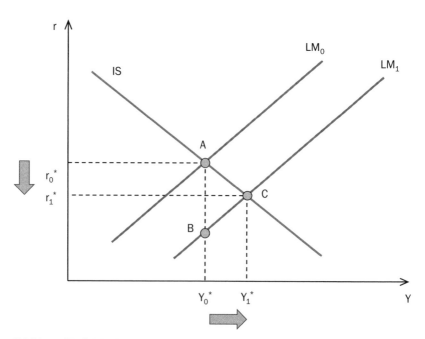

Abbildung 47: Geldpolitik im IS/LM-Modell

Abbildung 47 verdeutlicht die Wirkungen der Geldpolitik im keynesianischen Makro-Modell: **Geldneutralität ist zumindest kurzfristig nicht gegeben.** Die Geldpolitik hat sehr wohl Auswirkungen auf reale Größen wie das Einkommen. Als zentrale Größe für den Transmissionsmechanismus wird der Zins herausgestellt, der die wechselseitigen Abhängigkeiten zwischen Geld und Gütermarkt begründet.

Obwohl beispielsweise der Arbeitsmarkt gar keine Berücksichtigung findet, ist das IS / LM-Modell erheblich komplexer als das neoklassische Modell. Dies liegt an den **wechselseitigen Abhängigkeiten** zwischen dem Geld- und dem Gütermarkt (Abbildung 48). Zentrale Variable auf dem Gütermarkt ist das Einkommen, während der Zins überwiegend dem Geldmarkt zugeordnet sein soll. Steigt nun das Geldangebot, dann wird der Zins sinken. Dieser **Primärimpuls** schwappt nun auf den Gütermarkt über.

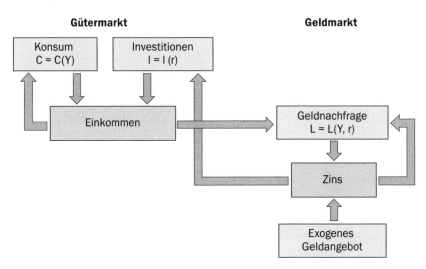

Abbildung 48: Interdependenzen im IS / LM-Modell

Sofern sinkende Zinsen die Investitionen anregen, werden mit der Nachfrage die Einkommen steigen. Die steigenden Einkommen bewirken zweierlei:

- Links im obigen Schema wird dadurch ein **Multiplikatorprozess** eingeleitet, bei dem steigende Einkommen für eine steigende Konsumnachfrage sorgen usw. Dies läuft wiederum wie in Abschnitt 1 dargestellt ab.
- Parallel dazu bedeuten steigende Einkommen aber, dass die Geldnachfrage aufgrund des gestiegenen Transaktionsbedarfs zunimmt. Mit diesem **Rückkopplungseffekt** schwappt die Wirkung auf den Geldmarkt zurück. Somit wird der ursprüngliche Zinsimpuls wieder etwas gedämpft. Entsprechend sinkt die Investitionsnachfrage wieder.

Dieser Rückkopplungseffekt ist aber in jedem Fall kleiner als der Primäreffekt, so dass die Einkommen per Saldo steigen und die Zinsen sinken – wie dies für die Punkte A und C in Abbildung 47 dargestellt ist.

Die nachfolgende Übersicht fasst die wesentlichen Unterschiede zwischen dem Geldmarkt im keynesianischen und im neoklassischen Model zusammen:

	Neoklassisches Modell	Keynesianisches Modell
Annahmen	Vollbeschäftigung und Vollauslastung, Y_{max} ist gegeben.	Preisniveau ist gegeben $(p = 1)$.
Philosophie	Geld ist neutral – reale und monetäre Größen sind voneinander unabhängig.	Gütermarkt und Geldmarkt sind über den Zins wechselseitig voneinander abhängig.
Liquiditäts-haltung	Geldhaltung erfolgt ausschließlich wegen des Transaktionsmotivs.	Zusätzlich: Geld als liquide Form der Vermögenshaltung, daher ist die Geldnachfrage auch zinsabhängig.
Geldmarkt-Gleichgewicht	$M/p = L(Y)$	$M = L(Y, r)$
Politik-empfehlung	Ein überreichliches Geldangebot bewirkt ausschließlich Inflation.	Die Zentralbank kann Einkommen und Produktion beeinflussen.

Tabelle 9: Unterschiedliche Geldmarktphilosophien

» Zusammenfassung

- Die keynesianische Konsumfunktion besteht aus dem Basiskonsum und einem proportional vom Einkommen abhängigen Konsum. Die marginale Konsumneigung gibt an, wie die Konsumnachfrage auf Einkommensänderungen reagiert. Anders als im neoklassischen Modell sind Konsum und Ersparnis einkommensabhängig.
- Kreislaufgleichgewichte sind vom Einkommen und vom Zinsniveau abhängig. Die IS-Kurve ist der geometrische Ort aller Gleichgewichte, bei denen die Ersparnis und die Investitionen ausgeglichen sind. Im Zins-/Einkommensdiagramm hat sie eine negative Steigung.
- Geldangebot und Geldnachfrage gleichen sich für geringe Einkommen und niedrige Zinsen oder für hohe Einkommen und hohe Zinsen aus. Die LM-Kurve als geometrischer Ort aller Geldmarktgleichgewichte hat eine positive Steigung im Zins-/ Einkommensdiagramm.
- Ist die Ersparnis einkommensabhängig und die Geldnachfrage zinsabhängig, dann gibt es keine neoklassische Dichotomie. Geldpolitik wirkt über sinkende Zinsen indirekt auf die Gütermärkte, sofern es gelingt, die privaten Investitionen anzuregen. Mit der Fiskalpolitik tritt der Staat selbst als Nachfrager auf. Staatliche Defizite können allerdings den Zins erhöhen und private Nachfrage zurückdrängen.

» Wichtige Begriffe

Konjunktur, Rezession, Frühindikatoren, keynesianische Konsumfunktion, keynesianischer Multiplikator, deficit spending, antizyklische Konjunkturpolitik, crowding out, Liquiditätsfalle, Investitionsfalle, Rückkopplungseffekt.

» Aufgaben

1 Die Konsumfunktion lautet $C = 230 + 0,80\,Y$. Die Investitionen betragen 300 Einheiten. Berechnen Sie das Einkommen im Kreislaufgleichgewicht. Ermitteln Sie die Auswirkungen einer Erhöhung der Investitionsnachfrage um 50 Einheiten auf Konsum und Einkommen. Erläutern Sie den Multiplikatorprozess.

2 Wodurch wird in der keynesianischen Theorie die neoklassische Dichotomie aufgehoben?

3 Eine Volkswirtschaft kann durch folgende Gleichungen abgebildet werden:
$$C = 0,8\,(Y - T), \qquad\qquad T = 0,25\,Y, \qquad\qquad IM = 0,25\,Y,$$
Das gegenwärtige Gleichgewicht sei durch $Y^* = 2000$. Zu den Exogenen: Die Exportnachfrage sei mit 500 gegeben und die Investitionen mit 250. Der Staatsverbrauch wird aus Steuereinnahmen und einem Defizit $DEF = 50$ finanziert.

Der Finanzminister plant eine Steuerreform, die durch einen auf 0,2 sinkenden Grenzsteuersatz beschrieben werden kann. Kürzungen des Staatsverbrauchs werden vermutlich ausbleiben, so dass das Defizit entsprechend steigt. Welche Wirkungen erwarten Sie auf das Einkommen?

4 Die Konsumfunktion sei $C = 400 + 0,8\,Y$. Die Investitionsnachfrage sei zinsabhängig: $I = 1000 - 100\,r$. Ermitteln Sie die IS-Kurve.

Das Geldangebot sei mit 750 GE gegeben. Die Geldnachfrage sei $L = 150 + 0,3\,Y - 100\,r$. Ermitteln Sie die LM-Kurve.

Bestimmen Sie das Gleichgewicht im IS/LM-Modell. Bestimmen Sie auch die Konsumnachfrage und die Investitionen.

Nun erhöhe die Zentralbank das Geldangebot auf 1000 GE. Bestimmen Sie wiederum Einkommen, Konsum, Investitionen und Zins im Gleichgewicht.

Interpretieren Sie Ihre Ergebnisse.

5 Ermitteln Sie den Primäreffekt und den Rückkopplungseffekt für eine expansive Fiskalpolitik und stellen Sie die Wirkungen in dem IS/LM-Diagramm dar.

Kapitel 7
Ein makroökonomisches Standardmodell

Bisher hatten wir es im keynesianischen System mit Gleichgewichten auf dem Gütermarkt und dem Geldmarkt zu tun, durch die Einkommen und Zins bei festen Preisen bestimmt wurden. In Anlehnung an das neoklassische Modell kommt im vorliegenden Abschnitt das Preisniveau als weitere endogene Variable und der Arbeitsmarkt als weiterer Markt hinzu. Dadurch verändert sich einerseits die Darstellungsform des Makromodells. Andererseits können nun Aussagen über Löhne und Beschäftigung gemacht werden. Dieses vollständigere Makromodell erlaubt außerdem einen Brückenschlag zwischen keynesianischer und neoklassischer Makroökonomie.

» Lernziele

- Die Studierenden können die gesamtwirtschaftliche Nachfragekurve (Aggregate Demand AD) aus dem IS/LM-Modell mit flexiblen Preisen herleiten. Sie wissen, warum die Steigung der AD-Kurve negativ ist und können konjunkturpolitische Maßnahmen den Verschiebungen der AD-Kurve richtig zuordnen.

- Sie sind in der Lage, die beiden Äste der gesamtwirtschaftlichen Angebotskurve (Aggregate Supply AS) zu erklären. Sie wissen, unter welchen Umständen sich der Vollbeschäftigungsast verschiebt und wann sich der Unterbeschäftigungsast anpasst.

- Die Studierenden sind in der Lage, konjunkturelle Schwankungen im AD/AS-Modell zu erklären. Sie wissen, warum Nachfrageschocks relativ einfach zu bekämpfen sind und kennen die Probleme bei der Bekämpfung der Folgen von Angebotsschocks.

- Sie erkennen Situationen, in denen man zwischen Preisniveaustabilität und einer hohen Beschäftigung entscheiden muss. Sie können Interessenkonflikte zwischen Zentralbank und Regierung erläutern.

1   Die gesamtwirtschaftliche Nachfrage

Hinter der gesamtwirtschaftlichen Nachfrage verbirgt sich das IS/LM-Modell mit flexiblen Preisen. Wir betrachten also zunächst nur die Güternachfrage einschließlich des keynesianischen Geldmarkts. In der graphischen Analyse lassen sich sinkende Preise bei gegebenem nominalen Geldangebot $\overline{M}$ als Rechtsverschiebung der LM-Kurve charakterisieren (Abbildung 49). Sinkt das Preisniveau von p_0 auf p_1, dann nimmt das reale Geldangebot M/p zu. Entsprechend muss auch die Geldnachfrage zunehmen. Der Logik im IS/LM-Modell folgend sinkt bei unveränderten Einkommen zunächst der Zins. Im rechten Teil des IS/LM-Diagramms bewegt man sich vom Punkt A zum Punkt B.

Durch die sinkenden Zinsen werden die Investitionen angeregt, so dass Produktion und Einkommen zunehmen. Durch die steigenden Einkommen muss entlang der neuen LM-Kurve der Zins steigen. Mehr Geldhaltung für Transaktionszwecke wird durch weniger Geldhaltung von Vermögen ausgeglichen. Im Diagramm bewegt man sich vom Punkt B zum Punkt C. Ein neues Gleichgewicht auf dem Gütermarkt und auf dem Geldmarkt wird beim Zins r_1 und beim Einkommen Y_1 erreicht. Überträgt man die Punkte A und C in das Diagramm rechts, dann ergibt sich durch die Zuordnung von Preisniveau und Einkommen die AD-Kurve (Aggregate Demand).

Ändert sich also das Preisniveau im IS/LM System, dann führt dies zu einer **Bewegung auf der AD-Kurve**. Ein sinkendes Preisniveau führt entlang der AD-Kurve zu steigenden Einkommen.

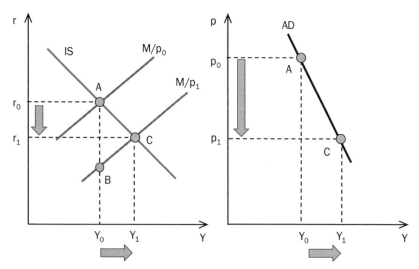

Abbildung 49: Die gesamtwirtschaftliche Nachfragekurve

Die Frage, ob die AD-Kurve wie oben dargestellt steil oder eher flach verläuft, hat mit verschiedenen Mechanismen im IS / LM-Modell zu tun:

- Bei einer eher flach verlaufenden LM-Kurve sorgt eine zusätzliche Güternachfrage nur für geringe Zinssteigerungen. Ist dies der Fall, dann fallen die kontraktiven Rückkopplungseffekte entlang der neuen LM-Kurve (M/p_1 in der Abbildung) schwach aus. Die Einkommenseffekte sind dann relativ groß und auch die AD-Kurve verläuft eher flach.
- Fraglich ist ferner, inwieweit sinkende Zinsen die Investitionsnachfrage anregen. Ist diese Wirkungsbeziehung schwach ausgeprägt, dann verläuft die IS-Kurve steil. Die zu erwartenden Einkommenseffekte fallen schwach aus, so dass die AD-Kurve steil verläuft.

Die **AD-Kurve** verschiebt sich nach rechts, wenn die Güternachfrage bei zunächst unverändertem Preisniveau steigt. Dazu sind mehrere Anknüpfungspunkte denkbar, wie sie im **Konjunkturaufschwung** regelmäßig zu beobachten sind:

- Optimistische Erwartungen verbessern das Konsumklima, so dass die privaten Haushalte unter sonst gleichen Bedingungen mehr konsumieren.
- Die Unternehmen könnten ihre Investitionspläne bei günstigeren Geschäftserwartungen aufstocken.
- Und schließlich ist zu erwarten, dass eine anziehende Konjunkturentwicklung im Ausland die heimischen Exporte anregt.

Stabilisierungspolitische Maßnahmen von Staat und Zentralbank verschieben die AD-Kurve ebenfalls:

- Abbildung 50 zeigt, dass eine expansive **Fiskalpolitik** – also ein zur Konjunkturstabilisierung aufgelegtes zusätzliches staatliches Defizit – bei zunächst unverändertem Preisniveau $\bar{p}$ entsprechend der Logik des IS / LM-Modells zu steigenden Zinsen und steigenden Einkommen führt.
- Abbildung 51 verdeutlicht dagegen die Wirkungen einer expansiven **Geldpolitik**. Weitet die Zentralbank das Geldangebot aus, dann steigt die Güternachfrage ebenfalls, so lange sich das Preisniveau nicht ändert. Der einzige Unterschied zur Fiskalpolitik sind hier die sinkenden Zinsen.

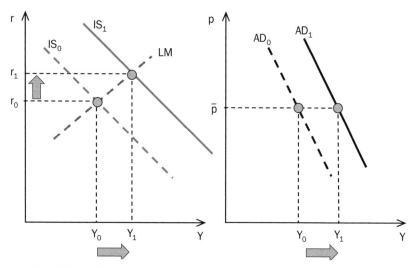

Abbildung 50: AD-Kurve und expansive Fiskalpolitik

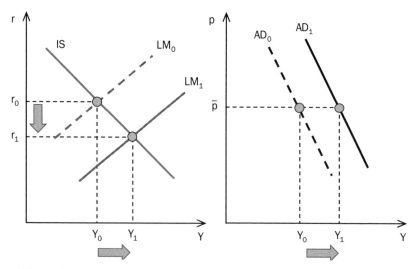

Abbildung 51: AD-Kurve und expansive Geldpolitik

Verändern sich die modellexogenen Variablen – also beispielsweise die Konjunkturerwartungen der Unternehmen und Haushalte – in die andere Richtung, dann verschiebt sich die AD-Kurve entsprechend nach links. Zu jedem beliebigen Preisniveau werden dann weniger Güter nachgefragt. Entsprechendes gilt, wenn der Staat Ausgabenprogramme kürzt und somit eine kontraktive Fiskalpo-

litik betreibt oder wenn die Zentralbank im Rahmen ihrer vor allem auf Geld-
wertstabilität abzielenden Politik den Geldumlauf einschränkt oder den Leitzins
erhöht (kontraktive Geldpolitik). Staat und Zentralbank haben also einen nicht
zu unterschätzenden Einfluss auf das Preisniveau.

2   Das gesamtwirtschaftliche Angebot

Im keynesianischen Modell wurde angenommen, dass eine zusätzliche Güternachfrage in einer extremen Unterauslastungssituation nicht zu einem steigenden
Preisniveau führt. Die gesamtwirtschaftliche Angebotsfunktion verläuft in diesem Extremfall horizontal (Abbildung 52). Im neoklassischen Modell tendiert
der Arbeitsmarkt zur Vollbeschäftigung. Dahinter steht die Vorstellung eines
vollständig flexiblen Arbeitsmarkts mit einem markträumenden Reallohn $(w/p)^*$.
Bei Vollbeschäftigung sind preisbedingte Abweichungen vom Vollbeschäftigungsoutput Y^* nicht denkbar. Die **AS-Kurve** (Aggregate Supply) verläuft somit vertikal. Aufgrund der Kapazitätsgrenze ist es unmöglich, mehr zu produzieren, jede
zusätzliche Nachfrage verpufft ausschließlich in steigenden Preisen.

Ist weder das eine – extreme Unterbeschäftigung – noch das andere – Vollauslastung – realisiert, dann lässt sich die gesamtwirtschaftliche Angebotsfunktion
über den Umweg der Arbeitsmarktanalyse konstruieren.

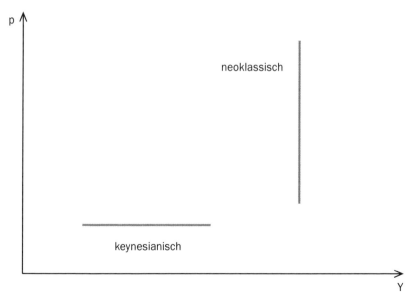

Abbildung 52: Grenzfälle des gesamtwirtschaftlichen Angebots

Damit kommen wir zurück zu dem in Kapitel 3 diskutierten Arbeitsmarkt. Bei **Unterbeschäftigung** rationiert die Arbeitsnachfrage der Unternehmen A^N als kurze Marktseite das Arbeitsangebot der Haushalte. In diesem Fall ist das Arbeitsangebot für die Lösung des Modells unerheblich. Zudem wird hier angenommen, dass der Nominallohn kurzfristig nach unten starr ist. Nur so sind konjunkturelle Unterbeschäftigungssituationen in einem neoklassischen Kontext denkbar.

Der **starre Nominallohn** ist in Abbildung 53 im zweiten Quadranten dargestellt – die dortige Reallohnkurve

$$p = \frac{w_0}{w/p}$$

verknüpft Preisniveau und Reallohn bei gegebenem Nominallohn w_0.

Wir beginnen die Diskussion auf der Preis-Achse unterhalb von p^*. Bei starrem Nominallohn überschreitet der Reallohn dann den markträumenden Reallohn. Somit liegt die Beschäftigung A_1 unterhalb des Vollbeschäftigungsniveaus A^*. Die Arbeitslosigkeit als Differenz von Arbeitsnachfrage und Arbeitsangebot ist als vertikale blaue Linie im dritten Quadranten hervorgehoben. Unter Berücksichtigung der Produktionsfunktion ergibt sich daraus eine **Outputlücke**. Die blaue horizontale Linie im vierten Quadranten deutet an, dass das **Produktionspotential** nicht voll genutzt wird und die Produktion Y_1 kleiner ist als der Vollbeschäftigungsoutput Y^*. Im Punkt U auf dem steigenden Ast der AS-Kurve liegt demnach Unterbeschäftigung vor.

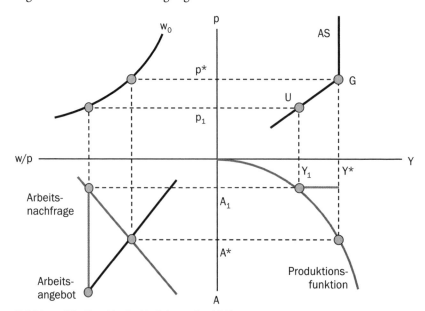

Abbildung 53: Graphische Herleitung der AS-Kurve

Für Preise oberhalb des Gleichgewichtspreises p^* liegt der Reallohn unterhalb des Gleichgewichtsreallohns: Es gilt $w/p < (w/p)^*$. Da aber ein Nachfrageüberschuss am Arbeitsmarkt aufgrund sofort steigender Lohnangebote der Arbeitgeber nicht denkbar ist, liegt oberhalb von p* immer der Vollbeschäftigungsoutput Y^* vor. Hier verläuft die AS-Kurve wie im neoklassischen Modell vertikal.

Eine **Bewegung auf dem Unterbeschäftigungsast** ist möglich, wenn der Güterpreis bei unverändertem Nominallohn steigt. Wie sich im obigen Vier-Felder-Diagramm prüfen lässt, erleiden die Beschäftigten Reallohneinbußen. Allerdings steigt die Beschäftigung entlang der Arbeitsnachfragekurve – die konjunkturelle Arbeitslosigkeit sinkt. Ist schließlich $(w/p)^*$ erreicht, dann ergibt sich wiederum Y^*. Ausgehend vom gleichgewichtigen Reallohn wird unterstellt, dass sich der Nominallohn im Falle eines Nachfrageüberschusses am Arbeitsmarkt unmittelbar und im Unterbeschäftigungsfall nicht verändert. Damit gilt für einen nach unten starren Nominallohn

$$w = \begin{cases} (w/p)^* p & \text{für} \quad p \geq p^* \\ \overline{w} & \text{für} \quad p < p^*. \end{cases}$$

Schließlich ergibt sich das gesamtwirtschaftliche Güterangebot entlang der AS-Kurve

$$Y^S = \begin{cases} Y^* & \text{für} \quad p \geq p^* \\ Y(A^N(\overline{w}/p), \ldots) & \text{für} \quad p < p^*. \end{cases}$$

Soll der Output über Y^* hinaus gesteigert werden, dann ist das nur durch **Wirtschaftswachstum** möglich. Lageparameter des vertikalen Vollbeschäftigungsastes sind alle Variablen, die Einfluss auf das Wachstum haben. Wirtschaftswachstum verschiebt den vertikalen Ast der AS-Kurve nach rechts. Nur steigende Produktionsmöglichkeiten erlauben bei Vollbeschäftigung eine Ausweitung der Produktion.

Dagegen bestimmt der exogene Nominallohn die Lage des Unterbeschäftigungsastes. Dies zeigt Abbildung 54. Steigt der Nominallohn von w_0 auf w_1, dann verschiebt sich die Hyperbel im zweiten Quadranten nach außen. Bleibt der Preis auf dem ehemaligen Gleichgewichtsniveau p_0, dann ergibt sich nunmehr ein Reallohn, der höher ist als es ein Arbeitsmarktgleichgewicht zuließe. Unter sonst gleichen Bedingungen sinkt die Arbeitsnachfrage. Dies führt zu Arbeitslosigkeit und es entsteht eine Outputlücke. Zum Preis p_0 wird nun gemäß Punkt U produziert. Steigt der Preis dagegen auf p_1, würde wieder der Vollbeschäftigungs-Reallohn gelten, dem auf der AS-Kurve der Punkt G_1 zugeordnet werden kann. **Steigt der Nominallohn, dann verschiebt sich der Unterbeschäftigungsast nach oben.**

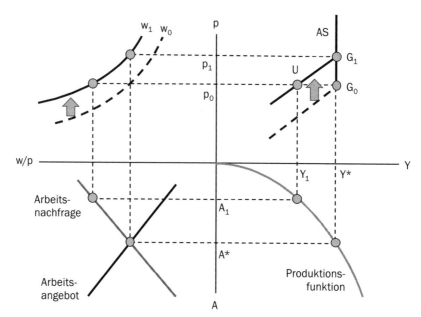

Abbildung 54: Steigende Nominallöhne und gesamtwirtschaftliches Angebot

3   Nachfrageschocks und Angebotsschocks

Hinter der gesamtwirtschaftlichen Nachfrage AD stehen das Gleichgewicht auf dem Gütermarkt ($I = S$) und das Gleichgewicht am Geldmarkt ($L = M$). Wenn Staat oder Zentralbank konjunkturstabilisierende Maßnahmen ergreifen, dann verschiebt sich die AD-Kurve. In das gesamtwirtschaftliche Angebot AS gehen mit dem Arbeitsmarkt und der Produktionsfunktion neoklassische Elemente ein.

Schneidet die AD-Kurve die AS-Kurve auf deren Unterbeschäftigungsast, dann liegt eine **Ungleichgewichtssituation** vor (Abbildung 55). Dabei handelt es sich um ein Gleichgewicht auf dem Gütermarkt und dem Geldmarkt, während sich der Arbeitsmarkt im Ungleichgewicht befindet. Diese Situation ist als Punkt U dargestellt. So lange sich die Träger der Wirtschaftspolitik auf modellendogenen Gleichgewichtsmechanismen verlassen, gibt es nur einen Weg, von U aus die konjunkturelle Arbeitslosigkeit abzubauen: Der starre Nominallohn $\bar{w}$ muss sinken. Gelingt dies mittelfristig, dann verschiebt sich der Unterbeschäftigungsast nach unten. Nach einem längeren Anpassungsprozess wird das neue Gleichgewicht p^*/Y^* mit niedrigerem Preisniveau erreicht. Dieses niedrigere Preisniveau sollte nicht darüber hinwegtäuschen, dass der Nominallohn stärker als der Preisindex fallen muss. Auf andere Weise ist ein sinkender Reallohn, der zum modellendogenen Abbau der Arbeitslosigkeit notwendig ist, nicht zu erreichen.

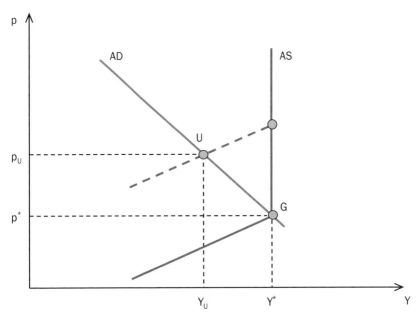

Abbildung 55: Unterbeschäftigung im AD / AS-Modell

Auslöser von Konjunkturkrisen können vielfältig sein. Bei Immobilienblasen gehen die Erwartungen von Baufinanzierern, Häuslebauern oder Anlegern nicht auf. Ähnliches gilt, wenn Garagenunternehmen der Internetbranche plötzlich einen höheren Börsenwert haben als Unternehmen mit vielen tausend Mitarbeitern. Oder ein politisches Ereignis lässt den Welthandel einbrechen. Generell führen **enttäuschte Erwartungen und ein schwindendes Vertrauen** häufig dazu, dass die Marktteilnehmer ihre Pläne revidieren. In der Sprache des AD / AS-Modells ist dies durch eine Linksverschiebung der AD-Kurve abzubilden. Zum gegebenen Preisniveau sind ein Kreislaufgleichgewicht und ein Geldmarktgleichgewicht nur bei einer geringeren Nachfrage und einer geringeren Produktion möglich. Abbildung 56 zeigt einen **Nachfrageschock** und seine Konsequenzen.

Sofern die Volkswirtschaft vorher keine konjunkturelle Arbeitslosigkeit zu verzeichnen hatte, kann aus dem Punkt G heraus argumentiert werden. Die aggregierte Nachfragekurve verschiebt sich von AD_0 nach AD_1, so dass sich dass Unterbeschäftigungsgleichgewicht U ergibt. Im Vergleich zur Ausgangssituation sinkt das Preisniveau. Wegen der einbrechenden Nachfrage nehmen Produktion und Einkommen ab. Einige Unternehmen entlassen Mitarbeiter und die Arbeitslosigkeit nimmt zu. Diese Situation ist durch zunehmenden Pessimismus einerseits und einen wachsenden Druck auf die wirtschaftspolitischen Entscheidungsträger andererseits gekennzeichnet. Der Weg, den die Neoklassiker vor-

zeichnen – also die Tendenz zu einem Vollbeschäftigungsgleichgewicht unterhalb von G – braucht eine kaum abzuschätzende Anpassungszeit. Dafür müssten
Nominallohn und das Preisniveau sinken.

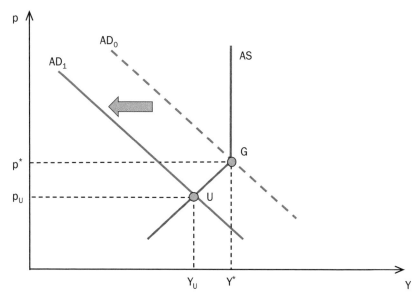

Abbildung 56: Ein Nachfrageschock im AD / AS-Modell

Fraglich ist also, ob durch eine ungebremste Rezession nicht **höhere Anpassungskosten** anfallen als durch eine keynesianische Intervention. Deshalb
könnten sich Staat und Zentralbank veranlasst sehen, die gesamtwirtschaftliche
Nachfrage anzuregen. Durch ein reichlicheres Geldangebot sinken die Zinsen,
so dass die privaten Investitionen anspringen müssten, um dem Nachfrageausfall
erfolgreich zu begegnen. Staatliche Ausgabenprogramme wirken diesem Ausfall
direkter entgegen. Auch wenn es nicht möglich ist, den Rückgang der privaten
Nachfrage vollständig zu kompensieren, kommt es den Märkten häufig eher auf
ein Signal gegen die Eintrübung der Wirtschaftsaussichten an.

Durch die expansive Stabilisierungspolitik verschiebt sich die **AD-Kurve
nach rechts**. Das neue Gleichgewicht wird schneller erreicht als ohne Intervention. Damit bleibt der Volkswirtschaft ein gewisses Maß an Arbeitslosigkeit erspart. Inflation steht auch nicht zu befürchten, weil der anfängliche Nachfrageausfall dämpfend auf Preise und Kosten einwirkte. Wenn sie also finanzierbar ist
und man anschließend zu stabilen Staatsfinanzen zurückkehrt, dann kann die
Stabilisierungspolitik bei einem nachfrageinduzierten Konjunktureinbruch
funktionieren.

Gilt ähnliches auch für einen **Angebotsschock**? Eine solche Situation ist in Abbildung 57 dargestellt. Die Auslöser eines Angebotsschocks wirken grundsätzlich auf die Kosten der Unternehmen. Energie oder andere Produktionsfaktoren werden sprunghaft teurer. Auch deutlich steigende Nominallöhne können einen Angebotsschock auslösen. Ausgehend vom Gleichgewicht G verschiebt sich der Unterbeschäftigungsast der AS-Kurve nach oben. Im neuen Unterbeschäftigungsgleichgewicht U steigt das Preisniveau im Vergleich zu G, während die gesamtwirtschaftliche Produktion und das Einkommen sinken. Diese Kombination bezeichnet man auch als Stagflation – ein Kunstwort, dass Stagnation und Inflation verbindet. Diese naheliegende Wortschöpfung wurde in den Siebzigerjahren mit Blick auf die beiden Ölkrisen geprägt.

Aus dieser Zeit stammen auch die wenig ermutigenden Erfahrungen mit der keynesianischen Stabilisierungspolitik im Falle eines Angebotsschocks. **Stagflation** gilt als besonders hartnäckig, weil

- sinkende Reallöhne zwar notwendig sind, aber in Tarifverhandlungen wegen der steigenden Preise kaum durchsetzbar sein dürften und
- die Zentralbank kaum für expansive Stabilisierungsmaßnahmen zur Verfügung stehen wird. Sie würde in einer solchen Situation primär die Inflation bekämpfen.

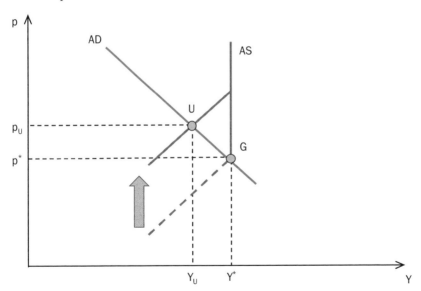

Abbildung 57: Ein Angebotsschock im AD/AS-Modell

Wirtschaftspolitiker befinden sich also in einer unangenehmen Lage. Soll die Regierung ohne Unterstützung von Zentralbank und Tarifparteien die Arbeitslosigkeit bekämpfen? Ein defizitfinanziertes Ausgabenprogramm, dass wiederum die AD-Kurve nach rechts verschieben würde, hätte vom Punkt U aus zwar einen positiven Einfluss auf Produktion und Beschäftigung. Allerdings würde das Preisniveau nochmals ansteigen. Damit stünde auch zu befürchten, dass die expansive Fiskalpolitik mit einer kontraktiven Geldpolitik beantwortet wird, so dass sich die makroökonomischen Wirkungen der Stabilisierungspolitik weitgehend aufheben würden. Machen die Politiker dagegen nichts, dann geraten sie unter öffentlichen Druck.

4   Gesamtwirtschaftliches Angebot und Preiserwartungen

Eine akzentuierte Interpretation der gesamtwirtschaftlichen Angebotskurve liefert die Neuklassische Makro-Theorie. Hintergrund der geknickten Angebotskurve ist hier nicht der inflexible Nominallohn. Entscheidend sind vielmehr die Preiserwartungen p^e. Das gesamtwirtschaftliche Angebot ergibt sich aus dem Vollbeschäftigungsoutput Y^*, von dem abgewichen wird, wenn Preisniveau p und Preiserwartungen p^e sich nicht entsprechen:

$$Y^S = Y^* + \alpha\,(p - p^e).$$

Dies ist die Lucas-Angebotsfunktion – benannt nach einem führenden Vertreter der **Schule der rationalen Erwartungen**. Demnach liegen die Wirtschaftssubjekte mit ihren Preiserwartungen im langfristigen Mittel immer richtig. Entsprechen die Preiserwartungen p^e dem aktuellen Preisniveau p, dann fällt der Ausdruck in Klammern weg. Der Referenzfall ist also ein Vollbeschäftigungsgleichgewicht mit einer vertikalen langfristigen Angebotskurve: AS^{LF}. Das setzt eine gute Marktkenntnis der Marktteilnehmer voraus. In diesem Fall hat das makroökonomische Modell wiederum Eigenschaften, die dem neoklassischen Modell stark ähneln.

Weicht das erwartete Preisniveau vom tatsächlichen ab, dann befindet man sich auf einer kurzfristigen Angebotskurve mit einer positiven Steigung α. Diese Steigung gibt an, in welchem Maße das gesamtwirtschaftliche Angebot auf unerwartete Änderungen des Preisniveaus reagiert. Im Gleichgewichtspunkt G in Abbildung 58 schneiden sich die langfristige Angebotskurve AS^{LF}, die kurzfristige Angebotskurve AS^{KF} und die gesamtwirtschaftliche Nachfragekurve AD. Entlang der kurzfristigen Angebotskurve gilt zudem $p = p^e$.

Erwarten die Wirtschaftssubjekte vom Punkt G ausgehend ein steigendes Preisniveau $p^e = p_1$, dann verschiebt sich die kurzfristige Angebotskurve nach oben (Abbildung 59). Weil die Unternehmen niedrigere Preise erzielen als sie erwarten, bieten sie zu jedem Preisniveau p weniger an. Damit wird ein Unterbeschäftigungsgleichgewicht U im Schnittpunkt der AD-Kurve und der neuen kurzfristigen AS-Kurve erreicht. Das Preisniveau ist dort höher als in G, während die Einkommen kleiner als Y^* sind und Beschäftigung sinken würde.

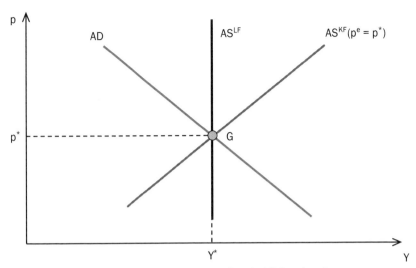

Abbildung 58: Preiserwartungen und gesamtwirtschaftliches Angebot

In U gilt aber immer noch $p < p^e$. Die Preise, die die Unternehmen erzielen, sind kleiner als die, die sie erwarten. Entsprechend werden auch die Erlöse kleiner als erwartet ausfallen. Deshalb werden die Unternehmen ihre Produktion und ihre Arbeitsnachfrage nicht ausdehnen. Solange das erwartete Preisniveau größer als das tatsächliche Preisniveau ist, bleibt diese unerfreuliche Situation bestehen.

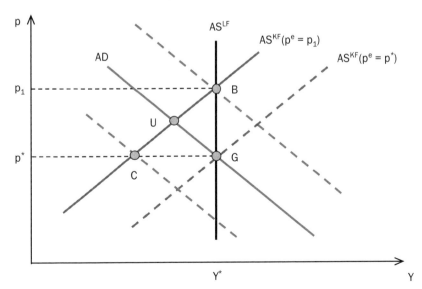

Abbildung 59: Inflationserwartungen im AD / AS-Modell

Nun sind zwei gegensätzliche Stabilisierungsstrategien denkbar:

- Um die konjunkturelle Arbeitslosigkeit zu senken, könnte die Regierung versucht sein, kurzfristig die Staatsausgaben zu steigern. Setzt sie das um, dann würde sich die AD-Kurve nach rechts verschieben. Wird dabei der Punkt B erreicht, dann wäre über eine Lohn-Preis-Spirale der gleichgewichtige Reallohn wieder erreicht. Zudem stimmen Preise und Preiserwartungen wieder überein ($p^e = p_1$). Im Vergleich zu G ist der Geldwert gesunken, ohne dass sich realwirtschaftlich irgendetwas geändert hätte.

- Das steigende Preisniveau könnte die Zentralbank veranlassen, das Geldangebot zurückzuschrauben und damit die Intentionen der Regierung zu durchkreuzen. In diesem Fall würde sich die AD-Kurve nach links verschieben. Von U aus ginge die Reise in Richtung C. Ohne Frage würde dadurch das konjunkturelle Beschäftigungsproblem zunehmen und auch die Outputlücke würde größer. Allerdings gilt im Punkt C das zuvor in G gültige Preisniveau. Gelingt es der Zentralbank, durch eine glaubwürdige Politik (**credibility**) die Preiserwartungen p^e zu dämpfen, dann bewegt man sich auf einer Schar kurzfristiger Angebotskurven nach einem längeren Anpassungsprozess zurück nach G. Damit ist die konjunkturelle Arbeitslosigkeit wieder abgebaut, der Preis ist aber eine „Durststrecke" mit niedriger Produktion und geringer Beschäftigung.

Erwarten die Wirtschaftssubjekte dagegen ein niedrigeres Preisniveau als p^*, dann verschiebt sich die kurzfristige AS-Kurve vom Punkt G aus nach unten. Das Preisniveau sinkt dann tatsächlich. Besteht die Gefahr einer Deflation, dann könnten Staat und Zentralbank durch eine expansive Stabilisierungspolitik die Preiserwartungen wieder etwas steigern und damit wieder den alten Gleichgewichtspunkt erreichen. In diesem Falle lägen also **vereinbare Interessen von Regierung und Zentralbank** vor, so dass das oben skizzierte Dilemma – die Wahl zwischen Inflation und Arbeitslosigkeit – nicht entstehen würde.

Nach der Schule der **rationalen Erwartungen** werden die Preiserwartungen langfristig und im Mittel immer richtig sein ($p = p^e$). Demnach hätten stabilitätspolitische Impulse von Staat und Zentralbank nur dann eine Wirkung auf Produktion und Beschäftigung, wenn sie von den Wirtschaftssubjekten nicht erwartet werden. Die richtige Dosierung der Stabilisierungspolitik ist daher schwierig. Sie scheint aber auch gar nicht nötig, weil die Wirtschaft wegen $p = p^e$ langfristig zum Gleichgewicht G tendiert. Damit rückt diese Schule an das neoklassische Paradigma heran.

» Zusammenfassung

- Das makroökonomische Standardmodell wird auch als keynesianisch-neoklassische Synthese bezeichnet. Die gesamtwirtschaftliche Nachfrage (AD) baut auf dem IS / LM-Modell auf und umfasst den Geldmarkt und die Güternachfrage. Die Modellierung des gesamtwirtschaftlichen Angebots (AS) bildet den Arbeitsmarkt und das Güterangebot eher neoklassischen Vorgaben folgend ab.

- Das AD / AS-Modell basiert auf der Überlegung, dass Vollauslastungssituationen, in denen eine zusätzliche Nachfrage ausschließlich Inflationswirkungen hat, genauso selten sind wie eine extreme Unterauslastung, in denen sich keinerlei Inflationswirkungen ergeben. Eine zusätzliche Nachfrage des Staates lässt Produktion und Beschäftigung ebenso steigen wie das Preisniveau.

- Ein Nachfrageschock äußert sich im Standardmodell als Linksverschiebung der AD-Kurve. Der dadurch verursachte Rückgang von Produktion und Beschäftigung kann relativ problemlos durch eine expansive Fiskalpolitik und eine expansive Geldpolitik bekämpft werden. Im Falle eines Angebotsschocks ist dies wegen dem damit verbundenen Preisschubs nicht so einfach.

- Mit neuklassischen Modellen, die u. a. rationale Erwartungen unterstellen, ergibt sich eine andere Akzentuierung. Wenn die Marktteilnehmer die Preiseffekte der Konjunkturpolitik richtig antizipieren, dann ist Konjunkturpolitik wie im neoklassischen System wirkungslos.

» Wichtige Begriffe

Expansive Fiskalpolitik, kontraktive Geldpolitik, Unterbeschäftigungsast, Nachfrageschock, Stagflation, Lucas-Angebotsfunktion.

» Aufgaben

1 Zeigen Sie ausgehend von einem IS/LM-Modell graphisch:

a) In der Liquiditätsfalle verläuft die AD-Kurve nahezu horizontal.

b) Wenn die Investitionsnachfrage kaum auf sinkende Zinsen reagiert (Investitionsfalle), verläuft die AD-Kurve nahezu vertikal.

2 Erklären Sie, warum die AS-Kurve kurzfristig steigt und langfristig senkrecht verläuft.

3 Was verstehen Sie unter einem Nachfrageschock? Beschreiben Sie dessen Effekte auf dem Gütermarkt, auf dem Geldmarkt und auf dem Arbeitsmarkt. Zeigen Sie in einem AD/AS-Diagramm, welche Optionen Regierung und Zentralbank haben.

4 Ergänzen Sie das IS/LM Modell aus Kapitel 6 (Aufgabe 2) um den Realkasseneffekt $M/p = L$ und um folgende Angaben zum gesamtwirtschaftlichen Angebot:

$$A^A = 1.600, \quad Y^S = 200 * \sqrt{A^N} \text{ und damit } A^N = \left(\frac{100p}{w}\right)^2.$$

- Ermitteln Sie die AD-Kurve, die AS-Kurve und das gesamtwirtschaftliche Gleichgewicht bei einem Lohnsatz von $w = 5$.

- By the way: Warum folgt aus der obigen Produktionsfunktion die genannte Arbeitsnachfrage?

- Welches neue Gleichgewicht ergibt sich, wenn sich der Nominallohn w verdoppelt?

5 Recherchieren Sie Begründungen zur Vergabe des Nobelpreises an Robert Lucas und fassen Sie die wichtigsten Argumente der Theorie der rationalen Erwartungen zusammen.

Kapitel 8
Makroökonomie offener Volkswirtschaften

Bisher wurde vereinfachend eine geschlossene Volkswirtschaft betrachtet. Dabei fand das Ausland keine Berücksichtigung. Folglich blieben Exporte und Importe oder der internationale Kapitalverkehr unbeachtet. Deutschland ist als Teil der Europäischen Union aber eng mit dem Ausland verflochten. Im Jahr 2011 wurden erstmals mehr als die Hälfte der im Inland hergestellten Waren und Dienstleistungen exportiert. Dem standen ebenfalls umfangreiche Importe gegenüber. Deutsche Unternehmen investieren im Ausland, und Ausländer erwerben Forderungen gegenüber dem Inland. Deutschland ist also eine offene Volkswirtschaft, die den Einflüssen auf den internationalen Märkten unterliegt. Diese Aspekte sollen in diesem Kapitel etwas näher betrachtet werden.

» Lernziele

- Die Studierenden kennen den grundsätzlichen Aufbau einer Zahlungsbilanz. Sie können aktuelle Zahlungsbilanzsituationen beurteilen.
- Die Studierenden lernen mit dem Wechselkurs eine weitere wichtige makroökonomische Variable kennen. Sie können in einem Marktdiagramm zeigen, wie der Preis der Auslandswährung auf Veränderungen der weltwirtschaftlichen Rahmenbedingungen reagiert und können erklären, wie Interventionen der Zentralbanken auf Devisenmärkten funktionieren.
- Sie wissen, dass die wechselseitigen internationalen Abhängigkeiten in einem Fixkurssystem unmittelbarer sind als bei flexiblen Wechselkursen.
- Die Studierenden kennen die Kriterien des Stabilitäts- und Wachstumspakts (Euro-Stabilitätspakt) und können sie den Voraussetzungen für einen optimalen Währungsraum gegenüberstellen. Sie sind in der Lage, Chancen und Risiken gemeinsamer Währungsräume zu benennen.
- Die Studierenden können das Mundell / Fleming-Modell anwenden, um die Wirkungen konjunkturpolitischer Maßnahmen von Regierung und Zentralbank in einem Festkurssystem und einem System flexibler Wechselkurse zu bestimmen.

1   Die Zahlungsbilanz

Die **Zahlungsbilanz** erfasst die grenzüberschreitenden Transaktionen eines Landes. Man mag darüber streiten, ob es in Zeiten der Europäischen Union und der Europäischen Währungsunion noch zeitgemäß ist, deutsche Zahlungsbilanzen zu erstellen und zu analysieren. Es gibt gute Gründe, die Europäische Union ökonomisch als Inland zu begreifen. Dennoch wird im Folgenden Bezug auf die Bundesrepublik genommen, wenn empirische Befunde kommentiert werden. Zahlungsbilanzdaten für die Bundesrepublik werden regelmäßig von der Deutschen Bundesbank veröffentlicht.

Tabelle 10 zeigt das Schema einer Zahlungsbilanz. Sie erfasst links die Zahlungseingänge (vereinfachend: Devisenzuflüsse). Entsprechend sind rechts Transaktionen erfasst, die mit einem Devisenabfluss verbunden sind. Mit der Zahlungsbilanz kann man folglich ermitteln, wie sich die Devisenreserven einer Volkswirtschaft in einem bestimmten Zeitraum verändert haben.

Die Teilbilanzen der Zahlungsbilanz sind die Leistungsbilanz und die Kapitalbilanz. Während Letztere die Vermögensänderungen gegenüber dem Ausland abbildet, gibt die Leistungsbilanz eine Übersicht über den Fluss von Güter- und Faktorleistungen zwischen In- und Ausland. Folgende Unterbilanzen der **Leistungsbilanz** werden unterschieden:

- Die **Handelsbilanz** erfasst die Warenexporte und die Warenimporte – im Falle Deutschlands also beispielsweise den Verkauf von Maschinen an Frankreich oder den Kauf von Erdgas aus Russland.

- Die **Dienstleistungsbilanz** stellt beispielweise den Urlaub von Deutschen am Mittelmeer als Import dar, während Ingenieurleistungen für einen arabischen Kunden Dienstleistungsexporte sind und daher auf der linken Seite gebucht werden.

- Bei der Diskussion des **Inlandskonzepts** bzw. des Inländerkonzepts im Kapitel zu den Volkswirtschaftlichen Gesamtrechnungen wurden die Einkommen von Ausländern im Inland und die Einkommen von Inländern im Ausland angesprochen. Sie tauchen hier wiederum als Saldo der **Bilanz der Erwerbs- und Vermögenseinkommen** auf. Die Einkommen von Inländern im Ausland bedeuten dabei einen Devisenzufluss.

- **Übertragungen** sind Zahlungen ohne Anspruch auf eine konkrete Gegenleistung. Binnenwirtschaftlich können dies Steuern oder Sozialleistungen des Staates sein. In den internationalen Wirtschaftsbeziehungen sind dies u. a. (Netto-)Zahlungen an internationale Organisationen.

Devisenzufluss	Teilbilanz	Devisenabfluss
Exporte:	LEISTUNGSBILANZ	Importe:
Warenexporte	Handelsbilanz	Warenimporte
Einnahmen aus Dienstleistungsexporten	Dienstleistungsbilanz	Ausgaben für Dienstleistungsimporte
Einkommen von Inländern im Ausland	Bilanz der Erwerbs- und Vermögenseinkommen	Einkommen der Ausländer im Inland
Empfangene Übertragungen	Übertragungsbilanz	Geleistete Übertragungen
	KAPITALBILANZ	
Kapitalimport: Zunahme von Forderungen gegenüber Inländern: ■ Direktinvestitionen auf dem heimischen Markt ■ Kauf inländischer Wertpapiere durch Ausländer ■ Kreditaufnahme von Inländern im Ausland		Kapitalexport: Zunahme von Forderungen gegenüber Ausländern: ■ Direktinvestitionen von Inländern im Ausland, ■ Kauf ausländischer Wertpapiere durch Inländer, ■ Kreditaufnahme von Ausländern im Inland
	DEVISENBILANZ	
Abnahme der Währungsreserven		Zunahme der Währungsreserven

Tabelle 10: Schema der Zahlungsbilanz

Der zusammengefasste Saldo aller vier Unterbilanzen ist der **Leistungsbilanzsaldo**. Unter diesen Positionen war bisher Deutschlands Dienstleistungsbilanz defizitär – nicht zuletzt wegen der intensiven Auslandsreisen der Deutschen. Der Saldo der Handels- und der Dienstleistungsbilanz entspricht zusammengenommen dem Außenbeitrag, der in der Verwendungsgleichung des Bruttoinlandsprodukts in Kapitel 1 eine Rolle spielte.

Zudem weist die Übertragungsbilanz regelmäßig Nettodevisenabflüsse auf. Deutschland leistet mit anderen Worten mehr Übertragungen als es aus dem Ausland erhält. Darunter befinden sich überwiegend staatliche Leistungen – größter Posten in diesem Zusammenhang sind die Nettobeiträge an die Europäische Union. Hinzu kommen Zahlungen von in Deutschland lebenden und arbeitenden Ausländern an ihre Heimatländer. Soll die deutsche Leistungsbilanz also ausgeglichen sein, dann muss die Handelsbilanz einen gewissen Überschuss ausweisen, um die defizitären Unterbilanzen auszugleichen. Allerdings wies die deutsche Leistungsbilanz seit 2000 jährlich einen Überschuss im dreistelligen Milliardenbereich aus.

Ein solcher Überschuss könnte zu einer **Zunahme der Devisenreserven** führen. Man würde dann also Fremdwährungen und Goldreserven anhäufen. In Deutschland war dies in den letzten Jahren nicht der Fall, so dass der Überschuss der Leistungsbilanz automatisch eine **defizitäre Kapitalbilanz** bedeutet. Mit anderen Worten hat Deutschland in den vergangenen Jahren erhebliche Vermögenszuwächse gegenüber dem Ausland realisiert. Oder schlichter formuliert: Die Überschüsse im Warenhandel führen dazu, dass Deutschland Vermögen im Ausland erwirbt.

Es gilt: $EX + KIM = IM - KEX$
oder
$EX - IM = KEX - KIM$.

Ein Überschuss in der Leistungsbilanz entspricht dann einem Defizit in der Kapitalbilanz. Dies zeigt Abbildung 60 für ausgewählte deutsche Zahlungsbilanzpositionen der Jahre 2008 bis 2012. Die Leistungsbilanzüberschüsse von 150 bis 180 Mrd. € führten nahezu im gleichen Umfang zu einem Forderungserwerb im Ausland. Dieser bezog sich auf den Kauf von Wertpapieren, Beteiligungen an ausländischen Unternehmen mit dem Ziel, einen Einfluss auf deren Geschäftstätigkeit zu erlangen (**Direktinvestitionen**) sowie auf übrige Kapitalverkehrsaktivitäten, bei denen Finanz- und Handelskredite sowie Veränderungen auf ausländischen Bankkonten im Vordergrund stehen.

Außenhandel und Kapitalverkehr sind schwer voneinander zu trennen. Verkauft beispielsweise ein deutscher Automobilkonzern Automobile im Ausland, so steigen dadurch die Nettoexporte. Das deutsche Unternehmen gewährt dabei einen kurzfristigen Handelskredit. Mittelfristig erhält es Auslandswährung, beispielsweise Dollar. Diese könnte es sich einem Auslandskonto gutschreiben lassen oder in Inlandswährung umtauschen. Beides wäre „übriger Kapitalverkehr". Längerfristig könnte der Konzern oder die Bank, die die Dollarerlöse in Inlandswährung getauscht hat, die Devisen nutzen, um ausländische Aktien oder Wertpapiere zu kaufen. Alternativ könnte der Automobilkonzern seine Dollarerlöse aber auch nutzen, um im Ausland Unternehmensbeteiligungen zu kaufen. Schließlich könnten durch Direktinvestitionen auch Handels- oder Produktionsstandorte im Ausland entstehen.

Medienberichte und Stellungnahmen von Unternehmervertretern unterstreichen die deutschen **Leistungsbilanzüberschüsse** und werten dies häufig als „good news". Mikroökonomisch betrachtet mag das zutreffen. Einzelne Unternehmen oder Branchen gelten international als besonders wettbewerbsfähig. Außerdem sichert der Export in einem beachtlichen Ausmaß inländische Arbeitsplätze. Aus gesamtwirtschaftlicher Sicht erscheinen diese Argumente als fragwürdig. Übermäßige Außenhandelsüberschüsse lassen keine Gleichgewichte auf den internationalen Märkten zu. Da die Überschüsse des einen die Defizi-

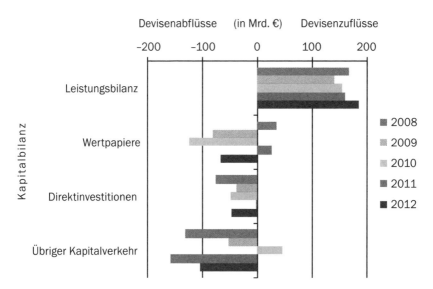

Quelle: Deutsche Bundesbank

Abbildung 60: Wichtige Positionen der Zahlungsbilanz 2008 – 2012

te des anderen sein müssen, greifen Schuldzuweisungen allein an Defizitländer meist zu kurz.

Wann kann man vor dem Hintergrund der Zahlungsbilanz also von einem außenwirtschaftlichen Gleichgewicht sprechen? Bis zum ersten Weltkrieg galt das Anhäufen von Goldreserven als außenwirtschaftlicher Erfolgsindikator. Entsprechend wurden schwindende Reserven als problematisch angesehen. Ein strikteres Gleichgewichtskonzept würde darauf abzielen, dass sich die Devisenreserven möglichst nicht verändern. Dies lässt aber Leistungsbilanzüberschüsse und -defizite zu, sofern sie durch entsprechende Ungleichgewichte in der Kapitalbilanz gedeckt sind. Damit verändern sich aber die Vermögenspositionen einzelner Staaten. Während beispielsweise Deutschland seit Jahren einen Überschuss in der Leistungsbilanz mit einem entsprechenden **Nettokapitalexport** ausweist, sind beispielweise die USA ein Land, das Defizite in der Leistungsbilanz regelmäßig durch den Verkauf von Vermögenspositionen an Ausländer finanziert. In der Logik der Volkswirtschaftlichen Gesamtrechnungen sparen also die Überschussländer für die Defizitländer. Wenn man dies ausschließen will, wäre ein Ausgleich sowohl der Leistungsbilanz (*EX = IM*) und der Kapitalbilanz (*KIM = KEX*) zu fordern. Möglicherweise ist es aber auch sinnvoll, in diese Betrachtung Veränderungen von Wechselkursen einzubeziehen. Dies geschieht im folgenden Abschnitt.

Fallstudie 10: Die deutsche Zahlungsbilanz

In ihren Monatsberichten weist die Deutsche Bundesbank regelmäßig Daten zur Zahlungsbilanzstatistik aus und kommentiert diese – wie z. B. im März 2013 („Die deutsche Zahlungsbilanz für das Jahr 2012"). Sie schreibt: „Nach dem neuen Rechenstand übertrifft der Leistungsbilanzüberschuss seit mehr als fünf Jahren den Schwellenwert von 6 % des BIP, der im Rahmen der EU-Verfahren zur Überwachung makroökonomischer Ungleichgewichte von Bedeutung ist. Vor dem Hintergrund der bestimmenden Einflussfaktoren ist es jedoch nicht angezeigt, Maßnahmen zur kurzfristigen Belebung der Binnennachfrage in Deutschland zu ergreifen. Gefordert sind vielmehr politische Anstrengungen, den notwendigen Anpassungsprozess in den Krisenländern fortzuführen und einen tragfähigen institutionellen Rahmen für die Währungsunion insgesamt zu schaffen. Dann wird sich die Unsicherheit nachhaltig verringern, was eine Rückführung der deutschen Überschussposition unterstützt."

Kommentieren Sie die oben skizzierte Position der Bundesbank und finden Sie Gegenpositionen dazu.

2 Devisenmarkt und Wechselkurs

Da souveräne Staaten eine eigene Währung haben und auch eine eigenständige Geldpolitik betreiben, benötigt man im Außenhandel einen Relativpreis, der internationale Transaktionen ermöglicht. Diese Relation ist der Wechselkurs, der als weitere endogene Variable in diesem Kapitel über die offene Volkswirtschaft hinzukommt.

Der **Wechselkurs** in der Mengennotierung gibt an, wie viele ausländische Währungseinheiten man für eine inländische Währungseinheit bekommt. Beschränkt man die Betrachtung auf den Euroraum und die USA, dann bedeutet ein Wechselkurs von 1,25, dass man für einen Euro 1,25 Dollar erhält. Kostet eine Gitarre in den USA ab Werk also beispielsweise $ 400, dann müsste ein europäisches Handelsunternehmen beim genannten Wechselkurs dafür € 320 zahlen. Wird der Euro aufgewertet, dann steigt der Wechselkurs. Nimmt der Wert der Inlandswährung um 10 % auf 1,375 zu, dann muss der europäische Importeur nur noch € 288 zahlen. Der Wechselkurs zeigt also die **Kaufkraft der Inlandswährung im Ausland** an – deshalb heißt der Wechselkurs in der Mengennotierung auch **Außenwert**.

Der Wechselkurs in der Preisnotierung ist der Kehrwert des Außenwertes: $e = €/\$$ gibt den Wert der Inlandswährung an. Muss man für einen Euro also wie oben 1,25 $ zahlen, dann kostet ein Dollar umgekehrt 0,80 €. Der Wechselkurs ist der in Euro ausgedrückte Wert der Auslandswährung. Wird der Euro aufgewertet, dann sinkt mit dem Wechselkurs der Preis der Auslandswährung. Während die Wirtschaftspresse eher über die Entwicklungen des Außenwerts berichtet, geht in makroökonomische Modelle der offenen Volkswirtschaft im Allgemeinen der Wechselkurs ein.

Die Devisennachfrage fällt mit steigendem Wechselkurs, während das Devisenangebot umgekehrt steigt. Grundsätzlich funktioniert der **Devisenmarkt** wie ein beliebiger Markt. Der Wechselkurs als Preis der ausländischen Währung bildet sich durch den Ausgleich von Angebot und Nachfrage. Hier ist es wieder hilfreich, nur den Dollarraum und den Euroraum zu betrachten. In Abbildung 61 stellt Punkt G_0 den Ausgleich von Dollar-Nachfrage und Dollar-Angebot bei einer gehandelten Menge D_0^* in einer beliebigen Ausgangssituation dar. Der Wechselkurs e_0^* gibt den Preis für einen Dollar in Inlandswährung an, bei dem die Zahlungsbilanz gerade ausgeglichen ist. Der Außenwert ergibt sich auf der umgekehrt eingezeichneten zweiten Hochachse als Preis des Euros gemessen in Dollar.

Nun soll das Dollarangebot zunehmen – beispielsweise weil die amerikanische Zentralbank europäische Wertpapiere kauft. Sie wirft damit Dollars auf den Markt. Der entstehende Angebotsüberschuss kann nur abgebaut werden, wenn der Wechselkurs auf e_1^* sinkt:

- der sinkende Wechselkurs regt u. a. die Importe an, so dass man sich entlang der $-Nachfrage zwischen G_0 und G_1 bewegt.
- Gleichzeitig werden durch den fallenden Dollar inländische Produkte und Vermögenswerte in Auslandswährung gemessen teurer, was den Devisenzufluss dämpft. Man bewegt sich also auf der Angebotskurve $-A_1 ebenfalls in Richtung G_1.

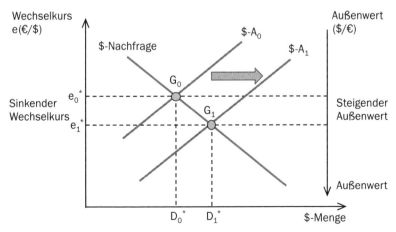

Abbildung 61: Preisbildung am Devisenmarkt

Diese Anpassungsmechanismen sind beendet, wenn der Angebotsüberschuss abgebaut und die Zahlungsbilanz bei $D_1{}^*$ wieder ausgeglichen ist. An der rechten umgekehrten Achse erkennt man: In der Mengennotierung bedeutet der niedrigere Wechselkurs einen gestiegenen Außenwert. Die Kaufkraft der Inlandswährung hat zugenommen. Die Wirtschaftspresse spricht dann oft von einem „starken Euro".

Damit hängt die Entwicklung des Wechselkurses von den Lageparametern der Devisennachfrage und des Devisenangebotes ab. Was also verschiebt in Abbildung 61 die $-Nachfrage oder das $-Angebot? In der nachfolgenden Tabelle sind einige Einflussfaktoren aufgeführt. Nimmt beispielsweise unter sonst gleichen Bedingungen das **Welthandelsvolumen** aufgrund einer verbesserten Weltkonjunktur zu, dann wird über steigende Exporte das Devisenangebot zunehmen. Ohne weitere mögliche Folgeeffekte auf die Inlandskonjunktur oder die Inlandspreise zu betrachten, könnte dies den Dollar abwerten. Ähnliches gilt für die **Preisentwicklung**. Ist zu beobachten, dass die Inflationsrate im Inland meist kleiner ist als die ausländische Geldentwertung, dann könnte dies ebenfalls einen Abwertungsdruck gegenüber dem Dollar begründen.

Liegen die langfristigen **Zinsen** im Ausland über den Inlandszinsen, dann könnte dies – wiederum ceteris paribus – zunehmende Nettokapitalexporte begründen. Die Dollar-Nachfrage verschiebt sich nach außen. Durch die Attraktivität der Auslandsanlagen würde der Dollar unter sonst gleichen Bedingungen „stärker". Alles dies wird von den **Erwartungen** über zukünftige Inflationsraten, Zinsdifferenzen und Wechselkurse überlagert. Eine heutige Zinsdifferenz sagt wenig aus, wenn dem zu erwartende Wechselkursverluste gegenüberstehen. In diesem Falle müssten Anleger Wechselkursrisiken berücksichtigen und gegebenenfalls absichern.

Devisenangebot	Devisennachfrage
EXPORT Weltkonjunktur, Welthandel (+) Relativer Exportpreis p / p^A (−) Präferenzen, Verfügbarkeit …	IMPORT Inlandskonjunktur (+) Relativer Importpreis p^A / p (−) Transportkosten, Handelspolitik …
KAPITALIMPORT Produktivität / Wettbewerbsfähigkeit der inländischen Industrie (+) Größe des Inlandsmarktes (+), Zinsdifferenzen zwischen Inland und Ausland $r^A − r$ (−) Zins-, Inflations- und Wechselkurs- erwartungen …	KAPITALEXPORT Produktivität / Wettbewerbsfähigkeit des Auslands (+) Größe des Auslandsmarktes (+) Zinsdifferenzen zwischen Inland und Ausland $r^A − r$ (+) Zins-, Inflations- und Wechselkurs- erwartungen …

Tabelle 11: Lageparameter von Devisenangebot und Devisennachfrage

Liegt beispielsweise die Verzinsung amerikanischer Wertpapiere bei gleicher Laufzeit und Bonität um 2 %-Punkte über der inländischer Wertpapiere, dann sollte der Dollar höchstens 2 % abwerten, damit sich die Anlage im Ausland lohnt. Ein Anleger investiert 10.000 € in den USA. Wenn sich dies zu 6 % verzinst, erhält er bei einem Wechselkurs von 0,80 €/$ Wertpapiere zu 12.500 $. Nach einem Jahr erhält er einschließlich Zinsen 13.250 $ zurück. Beide Renditen sind gleich, wenn der Wechselkurs nach einem Jahr bei 10.400 € / 13.250 $ = 0,785 €/$ steht.

Während die Wirkungen exogener Variablenänderungen auf den Wechselkurs unter ceteris paribus-Bedingungen relativ klar sind, kann man im Wechselspiel aller Effekte auf Devisennachfrage und -angebot kaum mehr als Tendenzen zur künftigen Wechselkursentwicklung formulieren. Die bekanntesten „Daumenregeln" sind:

- **Kaufkraftparitäten**: Langfristig gleichen Wechselkurse internationale Inflationsunterschiede aus. Inflationsstabilere Länder würden deshalb zu Aufwertungen neigen, Länder mit hohen Inflationsraten eher zu Abwertungen.

- **Produktivitätsgaps**: Länder mit höherem Produktivitätswachstum sind in der Lage, Kostensteigerungen in Grenzen zu halten. Sie sind daher tendenziell Länder mit der stabileren Währung. Dagegen sind Länder mit geringen Produktivitätsfortschritten häufig gezwungen, durch Abwertungen der Inlandswährung international wettbewerbsfähig zu bleiben.

- **Zinsparitäten**: Vergleichbare Risiken und vollständige internationale Kapitalmobilität vorausgesetzt können sich Langfristzinsen international nicht unterscheiden, wenn unveränderte Wechselkurse erwartet werden. Sind die Zinsen im Inland höher als im Ausland, dann wird die Inlandswährung mit dem Devisenzufluss aufwerten.

Um es abschließend deutlich zu sagen: Es gibt bisher keine leistungsfähige Theorie, mit der sich schwankende Wechselkurse prognostizieren ließen. Neben der Vielzahl denkbarer und meist kaum abschätzbarer Einflüsse auf den Devisenmärkten sind die Erwartungen der Marktteilnehmer von herausgehobener Bedeutung. Je kurzfristiger die Voraussage sein soll, desto weniger zuverlässig ist sie. Mit anderen Worten: In der Realität beobachtbare Wechselkursschwankungen sind heutzutage in immer größerem Maße durch spekulative Marktveränderungen beeinflusst bzw. nennenswert überlagert, die zumindest teilweise durch die Automatismen verwendeter Hochleistungscomputermodelle noch verstärkt werden. In einer längeren Frist sollten die angesprochenen „Daumenregeln" aufgrund der Entwicklung der fundamentalen Einflussgrößen die Richtung der zu erwartenden Wechselkursänderungen allerdings meist recht zuverlässig vorgeben.

3   Feste Wechselkurse und Wechselkurseffekte

Grundsätzlich können sich Wechselkurse frei auf den Devisenmärkten bilden. Flexible Wechselkurse haben aber den Nachteil, dass sich durch regelmäßige Wechselkursschwankungen im Außenhandel Unsicherheiten ergeben, die zu Transaktionskosten führen. Dies können u. a. die Kosten für Kurssicherungsgeschäfte sein. Derartige Kosten treten in Systemen mit festen Wechselkursen nicht auf. Allerdings müssen sich Regierungen und Zentralbanken dann darauf verständigen, die Währungsparitäten zu stabilisieren und die vereinbarten Paritäten nur von Zeit zu Zeit an die veränderten ökonomischen Realitäten anzupassen. Dabei handelt es sich um sogenannte **realignments**.

In Abbildung 62 ist angenommen, der Wechselkurs tendiere aufgrund der bereits beschriebenen Angebotsausweitung gegen e_1^*. Der Euroraum und der Dollarraum hätten aber einen Kurs mit einer **Bandbreite** zwischen e_{max} und e_{min} vereinbart. Um diese Bandbreite zu halten, müssten die Zentralbanken – meist in einer gemeinsamen Aktion – **Stützungskäufe** zugunsten des Dollars vornehmen. Damit verliefe die Devisennachfrage ab e_{min} vollkommen elastisch. Nachfrageüberschüsse müssten durch Aufstockung der Währungsreserven der europäischen Zentralbank einerseits sowie durch Dollarkäufe und eine somit restriktive Geldpolitik der US-Zentralbank andererseits absorbiert werden.

Die Devisennachfrage wäre zum Kurs e_{min} im Punkt U kleiner als das zugehörige Devisenangebot. Der Angebotsüberschuss würde durch die skizzierten **Deviseninterventionen** der Zentralbanken abgebaut. Zwei Probleme können sich ergeben:

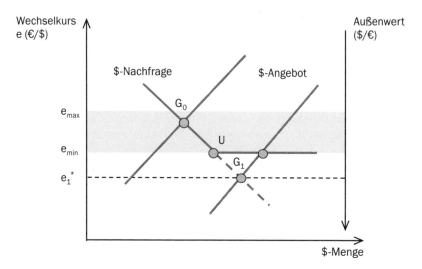

Abbildung 62: Stützungskäufe in einem System fester Wechselkurse

- die Zentralbanken geben ihren alleinigen Einfluss auf die Geldbasis und damit ihre Autonomie auf. Durch die Bilanzverlängerung (Aktiva: Währungsreserven, Passiva: Notenumlauf) steigt das Geldangebot im Euroraum – mit absehbaren Folgen für die geldpolitischen Zielgrößen.
- Umgekehrt verkauft die US-Zentralbank ihre Währungsreserven. Da Währungsreserven endlich sind, kann nicht dauerhaft gegen den Markt interveniert werden. Devisenspekulanten greifen deshalb oft mit Erfolg die zu verteidigende Bandbreite an.

Werden feste Wechselkurse vereinbart, dann ist eine **eigenständige Geldpolitik unmöglich**. Steigt wegen der Dollar-Stützungskäufe die Geldbasis im Euroraum, dann wird über den Geldbasismultiplikator ein großzügigeres Geldangebot kaum zu verhindern sein. Nach der neoklassischen Quantitätstheorie wird dies tendenziell die Inflation anfachen.

Allerdings sind auch stabilisierende **Währungsmechanismen** zu berücksichtigen:

- Ein steigendes Preisniveau im Euroraum könnte die Exporte dämpfen (sinkendes $-Angebot) und die Importe anregen (steigende $-Nachfrage). Dies ist der **Geldangebots-Preis-Mechanismus**.
- Durch das zunehmende Geldangebot würden die Zinsen tendenziell sinken und die Investitionen angeregt. Über die steigende Produktion würden in diesem Multiplikatormodell mehr Importe benötigt. Schließlich würde sich die $-Nachfrage nach rechts verschieben. Dieser eher keynesianisch anmutende Zusammenhang ist der **Geldangebots-Einkommens-Mechanismus**.

Aus diesen Gründen geriete ein ursprünglich starker Euro unter Abwertungsdruck, der Wechselkurs würde in die Bandbreite zurückkehren und dauerhafte Interventionen der Zentralbanken würden abgewendet.

Diese Sicht vernachlässigt jedoch, dass Anleger Erwartungen bilden und gemäß diesen **Erwartungen** ihre Dispositionen treffen. Ist „big money" – also Banken, Fonds und Großanleger – der Meinung, dass eine vereinbarte Währungsparität nicht zu halten sein wird, dann werden diese Akteure gegen die schwache Währung spekulieren. Die Erfahrung zeigt, dass die Zentralbanken selbst im Verbund Währungsparitäten kaum „verteidigen" können, die den allgemeinen Erwartungen des mittlerweile weltweit integrierten Finanzmarktes zuwiderlaufen.

Wechselkurse haben im internationalen Handel und Kapitalverkehr eine wichtige regulierende Funktion. Sie können die inländische Wirtschaft gegen Einflüsse auf den internationalen Märkten abschirmen. Dies können sie aber nur, wenn sie flexibel sind. Werden dagegen feste Wechselkurse vereinbart, dann geht die **Pufferfunktion von Wechselkursen** naturgemäß verloren.

Importierte Inflation könnte sich ergeben, wenn die Teuerungsrate im Ausland höher ist als im Inland, ohne dass der Wechselkurs entsprechend angepasst wird. Die Inflationsübertragung erfolgt über die teurer werdenden Importe. Importierte Rohstoffe, aber auch Waren und Dienstleistungen führen dann zu steigenden Kosten. Nach der Kaufkraftparitätentheorie gilt

$$p\,(\text{€}) = e\,(\text{€}/\$)\;p^A\,(\$).$$

Ein schwacher Dollar würde sich am sinkenden Wechselkurs ablesen lassen und das Inland könnte der Inflationsübertragung zumindest entgegenwirken. Bei festen Wechselkursen fällt dieser Puffer weg, der **internationale Preiszusammenhang** wirkt unmittelbar.

Sind die Wechselkurse innerhalb bestimmter Bandbreiten fixiert, dann verstärkt dies auch den **internationalen Zinszusammenhang.** Liegen die langfristigen Zinsen im Dollarraum deutlich höher als im Euroraum, dann schichten internationale Anleger ihr Vermögen in Dollar-Anlagen um. Wenn die Anleger von gegebenen Währungsparitäten ausgehen, senkt das zusätzliche Kapitalangebot die Zinsen im Dollarraum und steigert die Zinsen im Euroraum. Obwohl unterschiedliche Zinsen aufgrund abweichender konjktureller Situationen manchmal wünschenswert sind, lässt das Fixkurssystem derartige Unterschiede nicht zu, wenn die Finanzmärkte hinreichend integriert sind. Auch hier zeigt sich: Nur flexible Wechselkurse schaffen Spielräume, innerhalb derer die Zentralbanken unabhängig voneinander agieren können.

Kommen wir abschließend zur internationalen **Konjunkturübertragung.** Eine Rezession im Dollarraum äußert sich dadurch, dass deutsche Exporteure dort weniger Güter absetzen können. Bei zunächst unveränderten deutschen Importen könnte dies den Wechselkurs steigern und den Euro entsprechend schwächen. Dadurch würden deutsche Exportgüter in den USA günstiger und Importe aus dem Dollarraum bei uns teurer. Bei flexiblen Wechselkursen würde also auch die Konjunkturübertragung gedämpft. Dagegen büßen Regierungen und Zentralbanken bei festen Wechselkursen erheblich an Handlungsspielräumen ein.

Ohne Frage haben feste Wechselkurse nicht zu vernachlässigende Vorteile. Die geringeren Transaktionskosten sind vor allem dann von Bedeutung, wenn durch das allmähliche Zusammenwachsen von Wirtschaftsräumen regelmäßige Währungskrisen und hektische Wechselkursanpassungen weitgehend ausgeschlossen sind. Ist dieser Grad von **Währungsintegration** nicht gegeben, dann sind Fixkurssysteme vor allem für „big money" von Vorteil. Spekulanten sind während der letzten europäischen Währungskrise Anfang der Neunzigerjahre dadurch märchenhaft reich geworden, dass sie Regierungen durch massive Spekulation gegen bestimmte Wechselkursparitäten auf einige ökonomische Grundregeln hingewiesen haben und schließlich Wechselkursanpassungen erzwungen haben.

Fallstudie 11: Starke DM, schwache Lira

Hat ein Land regelmäßig geringere Produktivitätsfortschritte als ein anderes, dann verliert dieses Land zunehmend an preislicher Wettbewerbsfähigkeit. Während dies die Exporte dämpft, nehmen die Importe zu. Bei

flexiblen Wechselkursen könnte dies unter Umständen automatisch angepasst werden. In einem Fixkurssystem gerieten die Währungen zunehmend
unter Anpassungsdruck, weil Anleger dann eine Korrektur der Währungsparitäten erwarten würden. Auch in einem System fester Wechselkurse
müssen die Bandbreiten von Zeit zu Zeit angepasst werden. Der Wechselkurs hat also auch hier eine wichtige Funktion als Regulativ.

**Finden Sie heraus, wie oft der Kurs der italienischen Lira während
des europäischen Währungssystems in den Achtziger- und Neunzigerjahren angepasst wurde und wie sich der Wechselkurs zwischen
Deutschland und Italien entwickelte.**

4   Die Europäische Währungsunion

Anders als in einem System fester Wechselkurse findet in einer Währungsunion
nicht einmal mehr eine gelegentliche Anpassung der Paritäten statt (realignments). Die nationale Währung wird aufgegeben. Durch die einheitliche
Währung ist mit der Währungsunion eine **weitere Intensivierung der ökonomischen Integration** erreicht. Einige Beobachter werten die im Jahr 1999
realisierte Europäische Währungsunion als logische Folge des wirtschaftlichen
Zusammenwachsens Europas, das mit der Schaffung der Freihandelszone 1958
begann und der Vollendung des gemeinsamen Binnenmarktes eine bedeutsame
Ergänzung erfuhr. Die Gründungsmitglieder der Europäischen Währungsunion
waren Belgien, Deutschland, Finnland, Frankreich, Irland, Italien, Luxemburg,
die Niederlande, Österreich, Portugal und Spanien. Hinzugekommen sind bis
2014 Griechenland (2001), Slowenien (2007), Malta und Zypern (seit 2008), die
Slowakei (2009), Estland (seit 2011) und Lettland (2014).

Diese Mitglieder übergaben die Kompetenz für die Geldpolitik an den EZB-Rat
und die Kompetenz für die Währungspolitik an den Rat der europäischen Finanz-
und Wirtschaftsminister (ECOFIN). Großbritannien, Dänemark und Schweden
als etablierte EU-Mitgliedsstaaten haben diesen Schritt bis dato nicht gemacht, weil
sie ihrer Autonomie in der Geld- und Währungspolitik einen hohen Stellenwert ein-
räumen. Schließlich gibt es eine Reihe von jüngeren EU-Mitgliedern, die der Währungsunion in den kommenden Jahren voraussichtlich sukzessiv beitreten werden.

Der Eintritt der Mitgliedsstaaten in die Gemeinschaftswährung wurde neben
der Voraussetzung der **Wechselkursstabilität** in der Übergangsphase ab 1996
an die Euro-Stabilitätskriterien (auch Maastricht- oder Konvergenzkriterien genannt) geknüpft:

- **Preisstabilität** – die Inflationsrate darf höchstens 1,5 %-Punkte über dem
  Durchschnitt der Inflationsraten der drei preisstabilsten Länder liegen.

- **Zinsdifferenzen** – die langfristigen Zinsen dürfen höchstens 2 %-Punkte über dem Durchschnitt der Zinssätze der drei preisstabilsten Länder liegen.
- **Neuverschuldung** – das jährliche Haushaltsdefizit darf höchstens 3 % des nominalen Bruttoinlandsproduktes betragen.
- **Schuldenstand** – die Gesamtverschuldung darf höchstens 60 % des Bruttoinlandsprodukts ausmachen.

Die ersten beiden Kriterien knüpfen an die **Kaufkraftparitätentheorie** und die **Zinsparitätentheorie** an. Die beiden anderen Kriterien des Stabilitäts- und Wachstumspakts sollten die Haushaltsdisziplin der Mitgliedsstaaten sicherstellen. Die Idee war, dass eine gemeinsame Geldpolitik eine stärkere **Konvergenz der nationalen Finanzpolitiken** erfordert. Außerdem wollte man verhindern, dass im gemeinsamen Währungsraum ein Land für die Staatsschulden eines anderen „haftet". An den Stabilitätskriterien werden im Übrigen auch die neuen Beitrittskandidaten gemessen. Die Finanzpolitik der etablierten Staaten wird vor allem anhand des Defizitkriteriums beurteilt.

Generell sorgten die Stabilitätskriterien in der zweiten Hälfte der Neunzigerjahre für eine deutliche Annäherung von Inflationsraten und Zinsen in Europa. Auch die Finanzdisziplin nahm zu. Kritiker der Währungsunion stellten dennoch heraus, dass die Politik die Stabilitätskriterien von Anfang an nicht besonders ernst genommen hat. Lediglich Griechenland wurde zunächst nicht zugelassen, weil es 1999 alle vier Kriterien verletzte. Dagegen waren Belgien und Italien trotz enormer Schuldenstände von Anfang an dabei.

Jeder Schritt zu einer wirtschaftlichen Integration weist Vorteile und Nachteile auf. Dies gilt auch für die Währungsunion. Der Verzicht auf eine nationale Währung
- senkt die Transaktionskosten im Handel zwischen den Mitgliedsstaaten – ohne das Wechselkursrisiko wird der Außenhandel und die Finanzmarktintegration stimuliert (**Wohlfahrt**);
- intensiviert durch eine höhere Markttransparenz den Wettbewerb und verringert die Marktmacht auf einzelnen nationalen Märkten (**Wettbewerb**);
- und könnte für einige Mitglieder einen Statusgewinn bedeuten und die Stabilitätskultur bei der Wirtschafts- und Finanzpolitik verstärken (**Stabilität**).

Umgekehrt bedeutet das Fehlen des Wechselkurses eine **Einschränkung der wirtschaftspolitischen Handlungsspielräume** der einzelnen Mitgliedsländer. Unterscheiden sich die Mitglieder in Bezug auf Einkommensstand, Wirtschaftsstruktur oder Wirtschaftswachstum deutlich, dann kann der Verzicht auf den Wechselkurs als Regulativ problematisch sein.

Eine gemeinsame Geldpolitik für die gesamte Währungsunion ist vor allem dann unangemessen, wenn die einzelnen Volkswirtschaften unterschiedlich auf

Angebots- oder Nachfrageschocks reagieren. Während in bestimmten Situationen für einige Mitglieder niedrige Zinsen und eine expansive Konjunkturpolitik angemessen wären, könnte in anderen Ländern durch eine großzügige Geldpolitik vor allem das Preisniveau steigen.

Kritiker der Währungsunion betonen daher, dass man Währungsräume nicht politisch verkünden kann, sondern dass sie sich durch das langfristige Zusammenwachsen von Wirtschaftsräumen ergeben müssen. Volkswirte ziehen zur Beurteilung von Währungsintegration die **Theorie des optimalen Währungsraums** heran. Ein optimaler Währungsraum zeichnet sich letztlich dadurch aus, dass die Vorteile einer Währungsunion ihre Nachteile überwiegen. Dies wird um so eher der Fall sein:

- **Je stärker die Mitglieder von der Währungsunion profitieren.**

Dies ist gegeben, wenn die Mitglieder enge Handelsbeziehungen untereinander pflegen und lässt sich am **Offenheitsgrad** von Volkswirtschaften messen. Es stellt sich also die Frage, wie groß der Anteil der Exporte an der Wirtschaftsleistung insgesamt oder der Anteil der Exporte innerhalb der EU an den Ausfuhren insgesamt ist. Durch die lange Integrationsphase ist dies für ältere Mitglieder der EU sicher eher der Fall – insbesondere dann, wenn sie im Kern der EU liegen. Tabelle 12 zeigt, dass die EU Mitglieder untereinander intensiv Handel treiben und dass die Niederlande beispielsweise größere Vorteile haben dürften als Finnland.

	Intra-EU Exporte (Mrd. €)	Exporte insgesamt (Mrd. €)	Anteil (Prozent)
	(1)	(2)	(1) / (2)
Belgien	243	348	70
Deutschland	626	1095	57
Finnland	30	57	54
Frankreich	261	443	59
Griechenland	12	28	44
Irland	54	91	59
Italien	209	390	54
Niederlande	388	510	76
Österreich	90	130	69
Portugal	32	45	71
Spanien	145	229	64

Quelle: Eurostat

Tabelle 12: Intra-EU-Handel für ausgewählte Staaten 2012

- **Je ähnlicher sich die Mitglieder in Bezug auf Entwicklungsstand und Wirtschaftsstruktur sind.**
  Bei vergleichbaren Produktionsstrukturen und diversifizierten Ausfuhren sind asymmetrische Schocks weniger wahrscheinlich (**Produktdiversifikation**). Werden die Mitglieder der Währungsunion in vergleichbarer Weise von Rezessionen betroffen, sind Interessenkonflikte weitgehend ausgeschlossen. Eine expansive Geldpolitik wäre dann in allen Mitgliedsstaaten gleichermaßen erwünscht. Darüber hinaus sollte die Fiskalpolitik abgestimmt sein, so dass gemeinsame Interessen verfolgt würden. Wünschenswert in Bezug auf die Staatsfinanzen wäre zudem eine gemeinsame **Stabilitätskultur**.
- **Je stärker der Wechselkurs durch andere Mechanismen ersetzt werden kann.**
  Wechselkurse erfüllen eine wichtige Pufferfunktion und müssten bei ihrem Wegfall durch andere Mechanismen ersetzt werden. Wechselkurse können umso eher wegfallen, desto flexibler die Preise auf Güter- und Faktormärkten sind und je sensitiver die Produktionsfaktoren auf Veränderungen der Preisstruktur reagieren. Dies setzt auch einen gewissen Grad an Kapitalmarktintegration voraus.

Gemessen an diesen Kriterien war und ist die Europäische Währungsunion von einem optimalen Währungsraum weit entfernt. Ohne diese Kriterien für jedes einzelne Land des Euroraums anwenden zu wollen, bleibt als Schlussfolgerung, dass es sich bei einem Kern von Euro-Staaten um Deutschland und Frankreich um einen optimalen Währungsraum handeln könnte, während die gemeinsame Währung für andere Mitglieder **mehr Nachteile als Vorteile** mit sich bringt. Dies machten nicht zuletzt die Turbulenzen in einigen Mitgliedstaaten insbesondere nach der Weltfinanzkrise und die Versuche der Wirtschaftspolitik deutlich, die gemeinsame Währung zu retten. Im Kapitel 10 wird dieser Aspekt im Zusammenhang mit stabilitätspolitischen Optionen auf immer stärker integrierten Weltmärkten noch einmal aufgegriffen.

5   Stabilisierungspolitik und Wechselkursregime

Bei geschlossenen Volkswirtschaften handelt es sich um Wirtschaftsräume mit relativ geringen Export- und Importquoten. Die USA oder die Europäische Währungsunion können zumindest näherungsweise als geschlossen angesehen werden. Zwischen diesen Wirtschaftsräumen herrschen meist flexible Wechselkurse. Dagegen knüpfen einige kleinere Länder ihren Wechselkurs an den Dollar oder den Euro. In diesem Abschnitt wird herausgearbeitet, welche Auswirkungen die verschiedenen Wechselkursregime auf die Wirkungen makroökonomischer Instrumente haben können.

Ein Überschuss in der Leistungsbilanz entspricht bei unveränderten Devisen-reserven dem Defizit der Kapitalbilanz. Dies ist der Anknüpfungspunkt für ein IS / LM-Modell der offenen Volkswirtschaft. Dieses so genannte **Mundell / Fleming-Modell** ergänzt das keynesianische Modell um eine Gleichung, die sichert, dass sich die Devisenreserven der Zentralbank nicht verändern. Dann muss der Leistungsbilanzsaldo dem Nettokapitalexport entsprechen:

$$Z: \ EX(\overset{+}{Y^A}, \overset{+}{e}) + KIM(\overset{+}{e}, \overset{+}{r} - r^A) - IM(\overset{+}{Y}, \overset{-}{e}) - KEX(\overset{-}{e}, \overset{-}{r} - r^A) = 0.$$

Y^A ist das Auslandseinkommen, e der Wechselkurs, Y das Inlandseinkommen, r der Inlandszins und r^A der Auslandszins. Die Vorzeichen über den Variablen geben an, in welche Richtung sich die Zahlungsbilanzpositionen bewegen, wenn die entsprechende Variable zunimmt. Die Preisniveaus im Inland und Ausland seien in diesem keynesianischen Kontext gegeben. Für

$$EX + KIM > IM + KEX$$

liegt ein Angebotsüberschuss auf dem Devisenmarkt vor und für

$$EX + KIM < IM + KEX$$

entsprechend ein Nachfrageüberschuss. Die **Z-Kurve** erfasst sämtliche Kombi-nationen des Inlandszinses r und des Inlandseinkommens Y, bei denen die Devi-senbilanz gerade ausgeglichen ist.

Herrscht perfekte Kapitalmobilität, dann können der Inlandszins und der Auslandszins nicht voneinander abweichen, weil inländische und ausländische Wertpapiere als vollständige Substitute aufgefasst werden können. Abweichend von diesem theoretisch interessanten Spezialfall lässt eine **unvollkommene Ka-pitalmobilität** dagegen Unterschiede zwischen r^A und r zu und mildert damit die Abhängigkeit vom Ausland. In diesem Fall weist die Z-Kurve in einem IS / LM-Diagramm eine positive Steigung auf. Unter sonst gleichen Bedingungen führt ein Einkommensanstieg im Inland zu höheren Importen. Diese zusätzliche De-visennachfrage muss durch einen gleich hohen Nettokapitalimport ausgeglichen werden, so dass schließlich wieder $Z = 0$ gilt und die Devisenreserven damit unverändert bleiben. Bei konstanten Auslandszinsen, Auslandseinkommen und Wechselkursen geht das aber nur, wenn die Inlandszinsen steigen (Abbildung 63). Ist $r = r^A$, dann halten sich Kapitalzuflüsse und -abflüsse die Waage. In Punkt A in der Abbildung gilt also $KIM = KEX$ und damit auch $EX = IM$. Sowohl die Leistungsbilanz als auch die Kapitalbilanz sind ausgeglichen.

In allen anderen Punkten auf der Z-Kurve ist die Leistungsbilanz nicht aus-geglichen:

■ Gilt auf der Z-Kurve $r > r^a$, dann fließt dem Inland Kapital aus dem Ausland zu ($KIM > KEX$). Das kann nur durch einen Devisenabfluss über eine defizi-täre Leistungsbilanz ($IM > Ex$) kompensiert werden – eine Situation, wie sie für die USA häufig beobachtet wird.

- Im Falle von **Nettokapitalabflüssen** ($KIM < KEX$) ist $r < r^A$. Entsprechend müssen auf der Z-Kurve unterhalb des Punktes A Leistungsbilanzüberschüsse vorliegen – eine Situation wie sie in der deutschen Zahlungsbilanz regelmäßig auftritt.

Schließlich liegt oberhalb der Z-Kurve ein Angebotsüberschuss an Devisen vor. Bewegt man sich von Punkt A aus nach oben, dann steigen die Inlandszinsen. Dies regt unter sonst gleichen Bedingungen Investoren an, Kapital im Inland anzulegen. Entsprechend wird das Devisenangebot größer als die Devisennachfrage. Unterhalb von Punkt A gibt es dagegen einen Nachfrageüberschuss an Devisen.

Lageparameter der Z-Kurve sind:

- Der Wechselkurs e: Wertet die Inlandswährung ab bzw. steigt der Wechselkurs, dann steigt mit den Exporten und den Kapitalimporten das Angebot an Devisen, während die Nachfrage umgekehrt sinkt. Geschieht dies beispielsweise aus dem Punkt A heraus und ändern sich die Zinsen und Einkommen zunächst nicht, dann muss A im Bereich des Angebotsüberschusses und damit oberhalb der neuen Z-Kurve liegen. Die Z-Kurve verschiebt sich folglich nach unten. Eine Aufwertung der Inlandswährung impliziert umgekehrt eine Verschiebung der Z-Kurve nach oben.

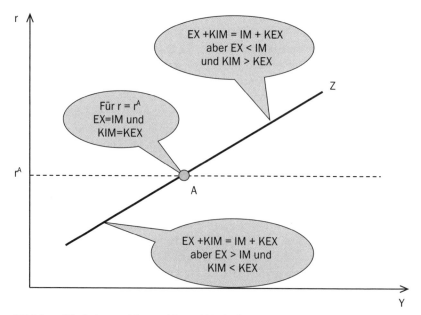

Abbildung 63: Leistungsbilanzsaldo und Kapitalbilanzsaldo bei unvollständiger Kapitalmobilität

- Das Auslandseinkommen Y^A: Eine verbesserte Konjunkturlage im Ausland steigert ceteris paribus das Devisenangebot, weil dies die Exporte anregt. Entsprechend verschiebt sich die Z-Kurve nach unten. Eine Auslandsrezession dämpft dagegen die Exporte. Damit sinkt der Außenbeitrag, so dass sich die Z-Kurve nach oben verschieben würde.

- Der Auslandszins r^A: Steigende Zinsen im Ausland machen unter sonst gleichen Bedingungen inländische Kapitalexporte attraktiver und sie dämpfen die Kapitalimporte. Hier wird also die Devisennachfrage zunehmen, so dass sich die Z-Kurve nach oben verschiebt.

Zur Analyse der Wirkungen von Geld- und Fiskalpolitik in einem IS/LM-Modell der offenen Volkswirtschaft muss die IS-Kurve um die nunmehr endogenen Exporte und Importe ergänzt werden:

$$IS:\ I(r) + EX(Y^A, e) - IM(Y, e) = S(Y) - Def.$$

Diese Gleichung zeigt noch einmal das Vermögensänderungskonto der offenen Volkswirtschaft, wie es schon in Kapitel 1 angesprochen wurde. Im Vergleich zum einfachen IS/LM-System ist zu berücksichtigen, dass die IS-Kurve aufgrund der einkommensabhängigen Importe nunmehr flacher verlaufen wird. Außerdem reagiert der Außenbeitrag $Ex - IM$ auf Wechselkursänderungen. Im Falle einer Abwertung der Inlandswährung erhöht sich der Außenbeitrag, so dass zusätzliche Nachfrage in das Modell getragen wird. Die IS-Kurve verschiebt sich bei steigendem Wechselkurs also nach rechts. Für das Geldmarktgleichgewicht gelte schließlich unverändert

$$LM:\ M = L(Y, r).$$

Zu erklärende Variablen in diesem Modell sind der Zins r, das Einkommen Y und der Wechselkurs e. Das Geldangebot M und das Defizit Def sind die exogenen konjunkturpolitischen Stellgrößen. Der Auslandszins r^A und das Auslandseinkommen Y^A bleiben unverändert. Das Inland ist mit anderen Worten so klein, dass es keine makroökonomischen Rückwirkungen aus dem Ausland gibt.

Welche Wirkungen haben Geld- und Fiskalpolitik in diesem System? Zur Beantwortung dieser Frage gehen wir von einem keynesianischen Unterbeschäftigungsgleichgewicht U aus, das im Schnittpunkt der IS-, der LM- und der Z-Kurve liegt. Abbildung 64 zeigt die Wirkungen der Fiskalpolitik und der Geldpolitik jeweils bei festen und flexiblen Wechselkursen vier denkbare Fälle:

- Beginnen wir mit der **Fiskalpolitik bei flexiblen Wechselkursen**: Ein defizitfinanziertes Ausgabenprogramm der Regierung verschiebt die IS-Kurve nach rechts (IS_1). Im Punkt A herrscht ein Gleichgewicht auf dem Güter- und dem Geldmarkt. Dies wäre im einfachen IS/LM-Modell das neue Gleichgewicht. Allerdings herrscht in A ein Angebotsüberschuss an Devisen, so dass die Inlandswährung tendenziell aufwertet. Daraus folgt zweierlei: Die Z-Kurve verschiebt sich nach oben. Und außerdem sinkt der Außenbeitrag – einerseits leiden die Exporte unter der Aufwertung und andererseits werden die Importe durch steigende Einkommen und durch den sinkenden Wechselkurs befeuert. Die IS-Kurve bewegt sich damit von IS_1 aus nach links. Punkt B markiert ein neues Gleichgewicht im Schnittpunkt von IS_2, LM und Z_1. Im Vergleich zum Punkt U steigen die Einkommen Y und der Zins r. **Fiskalpolitik ist wirksam.** Der Vergleich mit der Lösung A im IS/LM-Modell zeigt jedoch, dass die Aufwertung der Inlandswährung (sinkender Wechselkurs e) den Einkommensimpuls abschwächt.

- Expansive Geldpolitik bei flexiblen Wechselkursen: In der Abbildung rechts oben wird die LM-Kurve durch ein höheres Geldangebot auf LM_1 verschoben. Dies führt bei flexiblen Wechselkursen zu einer Abwertung der Inlandswährung. Punkt A ist wiederum die Lösung im IS/LM-Modell. Ein steigender Wechselkurs verschiebt die Z-Kurve nach unten. Im neuen Gleichgewicht B steigt das Einkommen Y. Im Vergleich zum IS/LM-Modell der geschlossenen Volkswirtschaft führt die Abwertung der Inlandswährung zu einem steigenden Außenbeitrag und damit zu einer Verschiebung der Gütermarktgleichgewichtskurve auf IS_1. Vergleicht man die Punkte A und B, dann ist **Geldpolitik bei flexiblen Wechselkursen einkommenswirksamer** als im einfachen IS/LM-Modell. Im Vergleich der Punkte U und B zeigt sich: Wäh-

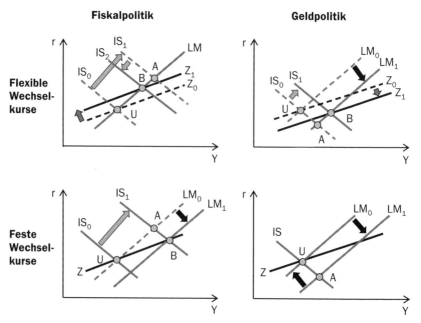

Abbildung 64: Stabilisierungspolitik im IS/LM/Z-Modell bei festen und flexiblen Wechselkursen

rend die Effekte auf den Zins unklar sind, wertet die Inlandswährung anders als im Falle der Fiskalpolitik ab – der Wechselkurs e sinkt.

■ Bei festen Wechselkursen ist die Geldpolitik dagegen unwirksam – **feste Wechselkurse bedeuten den Verzicht auf eine eigenständige Geldpolitik.** In der Abbildung rechts unten führt die expansive Geldpolitik zu einer Rechtsverschiebung der LM-Kurve. Die einsetzenden Kapitalexporte werden aber Stützungskäufe der Inlandswährung nach sich ziehen. Weil dadurch die Geldbasis sinkt, wird auch das Geldangebot reduziert. Im Ergebnis verschiebt sich die LM-Kurve wieder nach LM_0. Einkommen und Zins ändern sich nicht.

■ Schließlich führt Fiskalpolitik bei festen Wechselkursen wie im IS/LM-Modell zu steigenden Einkommen und steigenden Zinsen. In der Abbildung links unten signalisiert Punkt A wiederum einen Angebotsüberschuss auf dem Devisenmarkt. Soll der Wechselkurs unverändert bleiben, dann müssen die Zentralbanken diesen Überschuss durch Stützungskäufe zugunsten der Auslandswährung absorbieren. Die Ausweitung der Geldmenge durch Devisenkäufe führt zu einer Linksverschiebung der LM-Kurve nach LM_1. **Fiskalpolitik scheint bei festen Wechselkursen das Mittel der Wahl zu sein**, sofern die Zentralbanken bereit und in der Lage sind, einen gegebenen Wechselkurs mit Deviseninterventionen zu „verteidigen".

» Zusammenfassung

■ Die Zahlungsbilanz erfasst den Zahlungsverkehr mit dem Ausland. Man unterscheidet die Leistungsbilanz und die Kapitalbilanz. Als langfristiger Kapitalverkehr gelten das internationale Wertpapiergeschäft und die Direktinvestitionen.

■ Die Devisennachfrage entsteht, wenn Käufe in Auslandswährung getätigt werden. Umgekehrt liegt bei Exporten oder Kapitalimporten meist ein Devisenangebot vor. Greift die Zentralbank nicht in die Preisbildung ein, dann bildet sich der Wechselkurs als Preis der ausländischen Währung durch den Ausgleich von Angebot und Nachfrage.

■ Flexible Wechselkurse erlauben es, Preis-, Einkommens- oder Zinstrends aus dem Ausland nicht unmittelbar im Inland wirksam werden zu lassen. Bei festen Wechselkursen geht diese Pufferfunktion verloren. Zudem verliert das Inland die geldpolitische Eigenständigkeit.

■ Ein optimaler Währungsraum liegt vor, wenn für eine Gruppe von Ländern die Vorteile einer Währungsunion größer als die Nachteile sind. Für eine Währungsunion sprechen geringere Transaktionskosten, größere Märkte und mehr Wettbewerb. Der Verzicht auf Wechselkurse ist aber nur sinnvoll, wenn Preise und Faktorpreise flexibel sind, so dass sie Teile der Pufferfunktion von Wechselkursen übernehmen können.

- Im keynesianischen Modell der offenen Volkswirtschaft wird deutlich: Fiskalpolitik führt unabhängig vom Wechselkursregime zu steigenden Einkommen und zu steigenden Zinsen. Wird die Inlandswährung aufgewertet, dann dämpft dies tendenziell den Einkommenseffekt. Demgegenüber senkt Geldpolitik die Inlandszinsen und erhöht das Einkommen. Dies allerdings nur, wenn sie mit einer Abwertung der Inlandswährung verbunden ist. Bei festen Wechselkursen ist die Geldpolitik unwirksam.

» Wichtige Begriffe

Leistungsbilanz, Devisenbilanz, Wechselkurs, Außenwert, Kaufkraftparitätentheorie, realignments, Stützungskäufe, importierte Inflation, Kapitalmobilität, Z-Kurve.

» Aufgaben

1 Recherchieren Sie aktuelle Daten zur deutschen Zahlungsbilanz – beispielsweise aus den Monatsberichten der Bundesbank.

2 Nennen Sie jeweils ein Beispiel für einen kurzfristigen Kapitalimport und einen langfristigen Kapitalexport. Was verstehen Sie unter Direktinvestitionen?

3 Gehen Sie von einem Devisenmarktgleichgewicht aus. Unterscheiden Sie als Währungen nur den Euro (Inland) und den Dollar (Ausland). Zeigen Sie graphisch, wie sich folgende Ereignisse auf den Wechselkurs (€ / $) auswirken:
   a) eine drohende Rezession im Ausland;
   b) deutliche Preissteigerungen im Inland;
   c) steigende Langfristzinsen im Ausland;
   d) eine erwartete Abwertung des Dollar.

4 Wie funktioniert die Vereinbarung über eine Wechselkurs-Bandbreite? Wozu verpflichten sich Zentralbanken, wenn sie eine solche Vereinbarung treffen?

5 Erläutern Sie den Geldangebots-Preis-Mechanismus und den Geldangebots-Einkommens-Mechanismus.

6 Wann spricht man von einem optimalen Währungsraum?

7 Erläutern Sie, warum feste Wechselkurse dazu führen, dass eine eigenständige Geldpolitik unmöglich ist.

Kapitel 9
Gibt es eine „richtige" Stabilisierungspolitik?

Alles nur Theorie, oder? Was ist mit den Erkenntnissen makroökonomischer Modelle anzufangen, um Fragen aus der praktischen wirtschaftspolitischen Diskussion zu beantworten? Beginnend mit einem Überblick über stabilitätspolitische Konzepte in Deutschland seit der Nachkriegszeit werden in diesem Kapitel weiterführende Aspekte der Makroökonomie angesprochen. Im Zentrum dieser Anwendungen stehen die Beziehungen zwischen Inflation und Arbeitslosigkeit, die Lohnpolitik und die Arbeitsmarktpolitik, sowie die in letzter Zeit immer häufiger formulierten Politikregeln. Dabei wird ein Aspekt besonders betont: Die Beantwortung der Frage, welches denn die „richtigen" stabilisierungspolitischen Maßnahmen in einer bestimmten Situation sind, hängt nicht nur, aber eben auch davon ab, von welchem Zeithorizont ausgegangen wird.

» Lernziele

- Die Studierenden wissen, dass man unter Stabilisierungspolitik sowohl eine keynesianisch geprägte Nachfragepolitik als auch eine eher auf Wachstum abzielende Angebotspolitik verstehen kann. Sie sind in der Lage, aktuelle wirtschaftspolitische Maßnahmen mit Hilfe dieser Unterscheidung einzuordnen.
- Die Studierenden können kurzfristige und langfristige Beziehungen zwischen gesamtwirtschaftlichen Zielgrößen unterscheiden. Sie kennen die Rolle der (Preis-)Erwartungen und das Konzept der natürlichen Arbeitslosenquote.
- Die Studierenden wissen, dass die makroökonomischen Zielvariablen neben der Geld- und der Fiskalpolitik maßgeblich durch die Rahmendaten am Arbeitsmarkt beeinflusst werden. Sie kennen die Grundsätze der Lohnpolitik und können Ursachen des Beschäftigungsanstiegs in Deutschland seit 2005 benennen.
- Die Studierenden kennen das Paradigma der Neuen Politischen Ökonomie sowie die Vorteile und Nachteile einer regelgebundenen Stabilisierungspolitik.

1   Angebots- oder Nachfragepolitik?

Stabilitätspolitische Grundsatzpositionen beruhen nicht ausschließlich auf gesichertem Wissen, sondern auch auf Ideologien und Erfahrungen. Eher dem konservativen Lager zugehörige Wirtschaftspolitiker sind meist **Stabilitätsoptimisten**. Sie sind davon überzeugt, dass Marktwirtschaften grundsätzlich stabil sind. Außerdem vertrauen sie darauf, dass eine freiheitliche Wirtschaftsordnung maximale individuelle Handlungsspielräume sichert.

Für die Stabilitätsoptimisten gilt vereinfachend die Regel „privat vor Staat": Alles, was private Wirtschaftseinheiten auf Märkten zufriedenstellend regeln können, muss der Staat nicht in die Hand nehmen. Dahinter verbergen sich gelegentlich auch Forderungen nach Privatisierung und Deregulierung, die auf ein generelles Misstrauen gegenüber kollektiven Lösungen zurückzuführen sind. Ferner gilt das **Primat der Ordnungspolitik**. Demnach sollte der Staat vor allem tragfähige Spielregeln definieren, stabile Institutionen begründen und beides den sich ändernden Erfordernissen der Marktwirtschaft anpassen. Nach Ansicht der Angebotspolitiker erspart man sich auf diese Weise Interventionen in den Wirtschaftsablauf. Die Stabilisierungspolitik ist nach diesem Verständnis vor allem langfristig auf Wirtschaftswachstum und weniger auf Konjunkturstabilisierung ausgerichtet. Alles, was die sogenannten „Selbstheilungskräfte des Marktes" vitalisiert und zur Leistungsbereitschaft und Leistungsfähigkeit beiträgt, gilt es zu unterstützen. Diese Marktgläubigkeit brachte der damalige Bundeskanzler Helmut Kohl Anfang der 1980er Jahre auf den einfachen Nenner „Leistung muss sich wieder lohnen". Ihre theoretische Fundierung finden Anhänger dieser Konzeption im neoklassischen Modell.

Der Idealtypus eines **Stabilitätspessimisten** begreift die Marktwirtschaft vor allem aufgrund des schützenswerten Freiheitsaspekts und der Effizienzvorteile als überlegene Wirtschaftsordnung. Allerdings ergeben sich dieser Auffassung folgend Instabilitäten und latente Korrekturbedarfe. Zudem neigten marktwirtschaftliche Wirtschaftsordnungen zu Machtballungen und ungerechten Einkommensverteilungen. Daraus ergibt sich eine Neigung zu Interventionen in den Marktprozess (**Prozesspolitik**). Theoretische Basis dieser Position ist das keynesianische Modell. Dem Staat wird im Rahmen der **Nachfrageorientierung** die Aufgabe zugewiesen, mit dem stabilisierungspolitischen Instrumenteneinsatz auf makroökonomische Gleichgewichte hinzuwirken. Generell überschätzen Anhänger dieser Positionen die stabilitätspolitischen Möglichkeiten des Staates.

Tatsächlich sind diese beiden Idealtypen – der Stabilitätsoptimist und der Stabilitätspessimist – in Reinform nur in Ausnahmefällen zu beobachten. Die abgesteckten Position tauchten in der wirtschaftspolitischen Debatte der Bundesrepublik jedoch immer wieder auf.

Die fünfziger Jahre waren geprägt durch den Wiederaufbau von Wirtschaft und Institutionen. Es war die Blütezeit der Ordnungspolitik. Das **„Wirtschaftswunder"** und der Aufbau der Sozialen Marktwirtschaft fielen zusammen. Kennzeichnend für diese Periode war ein lang anhaltendes, kräftiges Wirtschaftswachstum mit einer breiten Teilhabe quer durch die Gesellschaft.

Während der ersten Konjunkturkrise 1967 wurde intensiv diskutiert, mit welchen stabilitätspolitischen Instrumenten die Rezession bekämpft werden sollte. Wie die amerikanische Administration einige Jahre zuvor wendete die damalige Bundesregierung ein keynesianisch geprägtes **deficit spending** an: Steuern wurden gesenkt und Staatsausgaben temporär erhöht. Damit generierte man über eine zunehmende Verschuldung des Staates eine höhere Güternachfrage. Die Wirtschaft erholte sich und man glaubte, Konjunkturzyklen künftig besser kontrollieren zu können. Ausdruck dieser Ideologie war das in der Einleitung erwähnte **Stabilitäts- und Wachstumsgesetz**, das 1967 verabschiedet wurde. Mit der sozialliberalen Koalition ab 1969 wurde der Sozialstaat ausgebaut. Die Lohnpolitik wurde zu einem Instrument der Verteilungspolitik. Die Wirtschaftspolitik bekam eine eher prozesspolitische Prägung. Mit der Strukturpolitik begann man, Branchen zu unterstützen, die aufgrund der veränderten globalen Arbeitsteilung in Schwierigkeiten geraten waren. Neben einer aktiven Strukturpolitik wurden als Reaktion auf die Auswirkungen der ersten Ölkrise Mitte der Siebzigerjahre umfangreiche Konjunkturprogramme aufgelegt. Dem Angebotsschock und der **Stagflation** wurden kreditfinanzierte staatliche Nachfrageprogramme entgegengesetzt. Obwohl dies anfangs Erfolge zeigte, verfestigte sich die Inflation, die Arbeitslosigkeit verharrte auf hohem Niveau und die steigende Staatsverschuldung wurde zunehmend zum Problem. Der Sozialstaat nach skandinavischem Vorbild schien an die Grenzen seiner Finanzierbarkeit zu stoßen. Vor allem aber wurde versäumt, während konjunkturell günstiger Phasen für einen Abbau der Staatsverschuldung zu sorgen.

Zunehmende Staatsdefizite und eine ungünstige Arbeitsmarktsituation begünstigten Anfang der 1980er Jahre eine Neuorientierung der Wirtschaftspolitik. Die dringlichsten ökonomischen Ziele der konservativ-liberalen Regierung waren die Konsolidierung des Staatshaushaltes und die Verbesserung der Angebotsbedingungen. Der auch vom Sachverständigenrat vehement geforderte Wechsel zugunsten einer stärker angebotsorientierten Wirtschaftspolitik war vollzogen. Bereits zuvor wurde diese **Angebotspolitik** in Großbritannien (*Thatcherism*) und auch in den USA (*Reagonomics*) propagiert. Ziel war die Verbesserung der Angebotsbedingungen auf den Gütermärkten. Die Wettbewerbsfähigkeit sollte steigen und die Kosten, insbesondere die Lohnkosten, sinken. Darüber hinaus wurde ein Rückzug des Staates aus dem ökonomischen Geschehen angestrebt. Staatliche Unternehmen wurden privatisiert. Insgesamt blieb diese Wirtschaftspolitik nicht ohne Erfolg. Im Ergebnis waren die Achtzigerjahre durch einen moderaten Aufschwung mit tendenziell rückläufigen Arbeitslosenquoten und einer Rückführung der Staatsverschuldung gekennzeichnet. Allerdings wurde Deutschland in dieser Periode auch nicht von dramatischen außenwirtschaftlichen Schocks erschüttert. Die **deutsche Wiedervereinigung** brachte wiederum eine Zäsur. Die Modernisierung der Infrastruktur in Ostdeutschland erforderte hohe staatliche Ausgaben. Letztlich war die Politik zum deficit spending gezwungen. Dies führte zu einer steigenden Produktion – allerdings stieg auch die Inflationsrate deutlich. Dem Wiedervereinigungsboom folgte mit der Rezession 1993 schnell die Ernüchterung. In Ostdeutschland erwiesen sich große Teile der Industrie als nicht wettbewerbsfähig. Eine sich verfestigende Arbeitslosigkeit kehrte als Hauptproblem der Wirtschaftspolitik zurück. Dabei öffnete sich der Graben zwischen Ost und West, statt sich wie erhofft zu schließen. Zwei Probleme waren besonders greifbar:

- Unter dem Stichwort **„Angleichung der Lebensverhältnisse"** wurden in den Neuen Bundesländern rasche Einkommenssteigerungen angestrebt. Direkt nach der Wiedervereinigung erreichte die Arbeitsproduktivität in Ostdeutschland je nach Branche zwischen einem Drittel und der Hälfte derjenigen in Westdeutschland. Weil die Löhne jedoch sehr schnell stiegen, explodierten die Lohnstückkosten in den Neuen Bundesländern, was deren Wettbewerbsfähigkeit dramatisch verschlechterte.

- Mit dem **„Aufbau Ost"** hoffte man in Anlehnung an keynesianische Konzepte auf einen sich selbst tragenden Aufschwung. Trotz der Bereitstellung gewaltiger Budgetmittel u. a. durch den Fonds „Deutsche Einheit" hat sich diese Hoffnung nur teilweise erfüllt. Die Finanzierungslasten führten zu einer Verschärfung der Staatsverschuldung, die den Spielraum der Wirtschafts- und Finanzpolitik weiter einschränkte.

Mit dem Regierungswechsel 1998 war zunächst kein grundlegender wirtschaftspolitischer Paradigmenwechsel verbunden. Diskussionen über die Vor- und Nachteile wirtschaftspolitischer Handlungsvorschläge auf der Grundlage neoklassischer oder keynesianischer Hypothesen wurden kaum noch geführt. Ein **neuer Pragmatismus** war dadurch geprägt, dass Reformen sowohl der Angebots- als auch der Nachfrageseite zugute kommen sollten. Darüber hinaus wurde der Einfluss europäischer Initiativen auf die Wirtschaftspolitik deutlicher. Maßnahmen zum Abbau staatlicher Markteintrittsschranken (**Liberalisierung**) und zur Beseitigung marktübergreifender Wettbewerbsbeschränkungen (**Deregulierung**) waren zu großen Teilen dem europäischen Binnenmarktprozess geschuldet. Als ein eher angebotspolitischer Akzent dürften die als „Agenda 2010" bezeichneten rot-grünen Arbeitsmarktreformen der Jahre 2003–2005 gelten. Diese in mehreren Stufen durchgeführten Reformen sollten den Arbeitsmarkt flexibilisieren und die strukturelle Arbeitslosigkeit dauerhaft senken. In diesem Zusammenhang wurde die Bundesagentur für Arbeit umstrukturiert und die Arbeitsmarktpolitik reformiert. „Schlussstein" und bis heute umstrittenste Maßnahme war die Kürzung der Arbeitslosenhilfe und ihre Zusammenführung mit der Sozialhilfe, mit der sich der soziale Status von Langzeitarbeitslosen deutlich verschlechterte.

Die im Jahr 2005 gewählte große Koalition hat zunächst die Steuern erhöht, um den Haushalt zu konsolidieren. Ernsthafte Versuche, dies über Ausgabenkürzungen zu erreichen, hat es dagegen kaum gegeben. Die Sternstunde der großen Koalition schlug gegen Ende der Legislaturperiode, als man sich wiederum mit keynesianischem Instrumentarium und mit einigem Erfolg der **Weltfinanzkrise** entgegen stemmte. Dies wird im folgenden Kapitel 10 noch eingehender thematisiert, das sich mit stabilisierungspolitischen Optionen in einer wechselseitig stark verflochtenen Weltwirtschaft beschäftigt. Die konservativ-liberale Regierung, die zwischen 2009 und 2013 im Amt war, blieb stabilitätspolitisch dagegen weitgehend farblos. Angesichts der mit zunehmender Frequenz verabschiedeten Rettungspakete zugunsten der unter der Euro-Krise am meisten leidenden Staaten und deren Gläubigerbanken geriet die langfristige Orientierung der Wirtschaftspolitik zunehmend unter die Räder. Stattdessen agierte die Geld- und die Fiskalpolitik eher im Stile einer Feuerwehr.

2   Zielkonflikte am Beispiel von Beschäftigung und Inflation

Während seiner Kanzlerschaft in den Siebzigerjahren soll Helmut Schmidt einmal gesagt haben, ihm seien 5 % Inflation lieber als eine Arbeitslosenquote von 5 %. Während dieser Zeit war er nicht der Einzige, der diese Abwägung vornahm. Fraglich ist, ob man tatsächlich eine Wahl hat und unter welchen Bedingungen der formulierte **trade-off** zwischen diesen beiden zentralen Zielgrößen gilt.

Der inverse Zusammenhang zwischen Inflationsrate und Arbeitslosenquote beruht auf empirischen Beobachtungen von Phillips für Großbritannien und von Samuelson für die USA. In den 1950er und 1960er Jahren gab es dort in Zeiten geringer Inflationsraten meist Arbeitsmarktungleichgewichte. War die Arbeitslosenquote dagegen gering, dann trat dies oftmals im Zusammenhang mit überdurchschnittlichen Inflationsraten auf. Der ökonomische Hintergrund ist der folgende: In einer Boomsituation ist die Arbeitslosenquote niedrig. Die Unternehmen konkurrieren um die verfügbaren Arbeitskräfte und bieten steigende Löhne. Übermäßig steigende Löhne führen zu steigenden Kosten, die möglichst in die Preise überwälzt werden. Die Inflationsrate steigt. Charakteristisch für die Phillips-Kurve ist also ein trade-off zwischen Beschäftigungsstand und Inflation. Im keynesianischen Gedankengebäude war die Phillips-Kurve schnell akzeptiert. Da in diesem Modell ursprünglich keine Beziehung zwischen Preisniveau und Arbeitsmarkt bestand, wurde dieser Zusammenhang mit der **Phillips-Kurve** hergestellt (Abbildung 65).

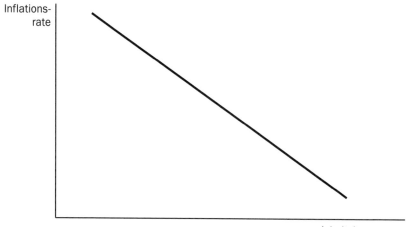

Inflations-
rate

Arbeitslosenquote

Abbildung 65: Die kurzfristige Phillips-Kurve

Gleichzeitige Stabilität sowohl bei der Inflationsrate als auch auf dem Arbeitsmarkt wurde als unmöglich erachtet. Einige sprachen sogar vom „menu of
choice", einer Speisekarte, die Wirtschaftspolitikern je nach Ausgangssituation
die Wahl lässt. Kurzfristig konnte die Beschäftigung demnach mit Hilfe staatlicher Nachfrageprogramme zu Lasten einer höheren Inflation erhöht werden. Die
makroökonomischen Mechanismen verlaufen dabei wie im AD/AS-Modell.
Dies erklärt letztlich die Äußerung des ehemaligen Bundeskanzlers, die in den
Sechziger- und Siebzigerjahren common sense war.

Mit der **Stagflation** als Reaktion auf die Ölpreisschocks der Siebzigerjahre
brach diese Vorstellung dann weitgehend zusammen. Die Regierungen der In-
dustriestaaten reagierten auf die Angebotsschocks zunächst mit einem keynesianischen Reflex: deficit spending ließ die Inflationsraten immer neue Höhen
erklimmen. Außerdem erholten sich die meisten Volkswirtschaften nur schlep-
pend, so dass weitergehende geld- und fiskalpolitische Impulse nötig waren. Vor
allem letztere waren bald nicht mehr finanzierbar.

Makroökonomen haben aus diesen Erfahrungen heraus das Modell der langfristigen Phillips-Kurve entwickelt. Kern der Überlegungen ist, dass sich mit
hohen Inflationsraten die Inflationserwartungen verändern. Sämtliche Wirtschaftssubjekte, vor allem aber Tarifpartner und Zentralbank sind gezwungen,
veränderte Inflationserwartungen in ihre Kalküle einfließen zu lassen, um **Geld-
illusion** zu vermeiden und sich rational zu verhalten. Deshalb sind Bewegungen
auf der kurzfristigen Phillips-Kurve nur möglich, wenn sich die Inflationserwartungen nicht verändern. In einem Klima der Instabilität verschiebt sich die
kurzfristige Phillips-Kurve nach oben. Dies knüpft letztlich an die in Kapitel 7
angesprochenen rationalen Bewertungen an.

In Abbildung 66 sind kurzfristige Phillips-Kurven für niedrige, für mittlere und für hohe Inflationserwartungen eingezeichnet. Erwarten die Wirtschaftssubjekte in der Ausgangssituation eine schwache Geldentwertung, dann befindet man sich auf der unteren Kurve (Punkt A). Stehen beispielsweise Wahlen an, dann könnten die Politiker versucht sein, durch deficit spending die Situation am Arbeitsmarkt „aufzuhellen". Erliegen sie der Versuchung, dann bewegt man sich auf der unteren Phillips-Kurve nach links – die Arbeitslosenquote sinkt, die Inflationsrate steigt.

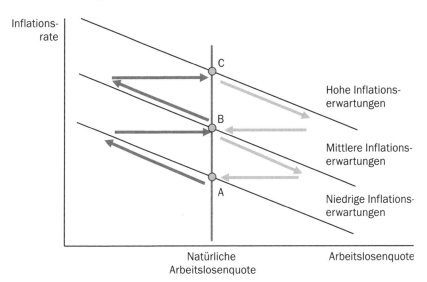

Abbildung 66: Die langfristige Phillips-Kurve

Mit der Zeit kalkulieren die Wirtschaftssubjekte die höhere Inflationsrate ein: Die Zentralbank schlägt einen restriktiven Kurs ein und die Banken fordern höhere Zinsen. In dem in Kapitel 7 vorgestellten AD/AS-Modell heißt das: Die zinsabhängige Nachfrage sinkt und die AD-Kurve verschiebt sich nach links. Die Tarifpartner einigen sich auf höhere Nominallöhne, so dass sich die kurzfristige AS-Kurve nach oben verlagert. Irgendwann landet man auf diese Weise wieder bei der ursprünglichen, misslichen Arbeitsmarktsituation, allerdings nunmehr bei mittleren Inflationserwartungen (Punkt B). Die kurzfristige Phillips-Kurve verschiebt sich nach oben.

In der Graphik befindet man sich dann oberhalb des Ausgangspunktes: Die Inflationserwartungen haben zugenommen, während sich die Arbeitslosigkeit kaum veränderte. Auch hier könnten Politiker auf die Idee kommen, mit Hilfe von Defiziten die Nachfrage weiter anzukurbeln und die Arbeitsmarktsituation wiederum temporär zu verbessern. Das Ergebnis wäre das gleiche wie zuvor: Kurzfristig besteht ein trade-off zwischen Inflationsrate und Arbeitslosenquote. Allerdings bestehen die langfristigen Kosten in immer höheren Inflationserwartungen (Punkt C). Die **langfristige Phillips-Kurve verläuft senkrecht**. Mit stabilitätspolitischen Maßnahmen ist der natürlichen Arbeitslosenquote nicht beizukommen. Soll diese Quote dauerhaft unterschritten werden, dann sind Maßnahmen gegen die strukturellen Verkrustungen am Arbeitsmarkt erforderlich. Gelingt es so, die Arbeitslosigkeit – beispielsweise durch Arbeitsmarktreformen oder durch Lohnzurückhaltung – zu verringern, dann sinkt die natürliche Arbeitslosenquote und die langfristige Phillips-Kurve verschiebt sich nach links.

Die meisten Volkswirte sind überzeugt, dass der Staat mit den Instrumenten der Geld- und Fiskalpolitik zwar die konjunkturelle Arbeitslosigkeit bekämpfen kann. Einen trade-off zwischen Inflationsrate und Arbeitslosenquote gibt es aber höchstens kurzfristig und vor allem in konjunkturellen Unterauslastungssituationen. Die Beschäftigungseffekte beruhen auf Reallohnverzicht im Falle nicht antizipierter Preissteigerungen. Dagegen sind dauerhafte Erwartungsfehler der Tarifparteien undenkbar. Auf der Kurve wird außerdem eine „zahme" Zentralbank unterstellt. Tatsächlich dürfte Inflation mit einer Politik des knappen Geldes und steigender Leitzinsen beantwortet werden. Langfristig besteht deshalb kein Zusammenhang zwischen Inflation und Arbeitslosenquote.

Der Schule der **rationalen Erwartungen** folgend wirkt Stabilisierungspolitik vor allem dann auf Produktion und Beschäftigung, wenn sie unerwartet kommt. Ihre Philosophie kann am einfachsten durch das Abraham Lincoln zugeschriebene Zitat zum Ausdruck gebracht werden: „You can fool people for some time and you may be able to fool some people all the time , but you cannot fool all the people all the time." Hier taucht die neoklassische Position in neuem Gewand auf. Stabilisierungspolitik wirkt nicht auf Produktion und Beschäftigung – außer die Maßnahmen kommen überraschend oder in unerwartetem Ausmaß.

3   Lohn- und Arbeitsmarktpolitik

Lohnsätze sind zentrale makroökonomische Größen. Einerseits beeinflussen sie die Kosten der Unternehmen und sind zum anderen Bestandteil der Arbeitseinkommen. Als **Lohnpolitik** werden alle Maßnahmen bezeichnet, die das Niveau und die Struktur der Lohnsätze beeinflussen. Hauptakteure dabei sind die Tarifpartner – also Arbeitgeberverbände und Gewerkschaften. Dagegen ist die **Arbeitsmarktpolitik** überwiegend eine Aufgabe des Staates. Zielgruppe sind insbesondere Arbeitsplatzsuchende. Die Arbeitsmarktpolitik umfasst

- die Arbeitsmarktordnung als Rahmensetzung mit Blick auf die Arbeitsagentur,
- die Art und den Umfang verschiedener Lohnersatzleistungen (u. a. Arbeitslosengeld)

- und die sogenannte „aktive Arbeitsmarktpolitik", deren Ziel es ist, Erwerbslose über Maßnahmen und Programme in den Arbeitsprozess zu integrieren.

In diesem Abschnitt werden zunächst grundsätzliche Aspekte der Lohnfindung diskutiert. Anschließend geht es um arbeitsmarktpolitische Konzeptionen. Dabei wird auch die Agenda 2010 angesprochen.

In Tarifverhandlungen prallen regelmäßig scheinbar unvereinbare Argumente aufeinander. Während die Gewerkschaften höhere Löhne mit positiven Wirkungen auf die gesamtwirtschaftliche Kaufkraft begründen, heben die Unternehmensvertreter die Kostenwirkungen solcher Lohnerhöhungen hervor. Das **Kaufkraftargument** basiert auf ähnlichen Überlegungen, wie wir sie bei der Behandlung des keynesianischen Multiplikators diskutiert haben. Eine Erhöhung der Löhne stärkt die Einkommen und somit die Kaufkraft der privaten Haushalte. Die zu erwartenden Nachfragesteigerungen lösen einen Multiplikatorprozess aus, in dessen Zusammenhang Produktion und Beschäftigung zunehmen.

Die Arbeitgebervertreter setzen dem meist entgegen, dass steigende Löhne steigende Kosten bedeuten. Ferner deuten sie an, dass bei Beeinträchtigungen der **Wettbewerbsfähigkeit** der Wirtschaft Arbeitsplätze verloren gehen könnten. Sie weisen ferner regelmäßig darauf hin, dass die zusätzlichen Kosten aufgrund der Steuer- und Abgabenbelastung der privaten Haushalte größer sind als die zu erwartende Steigerung der Nettoeinkommen. Welche Argumente sprechen nun für die eine oder die andere Auffassung?

Die im Kapitel 3 im Zusammenhang mit der Arbeitskräftenachfrage angesprochene **Grenzproduktivitätentheorie** besagt, dass gewinnmaximierende Unternehmen unter Konkurrenz und unter sonst gleichen Bedingungen mit Entlassungen auf steigende Löhne reagieren. Steigt aber die Arbeitsproduktivität, dann könnte sich dieses Bild verändern. In der praktischen Tarifpolitik wird aus Gründen der Messbarkeit nicht die Grenzproduktivität, sondern die Durchschnittsproduktivität als Maßstab für die Leistungsfähigkeit des Produktionsfaktors Arbeit herangezogen. Teilt man die Lohneinkommen als Produkt des Lohnsatzes w und der Beschäftigung A durch das nominale BIP, dann erhält man die realen **Lohnstückkosten** ($LSTK$):

$$LSTK = \frac{wA}{pY} = \frac{\frac{w}{p}}{\frac{Y}{A}}.$$

Mit dieser Relation wird die Verteilungsposition der Arbeitnehmer abgebildet – ist sie konstant, bleibt auch der Anteil der Arbeitseinkommen am nominalen BIP unverändert. Die realen Lohnstückkosten ändern sich nicht, wenn die Relation zwischen Reallohn w/p und Arbeitsproduktivität Y/A unverändert bleibt. Jede prozentuale Veränderung des Reallohns, der über die prozentuale Veränderung der Arbeitsproduktivität hinausgeht, führt dagegen zu einem Anstieg der realen Lohnstückkosten. Eine Lohnpolitik, die die realen Lohnstückkosten unverändert belässt, hat also **Spielräume in Höhe der Produktivitätssteigerungen und der erwarteten Preissteigerung.**

Lohnsteigerung = Produktivitätsanstieg + erwartete Inflationsrate.

Dies wurde in Kapitel 5 als ein Stilelement des neoklassischen Langfristmodells eingehender diskutiert (vgl. Abbildung 37).

Das Dilemma der Gewerkschaften besteht darin, dass sie in Bezug auf Lohnsteigerungen die Interessen ihrer Mitglieder berücksichtigen müssen. Das Ausmaß der von den Gewerkschaften durchgesetzten Lohnsteigerungen hat Auswirkungen auf die Arbeitsmarktsituation in der betrachteten Volkswirtschaft. Bleiben die Reallohnzuwächse unterhalb des Produktivitätsfortschritts, so ergeben sich Chancen für positive Beschäftigungseffekte.

Je nach konjunktureller Situation wird sich die Lohnpolitik immer im Spannungsfeld von Kaufkraft- und Kostenargumenten bewegen. In Aufschwungphasen werden die Arbeitgeber mit Blick auf den größeren „Kuchen" kompromissbereiter sein. Dann wird der Reallohnzuwachs den Produktivitätsanstieg kurzfristig schon mal überschreiten. Dies wird später meist wieder ausgeglichen.

Abbildung 67 zeigt, dass dies auf die letzten Jahre nur bedingt zutraf. Der Verteilungsspielraum als Summe aus Preis- und Produktivitätssteigerungen ist durch die gestapelten Balken erfasst. Die als blaue Punkte dargestellten Steigerungsraten der Bruttolöhne schwankten zwar mit der Konjunktur. Allerdings war dies zuletzt durch eine besondere **Lohnzurückhaltung** überlagert: Im dargestellten Zeitraum wurden die Verteilungsspielräume in elf von dreizehn Jahren nicht voll genutzt – allein im Krisenjahr 2009 und in 2012 waren die Reallohnsteigerungen größer als die Produktivitätszuwächse. 2009 sind die Stundenproduktivitäten vor allem deshalb so deutlich gesunken, weil die Unternehmen trotz des Produktionseinbruchs nur wenige Arbeitnehmer entlassen haben. Ein Teil der Reallohnsteigerungen basierte zudem auf die Gewährung von Kurzarbeitergeld.

Zwischen 2004 und 2008 sowie im Jahr 2010 lagen die Lohnsteigerungen sogar unter der Teuerungsrate. In diesen Jahren waren also sinkende Reallöhne zu konstatieren. Dies alles eröffnete Spielräume für zusätzliche Beschäftigung. So stieg die Zahl der Arbeitnehmer zwischen 2005 und 2012 von 34,6 auf 37,1 Mio. Personen (7,2 %). Weil die durchschnittlich geleisteten Arbeitsstunden pro Kopf und Jahr etwas gesunken sind, stieg die Zahl der geleisteten Arbeitsstunden seit 2005 immerhin um 5,4 %.

Während es bei der Lohnpolitik um Lohnniveau und Lohnstruktur geht, haben die Parameter der Arbeitsmarktpolitik einen Einfluss auf die Flexibilität der Arbeitsmärkte. Hauptakteure sind hier auch nicht die Tarifparteien, sondern der Staat. In Kapitel 3 wurden Anspruchslöhne und Inflexibilitäten am Arbeitsmarkt als Determinanten einer sich verfestigenden Arbeitslosigkeit an-

Prozent

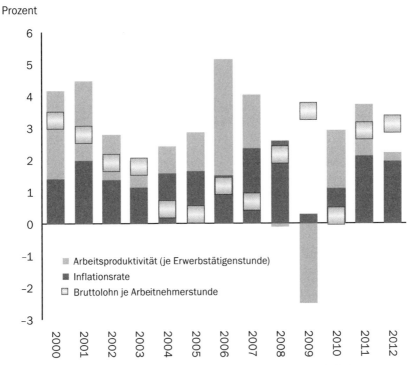

Abbildung 67: Bruttolohnsteigerungen, Produktivitätszuwächse und Inflationsrate
Deutschland 2000–2012

gesprochen. In der Debatte um die Arbeitsmarktflexibilität kommt häufig eine internationale Komponente hinzu. Insbesondere seit dem Wegfall der Wechselkurse im Euroraum müssen die übrigen Preise dort möglichst flexibel sein, um die Abstimmungsfunktion übernehmen zu können. Dies gilt insbesondere für die Arbeitsmärkte.

Vor dem Hintergrund einer sich dramatisch verschlechternden Arbeitsmarktsituation hat die damalige Bundesregierung zwischen 2003 und 2005 umfassende Reformen der Arbeitsmarktinstitutionen und Sozialgesetze durchgesetzt. Ein weiterer Anlass war eine desaströse Bewertung der Vermittlungsleistungen der damaligen Bundesanstalt für Arbeit. Und auch die Arbeitsmarktförderung – also u. a. die Umschulung und Weiterbildung von Arbeitslosen – geriet zunehmend unter Beschuss. Die Reformen unter dem Schlagwort „Agenda 2010" setzten an folgenden Punkten an:

Arbeitsangebot	Zusammenlegung von Arbeitslosenhilfe und Sozialhilfe (Arbeitslosengeld II) verschärfte Zumutbarkeitsregelungen für die Aufnahme von Arbeit Reform der beruflichen Weiterbildung, der Arbeitsmarktförderung und der Arbeitsbeschaffungsmaßnahmen
Vermittlung	Reform der Arbeitsvermittlung Privatisierung von Arbeitsvermittlungsleistungen Deregulierung der Zeitarbeit
Arbeitsnachfrage	Reform der geringfügigen Beschäftigung Existenzgründungszuschüsse

Tabelle 13: Die „Agenda 2010"

Einige dieser Maßnahmen – insbesondere aber die Einführung des Arbeitslosengeldes II – waren politisch umstritten und dürften dazu beigetragen haben, dass die Regierung schließlich abgewählt wurde. Auch zehn Jahre nach den Reformen werden weiterhin Debatten geführt. Einige Beobachter heben hervor, dass sich die Arbeitsmarktpolitik überhaupt als reformfähig erwiesen hat. Viele Arbeitnehmervertreter und Vertreter von Sozialverbänden kritisieren die sozialen Folgen der Reformen. Die Mehrzahl der Ökonomen begrüßt dagegen die gesteigerte Flexibilität der Arbeitsmärkte.

Man kann die **Flexibilität von Arbeitsmärkten** mit verschiedenen Kriterien messen – etwa anhand des Kündigungsschutzes, des Anteils der befristet Beschäftigten oder der Lohnersatzrate, die die Höhe und die Dauer von Arbeitslosengeldzahlungen im Vergleich zum letzten Nettoarbeitseinkommen vergleicht. Insbesondere Letztere wurden in Deutschland durch die Zusammenlegung der Arbeitslosenhilfe mit der Sozialhilfe deutlich reduziert.

Zweifellos hat sich der Arbeitsmarkt in den letzten Jahren positiv entwickelt:

- die durchschnittliche Dauer der Arbeitslosigkeit ist gesunken – vor allem ältere und schlecht ausgebildete Arbeitsuchende sind aber nach wie vor länger arbeitslos;
- aber auch die Langzeitarbeitslosen profitieren: Der Abbau der Langzeitarbeitslosigkeit konnte nahezu mit der sinkenden Arbeitslosigkeit insgesamt mithalten – allerdings ist ein signifikanter Teil dieses Abbaus dem Wechsel der Langzeitarbeitslosen in den Ruhestand zuzuschreiben;
- der Anteil der Personen, die in der Altersgruppe zwischen 15 und 24 Jahren nicht in Beschäftigung, Bildung oder Ausbildung waren, ist seit Mitte der vergangenen Dekade gesunken.

Während mikroökonomisch ausgerichtete Studien die forcierte Arbeitsmarktflexibilität überwiegend positiv beurteilen, kommen makroökonomische Studien zuweilen zu dem Ergebnis, dass die Beschäftigungswirkungen der Reformen eher gering waren. Allerdings dürften die Effekte nicht zuletzt deshalb schwer einzuschätzen sein, weil von der oben skizzierten Lohnzurückhaltung ganz ähnliche – und vermutlich stärkere – Wirkungen auf die Beschäftigung ausgingen. Tatsächlich beruhte die Neuausrichtung der Lohnpolitik und der Arbeitsmarktpolitik ab Mitte der letzten Dekade aber auf der gleichen Ursache: Einer sich immer stärker auftürmenden Arbeitslosigkeit.

An dieser Stelle lohnen sich weitere Rückblenden: Bei der Komponentenzerlegung des Wachstums (Tabelle 6 bzw. Fallstudie 3) wurde gezeigt, dass das Wirtschaftswachstum langfristig tendenziell abnimmt und dass der Wachstumsbeitrag des Kapitalstocks schrumpft. Zudem wird ein immer geringerer Anteil des BIP für Investitionszwecke genutzt. Die empirischen Ergebnisse im Arbeitsmarktkapitel wiesen schließlich auf sinkende Beschäftigungsschwellen hin (Abbildung 26). Im Vergleich zu den Neunzigerjahren reichte zwischen 2002 und 2012 also eine geringere Wachstumsrate, um Beschäftigung aufzubauen. Dies deutet auf die **Substitution von Kapital durch Arbeit** aufgrund veränderter Faktorpreisrelationen hin. Faktisch wird eine solche Faktorsubstitution in den Unternehmen insoweit vollzogen, als höhere Produktionsmengen durch eine kostengünstigere Ausweitung der Beschäftigung bei konstantem oder nur unterproportional ausgeweitetem Kapitalstock erzielt werden. Nicht zuletzt deshalb kam die Arbeitsproduktivität seit 2006 kaum von der Stelle. Zumindest der Teil des Beschäftigungswunders, der auf der Lohnzurückhaltung basiert, sorgt also indirekt für eine deutliche Verringerung der gesamtwirtschaftlichen Verteilungsspielräume.

4   Politikregeln und Neue Politische Ökonomie

Vor allem unter den Stabilitätsoptimisten finden sich viele Befürworter einer regelbasierten Wirtschaftspolitik. Wenn im politischen Tagesgeschäft nicht freiwillig bestimmte Standards glaubwürdig eingehalten werden, dann neigt man dazu, künftige Regierungen durch bindende Politikregeln dazu zu zwingen.

Will man den politischen Prozess als Zusammenspiel von Politikern, Bürokraten und Wählern analysieren, dann trägt die Hypothese selbstlosen Verhaltens im Dienste der Allgemeinheit nicht allzu weit. Dem Paradigma der **Neuen Politischen Ökonomie** folgend bewirken eigennütziges Verhalten, überforderte Kontrollmechanismen und schlecht informierte Wähler, dass die Politik tendenziell das Populäre dem Notwendigen vorzieht. Nach diesem Paradigma folgen Politik und Verwaltung – wie alle anderen Wirtschaftssubjekte – eigenen Interessen. Politiker wollen (wieder-)gewählt werden und orientieren sich daher am sogenannten **Medianwähler** – also dem Wähler genau in der Mitte des politischen Spektrums der Wählerschaft. Ihn zu überzeugen, bedeutet mehr als 50 % der Stimmen auf sich zu vereinigen. Politiker vermeiden unpopuläre Maßnahmen, und schnüren gemeinsam mit Koalitionspartnern schlecht aufeinander abgestimmte Maßnahmenpakete. Bürokraten stehen am Anfang und am Ende dieses Prozesses. Einerseits entwerfen sie abstimmungsfähige Pakete und Gesetze. Auf der anderen Seite führen sie die verabschiedeten Maßnahmen durch. Dabei werden sie versuchen, ihr Budget und ihre Macht zu maximieren und können dabei von Politikern nicht hinreichend kontrolliert werden. In diesem System kommen Lobbyisten hinzu, die versuchen, die Ergebnisse des politischen Prozesses im Sinne ihrer Klientel zu beeinflussen. Schließlich treffen die Wähler ihre Entscheidungen nach Sympathie oder nach den erreichten Veränderungen einfacher Indikatoren: Arbeitslosenquote, Inflationsrate oder Wirtschaftswachstum.

Eine Folgerung, die man daraus ziehen könnte, ist es, die demokratische Kontrolle durch die Implementierung von **Politikregeln** zu ergänzen. Mit solchen Regeln legen Politiker „Leitplanken" fest, innerhalb derer sie oder ihre Amtsnachfolger stabilitätspolitische Maßnahmen durchführen sollen. Ziel ist es, Fehlentscheidungen aufgrund der oben skizzierten Verhaltensmuster von Politik und Verwaltung zu vermeiden. Die Idee einer regelbasierten Stabilisierungspolitik knüpft letztlich an die Schule der rationalen Erwartungen an: Immer dann, wenn Institutionen nach bestimmten Regeln handeln, gelten sie als glaubwürdig. Erwartungsfehler in Bezug auf die Reaktionen wirtschaftspolitischer Institutionen können so verringert werden. Beispiele für solche Politikregeln sind:

- Die Geldmengenregel, die anknüpfend an die Quantitätsgleichung empfiehlt, das Geldmengenwachstum am Wirtschaftswachstum zu orientieren, um langfristig Inflation zu vermeiden.
- Alternativ dazu formulieren Keynesianer die Taylor-Regel für den von der Zentralbank zu setzenden Geldmarktzins. Bei einer annahmegemäß elastischen LM-Kurve sollte die Zentralbank den Geldmarktzins nach der Inflationsrate und der Outputlücke ausrichten. Je höher die Inflation und je geringer die Outputlücke, desto höher sollte der Geldmarktzins sein.
- Die kostenneutrale Lohnpolitik, die eine Orientierung der Lohnzuwächse an der erwarteten Inflationsrate und an der Produktivitätsentwicklung fordert.
- Die Maastricht-Kriterien im Stabilitäts- und Wachstumspakt, die die Stabilität des Euros sichern sollten, indem den Beitrittskandidaten Anforderungen an Preisstabilität, Zins- und Wechselkursentwicklung sowie Staatsverschuldung gestellt werden.

Die skizzierten Theoriebausteine der Neuen Politischen Ökonomie haben den unbestreitbaren Vorzug, individuelle Interessen im politischen Prozess zu thematisieren und Wirtschaftspolitik als Prozess zu begreifen, der im günstigsten Fall zu einem Interessenausgleich führt. Allerdings erscheint es als vermessen, aus übersimplifizierten Verhaltenshypothesen die Notwendigkeit von Regelbindungen herzuleiten.

Gegen Politikregeln spricht zunächst der grundsätzliche Einwand, dass künftige Herausforderungen der Stabilisierungspolitik unbekannt sind. Die Politik muss zuweilen auf vollkommen neue und daher nicht zu antizipierende Situationen reagieren. Politikregeln können allein deshalb in konjunkturellen „Normallagen" hilfreich sein. Es muss aber immer Ausnahmen von den Regeln geben.

Eine Lehre aus der Finanzkrise sollte sein, dass in manchen Situationen stabilitätspolitische Flexibilität nötig ist. In der Rezession sinken die Steuereinnahmen und die Sozialausgaben steigen. Sofern die Politik die sich dadurch ergebenden Defizite nicht begrenzt, regen diese **eingebauten Stabilisatoren** die Konjunktur tendenziell an (*build-in stability*). Die sklavische Befolgung von Verschuldungsregeln könnte dagegen dazu führen, dass der Staat im Abschwung Ausgaben kürzen oder Steuern erhöhen müsste. Umgekehrt könnte der Staat bei guter Kassenlage eine Boom-Situation weiterhin durch zusätzliche Ausgaben anheizen. Eine mit Schuldenbremsen verbundene Gefahr wäre also eine prozyklische Ausgabenpolitik des Staates. Mit oder ohne Schuldenbremsen – die Politiker verhalten sich also in beiden Fällen ähnlich. Damit stellt sich die Frage, ob Regelbindungen das politische Verhalten tatsächlich so dramatisch verändern.

Darüber hinaus beruht die Forderung nach Politikregeln auf einem naiven Verständnis des politischen Prozesses. Politiker, die sie beschließen, betreiben eine Art „Selbstfesselung". Dabei ist fraglich, warum Politiker sich oder ihren Nachfolgern die Handlungsspielräume mit restriktiven Regeln einengen sollten. Ein rationaler Politiker würde vor allem solche Regelbindungen beschließen, die eben genau dies nicht tun.

Problematisch könnten auch verfassungsrechtliche Aspekte von Politikregeln sein. Regierungen sind demokratisch legitimiert – die Akteure und ihre Politik können nach Ablauf einer Legislaturperiode abgewählt werden. Die Gründe, aus denen heraus eine gegenwärtige Regierung die Handlungsspielräume künftiger Regierungen fühlbar einschränkt, sollten daher gewichtig sein. Was also für die zunehmende Staatsverschuldung gilt, muss auch für Politikregeln gelten.

Fallstudie 12: Die Schuldenbremse

Als Reaktion auf ein Urteil des Bundesverfassungsgerichts wurde 2009 eine schärfere Begrenzung der Neuverschuldung verabschiedet. Für den Bund bedeutet die Schuldenbremse, dass die strukturelle Neuverschuldung ab dem Jahr 2016 einen Wert von 0,35 % in Relation zum nominalen Bruttoinlandsprodukt nicht überschreiten darf. Für die Bundesländer gelten ab dem Jahr 2020 noch strengere Verschuldungsregeln.

Ermitteln Sie aus dem Jahresgutachten 2010, wie der Sachverständigenrat künftig die konjunkturellen Verschuldungsspielräume des Bundes ermitteln will.

» Zusammenfassung

- Während die deutsche Wirtschaftspolitik in der Nachkriegszeit durch Ordnungspolitik und das „Wirtschaftswunder" geprägt war, gab es ab Ende der 1960er Jahre immer wieder Phasen, in denen der Schwerpunkt auf einer nachfrageorientierten Konjunkturstabilisierung lag. Diese Phasen waren situativ geprägt, zudem spielte die Ideologie eine Rolle: Sozialdemokratisch geführte Regierungen neigten eher zum deficit spending als konservative Koalitionen.

- Mit der Modellierung von Erwartungen in makroökonomischen Modellen war der trade-off zwischen Inflationsrate und Arbeitslosigkeit in der langen Frist gestorben. Demnach können Regierungen die Arbeitslosigkeit mit keynesianischen Konjunkturprogrammen kurzfristig senken. Langfristig gibt es aber eine natürliche Arbeitslosenquote, die sich nur durch mehr Flexibilität am Arbeitsmarkt reduzieren lässt.

- Seit Mitte der vergangenen Dekade fokussierte sich die Wirtschaftspolitik auf den Arbeitsmarkt. Gesamtwirtschaftliche Impulse gingen von der Arbeitsmarktpolitik und von der Lohnpolitik aus. Das deutsche Beschäftigungswunder seit 2005 beruhte auf der damaligen Lohnzurückhaltung und auf der Flexibilisierung des Arbeitsmarktes durch die „Agenda 2010".

- Das Spannungsfeld zwischen Ordnungspolitik und Prozesspolitik findet sich auch in der Debatte um Politikregeln wieder. Die regelbasierte Stabilisierungspolitik knüpft an die Schule der rationalen Erwartungen an: Wenn Institutionen nach bestimmten Regeln handeln, gelten sie als glaubwürdig. Erwartungsfehler als Ursache von Konjunkturschwankungen werden eingeschränkt. Allerdings ist fraglich, ob Politikregeln den Handlungsspielraum der Politik überhaupt wirksam begrenzen.

» Wichtige Begriffe

Ordnungspolitik, Prozesspolitik, Angebotspolitik, Kaufkraftargument, reale Lohnstückkosten, Lohnspielräume, natürliche Arbeitslosenquote, Medianwähler, Schuldenbremse, eingebaute Stabilisatoren.

» Aufgaben

1 Was verstehen Sie unter dem Primat der Ordnungspolitik?

2 Zeigen Sie im Modell der langfristigen Phillips-Kurve, warum es langwierig und politisch schwer durchsetzbar ist, eine aufkommende Inflationsmentalität zu brechen.

3 Stellen Sie zwei Modellelemente der Neuen Politischen Ökonomie dar und erläutern Sie bedeutsame Innovationen, die mit diesem Erklärungsansatz des polit-ökonomischen Prozesses verbunden waren?

4 Nennen Sie zwei Beispiele für Politikregeln und erläutern Sie daran die Vorzüge und die Nachteile einer regelbasierten Konjunkturpolitik.

5 Wie beurteilt der Sachverständigenrat die Wirkungen der Agenda 2010? Was bemängeln eher kritische Stimmen?

Kapitel 10
Stabilisierungspolitik in einer globalisierten Welt

Mehr Arbeitsteilung führt zu stärkeren wechselseitigen Abhängigkeiten. Da die deutschen Exporte mittlerweile mehr als die Hälfte des BIP ausmachen, trübt ein konjunktureller Abschwung eines wichtigen Handelspartners die eigenen Aussichten ein. Nicht nur wegen der gemeinsamen Geldpolitik im Euro-Raum, sondern auch wegen der Internationalisierung der Finanzmärkte unterliegen alle wichtigen Wirtschaftsstandorte einer zunehmenden weltweiten Konkurrenz.

Die Weltfinanzkrise von 2008/09 galt vielen Beobachtern als die erste Bewährungsprobe für die Europäische Währungsunion. Angesichts des dramatischen Rückgangs von Produktion und Beschäftigung wollten die Regierungen in Europa Handlungsstärke zeigen und beschlossen ein Konjunkturprogramm im Umfang von rund 200 Mrd. €. Dies ist nicht das erste Beispiel für eine internationale Koordination der Stabilisierungspolitik. Aber es zeigt deutlich, dass die Folgen des konjunkturellen Krisenmanagements eine Ursache der nächsten Krise sein können.

» Lernziele

- Die Studierenden kennen die wichtigsten Globalisierungstrends. Sie verstehen, warum die Globalisierung mehr internationale Kooperation in der Stabilisierungspolitik erzwingt. Sie sind sich aber andererseits bewusst, dass die Konkurrenz zwischen den verschiedenen Regionen zunimmt.
- Am Beispiel der Weltfinanzkrise lernen die Studierenden den Einsatz international abgestimmter, fiskalpolitischer Instrumente kennen. Sie wissen, dass der Fiskalpolitik mit Blick auf die Staatsverschuldung Grenzen gesetzt sind.
- Die Studierenden wissen, dass die Euro-Krise vor allem eine Vertrauenskrise war. Sie können erklären, mit welchen Maßnahmen die Mitgliedsstaaten des Euro-Raums darauf reagiert haben und welche Risiken von einer Geldpolitik ausgehen, die die Geldmarktzinsen praktisch auf Null setzt. Sie können erläutern, warum das Krisenmanagement von Eurogruppe und EZB die grundlegenden Probleme des Euro-Raums nicht lösen kann.

1 Globalisierung und wirtschaftspolitische Handlungsspielräume

Unser Wohlstand beruht wesentlich auf einer immer intensiveren internationalen Arbeitsteilung. Mit dem Schlagwort „**Globalisierung**" wird die zunehmende ökonomische Integration angesprochen, die durch größere Märkte und einen sich verschärfenden Wettbewerb gekennzeichnet ist. Für viele Waren und Dienstleistungen ist der Weltmarkt mittlerweile der relevante Markt. Multinationale Konzerne setzen ihre Ressourcen rund um den Globus ein. Globalisierung meint nicht nur den Abbau von Handelsschranken, sondern auch die zunehmenden Kommunikationsmöglichkeiten – etwa über das Internet – und die sinkenden Transportkosten. Schließlich hat Globalisierung auch eine sozio-kulturelle Dimension: Sprachkenntnisse und interkulturelle Kompetenzen nehmen zu. Geschmäcker, Lebensentwürfe und Gebräuche gleichen sich mehr und mehr an.

Insbesondere folgende Trends kennzeichnen nach einer Studie der OECD aus dem Jahre 2005 die zunehmende weltwirtschaftliche Integration (Abbildung 68):

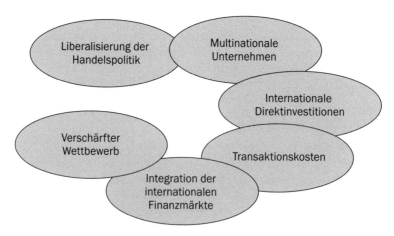

Abbildung 68: Globalisierungstrends

- Liberalisierung der Handelspolitik:
  Verringerung von Zöllen und nicht-tarifären Handelsbarrieren, Abkommen über den Handel mit Dienstleistungen und den Schutz des geistigen Eigentums;
- Zunehmende Bedeutung multinationaler Unternehmen:
  verstärkter internationaler Handel innerhalb von Konzernen, steigende Bedeutung von Kostenvorteilen bei Standortentscheidungen;
- Internationale Direktinvestitionen:
  Vertriebsstandorte, Offshoring und Internationalisierung der Produktion;

- Sinkende Transaktionskosten:
  schnelle Kommunikation zu geringen Kosten via Internet, sinkende Transportkosten;
- Integration der internationalen Finanzmärkte:
  Geldmärkte, Kapitalmärkte und Kreditmärkte zunehmend international und wechselseitig verbunden;
- Verschärfter Wettbewerb:
  schnellere Ausbreitung neuer Technologien, verkürzte Produktionszyklen und Markteintritte neuer Anbieter.

Ausgewählte Institutionen berichten regelmäßig über die Entwicklung der Globalisierung und versuchen sie durch Indikatoren zu erfassen. Einen guten Überblick gibt die OECD, die die oben genannten Aspekte isoliert darstellt und vergleicht. Andere Institutionen versuchen, die unterschiedlichen Daten zur Globalisierung in einem Index oder einer Handvoll zusammengefasster Kenngrößen auszudrücken. In diesen „Hitlisten" tauchen oft kleine Volkswirtschaften wie Singapur, Belgien oder die Schweiz auf den vorderen Plätzen auf. Allerdings ist Vorsicht geboten. Kleine Volkswirtschaften weisen naturgemäß hohe Exportquoten auf, die die betreffenden Volkswirtschaften als besonders offen für den Welthandel ausweisen. Offensichtlich verzerrt diese Verkürzung die Realität. Zudem stellt sich generell die Frage nach der Gewichtung der eingehenden Daten. Die Interpretation von **Globalisierungsindikatoren** kommt so meist kaum über die Aussage hinaus, dass die Globalisierung zugenommen hat.

Unter dem Druck des globalen Wettbewerbs schreitet die Internationalisierung der Produktion voran. Dabei versteht man unter **Outsourcing** die Auslagerung von Unternehmensaktivitäten auf externe Zulieferer. Der Grad der Arbeitsteilung nimmt dadurch zu. Die Zulieferer, die Waren und Dienstleistungen im Vergleich zur Aktivität im Unternehmen meist kostengünstiger anbieten, können entweder im Inland oder im Ausland beheimatet sein. Während beim Outsourcing vor allem die Frage nach den Aktivitäten abseits der Kernkompetenzen eines Unternehmens gestellt wird, spricht man von **Offshoring**, wenn Komponenten, Dienstleistungen oder Teile der Produktion im Ausland erstellt werden. Dabei ist es gleichgültig, ob dies extern oder durch eine Unternehmenstochter erfolgt. Vom Global Sourcing (Beschaffung auf ausländischen Märkten) und vom Offshoring geht tendenziell ein Druck auf die inländische Wertschöpfung aus. Auf dem Arbeitsmarkt kommt es zu einem strukturellen Wandel, der in Deutschland insbesondere die Beschäftigungschancen gering qualifizierter Arbeitskräfte schmälert. Andererseits ist zu betonen, dass die intensivere Einfuhr von Materialien und Komponenten letztlich ein normaler wirtschaftlicher Prozess ist, der in den letzten Jahren mit der Integration der mittel- und osteuropäischen Länder in den Europäischen Binnenmarkt und mit dem dynamischen Wachstum in den Schwellenländern zusätzliche Impulse erhielt.

Fallstudie 13: Basar-Ökonomie

Vor einigen Jahren wurden Befürchtungen laut, die deutsche Wirtschaft werde zur **Basar-Ökonomie**. Unter diesem Schlagwort wurde darüber diskutiert, dass die Wertschöpfungsketten so schlank werden könnten, dass *„Made in Germany"* künftig überwiegend importiert würde. Beispielsweise importiert *AUDI* Komponenten im Wert von mehr als der Hälfte des Umsatzes. Motoren werden konzernintern durch **AUDI HUNGARIA** geliefert. Karosserieteile und Innenausstattungen werden unternehmensextern gefertigt und schwerpunktmäßig aus den mittel- und osteuropäischen Ländern beschafft. Elektronikkomponenten werden überwiegend von deutschen Vorleistern geliefert, die aber ihrerseits auf Lieferanten und Produktionsstandorte im Ausland zurückgreifen. Daher scheinen Importe mehr und mehr heimische Wertschöpfung zu verdrängen und in Deutschland findet wie auf einem Basar hauptsächlich Handel statt.

Wie stichhaltig ist dieses Argument? Finden Sie Gegenargumente, die während der Debatte um die Basar-Ökonomie vorgebracht wurden. Gibt es statistische Belege für diese obige These?

Wenn Produktionsstandorte zunehmend austauschbar werden, stehen nicht nur die Unternehmen, sondern auch die Regierungen im internationalen Wettbewerb. Regierungen ergreifen zunehmend Maßnahmen, um Produktionen und damit Arbeitsplätze zu sichern und zu schaffen. Sie sind um die internationale Wettbewerbsfähigkeit ihres Landes bemüht und orientieren sich auch an Standortrankings. Wie die Globalisierungsindikatoren verkürzen und verzerren aber auch diese Rankings die beobachtbare Realität:

- Dies bezieht sich zum einen auf ihre Methodik. Auch hier stellt sich die Frage, welche Daten einbezogen werden (und welche nicht) und wie diese verdichtet und gewichtet werden.
- Zudem ist ein Standortranking keine harmlose Bundesliga-Tabelle. Diejenigen, die solche Rangfolgen in Auftrag geben, verfolgen damit in aller Regel Interessen – Lobbyisten üben damit oft Druck auf die Politik aus.
- Und schließlich liegt die inhaltliche Aussage solcher Rangfolgen oftmals in der Nähe von Null, weil Wachstum und Index-Score – wenn überhaupt – nur schwach korreliert sind.

Fallstudie 14: Die Karawane zieht weiter

Im Jahr 2008 kündigte NOKIA an, seine Handy-Produktion von Bochum nach Rumänien umzusiedeln. Bochum war damals einer von 15 Produktionsstandorten des Unternehmens. Rund 2.300 Arbeitsplätze gingen verloren. Im Jahr 1999 hatte NOKIA dort die Handyproduktion aufgenommen. Das Land Nordrhein-Westfalen hatte dies durch Subventionen in Höhe von rund 40 Mio. € unterstützt.

NOKIA begründete die Schließung des Standorts Bochum mit erheblichen Lohnkostenvorteilen in Rumänien. Allerdings dürften auch EU-Mittel geflossen sein. Der Produktionsstandort in Rumänien wurde 2012 geschlossen. Der Fall NOKIA gilt seither als Beispiel dafür, dass man Wettbewerbsfähigkeit und Arbeitsplätze nicht herbei subventionieren kann und dass Regierungen ihre Standortpolitik besser langfristig ausrichten sollten.

Recherchieren Sie ähnlich gelagerte Fälle, in denen eine kurzfristige standortpolitische Entscheidung und die damit verbundenen Subventionen Produktionsstandorte nicht langfristig sichern konnten.

Mit steigendem Spezialisierungsgrad nehmen die gegenseitigen Abhängigkeiten und damit die Risiken zu. Daraus lässt sich schließen, dass die Weltwirtschaft zunehmend **globale Institutionen und Regeln** braucht, weil nationalstaatliches Handeln von international tätigen Akteuren leicht unterlaufen werden kann. Einzelne Staaten folgen ihren Interessen, so dass ein funktionierender Rahmen für eine Weltwirtschaft vor allem dann entsteht, wenn es allen nützt – wie etwa beim Abbau von Zöllen und anderen Handelshemmnissen. Staaten und Produktionsstandorte stehen weltweit zueinander in Konkurrenz. Obwohl wirtschaftliche und politische Macht weltweit nicht gleichmäßig verteilt sind, bedeutet Globalisierung auch, dass die Macht einzelner Staaten und die **Möglichkeiten einer nationalen Stabilitätspolitik zunehmend begrenzt** sind. Durch die Globalisierung sind die Regierungen weltweit also zu einer verstärkten Abstimmung ihrer Wirtschaftspolitik und zu einer stärkeren **Kooperation** gezwungen.

Während die individuellen Chancen und der Wohlstand seit dem zweiten Weltkrieg durch diesen Prozess weltweit wie noch nie zuvor in der Geschichte zugenommen haben, beklagen die Kritiker der Globalisierung die Verlagerung von Arbeitsplätzen ins Ausland, zunehmende Umweltprobleme in Entwicklungsländern und soziale Folgen der Globalisierung. Zu den Risiken der Globalisierung zählen auch die wachsenden makroökonomischen Abhängigkeiten zwischen den globalen Wirtschaftsräumen. Der **internationale Konjunkturzusammenhang** wird immer enger – die Übertragung konjunktureller Impulse lassen Krisen wahrscheinlicher und folgenreicher werden. Man mag das eine oder andere beklagen; umkehrbar ist der Globalisierungsprozess nicht. Man kann diesen Prozess aber so gestalten, dass unerwünschte Ergebnisse möglichst nicht auftreten oder korrigiert werden. Auf lange Sicht wird man daher nicht umhinkommen, Stabilitätspolitik international noch stärker abzustimmen und – wie im europäischen Integrationsprozess – Teile der nationalen Souveränität abzugeben.

2   Die Weltfinanzkrise

> Der „Case-Shiller-Immobilienpreisindex" für die USA stieg von Januar 2000 (=100) bis Juni 2006 auf knapp 190 und stürzte dann innerhalb von drei Jahren auf knapp 130 ab. Beim 10-City-Composite, der die Immobilienpreise in den US-Metropolregionen erfasst, waren die Ausschläge sogar noch größer.

Die auf Fehlentwicklungen auf dem US-Immobilienmarkt beruhende Krise löste eine **Bankenkrise** aus. Zwischen 2000 und 2006 haben sich die Immobilienpreise in den USA fast verdoppelt. Die Amerikaner spekulierten zunehmend mit der eigenen Wohnimmobilie. Immobilienerwerber und ihre Kreditgeber sind Mitte des vergangenen Jahrzehnts davon ausgegangen, dass die Preissteigerungen der Immobilien anhalten.

Unter dieser Bedingung finanzierten sich Häuser letztlich über ihre Wertsteigerungen, so dass Banken ein vermeintlich geringes Risiko eingingen. **Falsche Erwartungen** ließen Hypothekenbanken unvorsichtiger werden. Sie vergaben immer mehr Kredite an Kreditnehmer mit einer geringen Bonität – die sogenannten Subprimes. Die Liquidität dafür beschafften sich US-Hypothekenbanken durch die Ausgabe von Schuldverschreibungen und andere durch Immobilien besicherte Wertpapiere.

Als die **Immobilienblase** schließlich platzte, war das Spielfeld für Domino-Effekte ungeahnten Ausmaßes bereitet. Sinkende Immobilienpreise führten zu Zahlungsausfällen und zu Neubewertungen der Kreditrisiken. Forderungen der Banken wurden entwertet und die Kurse von immobilienbasierten Wertpapieren stürzten ab. Damit verloren die Aktiva-Positionen vieler Banken schlagartig an Wert, so dass ihr Eigenkapital dahinschmolz. Wie die Chronik der Ereignisse zeigt, hatten nicht nur US-Banken schlechte Risiken in ihren Portefeuilles. Auch europäische Banken wollten am US-Immobilienboom partizipieren und haben deshalb Schuldverschreibungen amerikanischer Hypothekenbanken gekauft.

Die Chronologie der Weltfinanzkrise

Ab Mitte 2006: Die Immobilienblase in den USA platzt – die Preise für Immobilien sinken und Baufinanzierungen werden zunehmend notleidend.

April 2007: Die US-Bank „New Century Financial" ist zahlungsunfähig. Sie hatte in großem Umfang schlecht besicherte Immobilienkredite vergeben.

Juli 2007: In Deutschland geraten die ersten Banken – unter ihnen vor allem Landesbanken – wegen Fehlspekulationen am US-Immobilienmarkt in Schwierigkeiten.

August 2008: Der deutschen „Hypo Real Estate" droht die Zahlungsunfähigkeit. Bundesregierung und Finanzwirtschaft versuchen, das Unternehmen mit einem Notkredit zu retten.

September 2008: Die US-Bank „Lehman Brothers" ist insolvent. Der „Dow Jones" – Aktienindex verzeichnet den stärksten Tagesverlust seit 9-11. In der Folge geraten weltweit die Aktienkurse unter Druck. Auch der Wechselkurs des Euro sinkt dramatisch, weil amerikanische Anleger ihre Euro-Positionen auflösen.

Oktober 2008: Das „Rettungspaket" für die „Hypo Real Estate" platzt. Die Bundesregierung beschließt daraufhin ein nationales Bankenrettungspaket. Kanzlerin und Finanzminister teilen der verdutzten Öffentlichkeit mit, dass die Regierung für private Spareinlagen in Deutschland bürge.

November 2008: Das Statistische Bundesamt sieht Deutschland in einer Rezession – auch die europäischen Nachbarländer sind betroffen. Die Bundesregierung beschließt das Konjunkturpaket I mit einem geschätzten Volumen von 4 Mrd. € in 2009 und von 7 Mrd. € in 2010.

Dezember 2008: Der Europäische Rat formuliert einen gemeinsamen Rahmen für konjunkturpolitische Maßnahmen der Mitgliedstaaten und koordiniert die Stabilisierungsmaßnahmen der EU-Mitglieder.

Januar 2009: Aufgrund dieser Zusagen formuliert die Bundesregierung das Konjunkturpaket II mit einem geschätzten Volumen von 20 Mrd. € in 2009 und 30 Mrd. € in 2010. Die europäischen Partner setzen vergleichbare Maßnahmen in Kraft.

Oktober 2010: „Zögerliche Belebung – steigende Staatsschulden" ist die Gemeinschaftsdiagnose der Wirtschaftsforschungsinstitute überschrieben. Die Konjunkturexperten gehen von einer wirtschaftlichen Erholung Deutschlands und seiner Handelspartner aus – kritisieren aber die ausufernde Staatsverschuldung in Europa.

(angelehnt an: www.krisenchronik .de)

Neben der Überschuldung – also der Erosion des Eigenkapitals durch Wertbe-
richtigungen ihrer Forderungen – kam es zu einem massiven **Vertrauensverlust**
gegenüber den Banken. In der Folge versuchten Bankkunden ihre Einlagen gegen
Bargeld einzulösen. Ein bank run, wie er schon im vierten Kapitel angesprochen
wurde, führte bei der britischen „Northern Rock" im September 2007 binnen
weniger Tage zu einem Abzug von Einlagen in Höhe von rund zwei Mrd. Pfund.
Die von der britischen Regierung abgegebenen Garantieerklärungen erschienen
den Bankkunden als nicht glaubwürdig. Als Folge dieser Vertrauenskrise musste das Institut kurzfristig verstaatlicht werden. Schließlich sahen sich Banken
weltweit mit Bonitäts- und Liquiditätsproblemen konfrontiert. In diesem Zusammenhang gab auch die deutsche Bundesregierung eine Garantieerklärung
für Bankeinlagen ab.

Ab Mitte 2008 wurde deutlich, dass der Funke von den Finanzmärkten auf
die Realwirtschaft übersprang (Abbildung 69). Nach einer Stagnation im Jahr
2008 verringerte sich das US-BIP 2009 preisbereinigt um 2,5 %. Über die kri-
senhaften Entwicklungen auf den Finanzmärkten hinaus litten die Konsumnachfrage und die Investitionen in den USA zunehmend unter den Zahlungs-

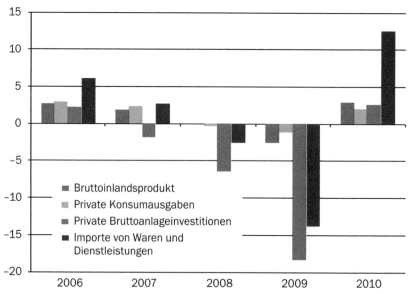

Quelle: Sachverständigenrat zur Begutachtung der gesamtwirtschaftlichen Entwicklung
(SVR), Jahresgutachten 2010/11.

Abbildung 69: Die US-Konjunktur 2006 – 2010 preisbereinigte
              Nachfragekomponenten (prozentuale Veränderungsraten)

schwierigkeiten der privaten Haushalte. Das US-Konsumklima trübte sich ein, so dass die reale Konsumnachfrage 2009 gut 1 % unter dem Vorjahreswert lag. Die Investitionen wurden dramatisch zurückgefahren. Preisbereinigt sanken sie 2008 gegenüber dem Vorjahr um 6 % und 2009 noch einmal um 18 %. Damit brach auch die Nachfrage der größten Volkswirtschaft auf den internationalen Märkten ein – die US-Importe sanken 2009 gegenüber dem Vorjahr um 14 %.

Dieser Nachfrageschock blieb nicht ohne Folgen für den Welthandel. Nach einer spürbaren Eintrübung der Weltkonjunktur brach das Handelsvolumen 2009 um 11 % ein. Damit breitete sich die Krise auch auf den europäischen Gütermärkten aus. In Deutschland wurde dies anhand des Ifo-Geschäftsklimaindexes sichtbar, der seit Ende 2007 fiel. Zudem lagen die gegenüber dem Ifo-Institut geäußerten „Erwartungen" ab Frühjahr 2008 noch unterhalb der Einschätzung der „Lage". Als ein weiterer **vorlaufender Konjunkturindikator** zeigte der vom Statistischen Bundesamt veröffentlichte „Auftragseingang für das Verarbeitende Gewerbe" ab Mitte 2008 Schwächen. In der ersten Jahreshälfte 2009 lag dieser monatliche Index durchschnittlich mehr als 30 % unter seinen nicht eben starken Vorjahreswerten (Abbildung 70). Mitte November 2008 stellte das Statistische Bundesamt fest, dass Deutschland im zweiten und im dritten Quartal nacheinander einen Rückgang des realen BIP gegenüber dem Vorquartal verzeichnet hätte und sich demnach in einer Rezession befände.

Aufgrund der schlechten Konjunkturnachrichten und mit Blick auf die Bundestagswahl im September 2009 entschloss sich die schwarz-rote Koalition, zwei Konjunkturpakete zu verabschieden. Kern des Konjunkturpakets I war eine auf zwei Jahre befristete Wiedereinführung der degressiven Abschreibung. Von diesem Steueranreiz versprach sich die Regierung eine Stimulierung der Ausrüstungsinvestitionen. Nachdem der EU-Rat Ende 2008 EU-weite **Ausgabenprogramme keynesianischer Prägung** beschlossen hatte, legte die Bundesregierung ein weit umfangreicheres Konjunkturpaket nach. Dieses zweite Paket hatte keinen klaren Schwerpunkt. Es entlastete die privaten Haushalte von Steuern und Sozialabgaben, subventionierte die Anschaffung von Neuwagen und zog Investitionsausgaben des Staates vor. Details zu Maßnahmen und geplanten Ausgaben finden sich in Tabelle 14.

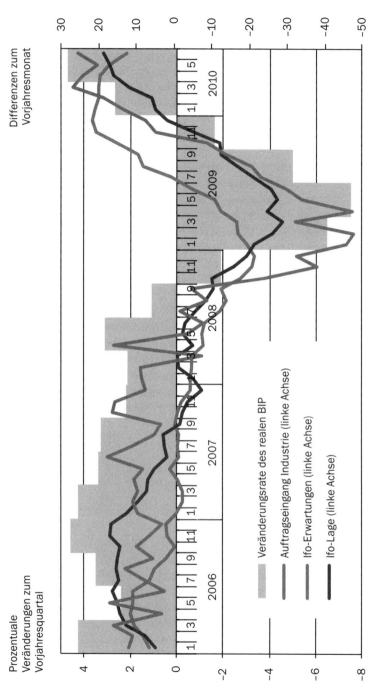

Abbildung 70: Die Weltfinanzkrise in Deutschland BIP-Veränderungen und Konjunkturindikatoren 2006 – 2010

	2009	2010
Konjunkturpaket I	**4,0**	**7,5**
davon in Prozent:		
Steuerrechtliche Erleichterungen "Beschäftigungssicherung durch Wachstumsförderung"	65	76
Aufstockung der Verkehrsinvestitionen	25	13
Konjunkturpaket II	**20,0**	**25,5**
davon in Prozent:		
Entlastungen bei der Einkommensteuer, Kinderbonus	25	22
Abwrackprämie	24	1
Zukunftsinvestitionen der öffentlichen Hand	21	37
Senkung der Beitragssätze zur GKV zum 1. Juli 2009	15	24
Bezuschussung beim Kurzarbeitergeld, Ausweitung der Qualifizierungsprogramme sowie Schaffung von Stellen bei der Arbeitsagentur	13	12

Quellen: Deutsche Bundesbank, Monatsbericht Februar 2009,
Gemeinschaftsdiagnose der Wirtschaftsforschungsinstitute Herbst 2009.

Tabelle 14: Geplante Ausgaben für die deutschen Konjunkturpakete
im Winter 2008/09

Die **Geldpolitik** für den Euro-Raum wurde 2008 außergewöhnlich gelockert. Der Hauptrefinanzierungssatz wurde zwischen September 2008 und Mai 2009 in mehreren Stufen von 4,25 % auf 1 % gesenkt. Der Geldmarktzins lag seit April 2009 unter 1 %. Staatliche Ausgabenprogramme waren also ohne nennenswerte Zinssteigerungen denkbar – die LM-Kurve verlief während der Krise also relativ flach. Von Preissteigerungen im Baugewerbe abgesehen konnte man wegen der kräftigen Unterauslastung der Kapazitäten außerdem Inflationseffekte ausschließen.

Deshalb dürfte ein simples **keynesianisches Multiplikator-Modell** zur Analyse der Wirkungen dieser Konjunkturpakete geeignet sein. Mit Hilfe von Simulationsrechnungen mit ihren Konjunkturmodellen haben die Wirtschaftsforschungsinstitute versucht, die Wirkungen der Konjunkturpakete abzuschätzen. Dabei kamen sie übereinstimmend zu dem Schluss, dass die makroökonomischen Effekte des Pakets nicht allzu groß gewesen sein dürften.

Die Wirkungen der beiden Pakete im Jahr 2009 lassen sich grob durch folgende Tabelle nachzeichnen (vgl. Aufgabe 3 in Kapitel 6):

	Runden							
	0	1	2	3	4	5	6	SUM
Nachfrageimpuls	24,0	14,4	4,8	1,6	0,5	0,2	0,1	21,7
$\Delta T = 0,3 * \Delta Y$		4,3	1,5	0,5	0,2	0,1	0,0	6,5
$\Delta C = 0,8 * (\Delta Y - \Delta T)$		8,1	2,7	0,9	0,3	0,1	0,0	12,1
$\Delta IM = 0,4 * \Delta Y$	9,6	3,2	1,1	0,4	0,1	0,0	0,0	4,9
$\Delta Y = \Delta C + \Delta G - \Delta IM$	14,4	4,8	1,6	0,5	0,2	0,1	0,0	

Tabelle 15: Wirkungen der Konjunkturpakete 2009 im keynesianischen Multiplikator-Modell

- Zusätzliche Ausgaben des Staates ΔG = 24 Mrd. € induzieren bei einer unterstellten Importquote von 0,4, dass Nachfrage in Höhe von 9,6 Mrd. € ins Ausland abfließt, so dass eine zusätzliche inländische Wertschöpfung ΔY von 14,4 Mrd. € verbleibt.
- Davon fallen in der ersten Multiplikator-Runde zusätzliche Steuern ΔT von 4,3 Mrd. € an. Aufgrund des verbleibenden verfügbaren Einkommens entsteht eine Konsumnachfrage ΔC von 8,1 Mrd. €, wovon Waren und Dienstleistungen im Wert von 3,2 Mrd. € importiert werden (ΔIM). Damit verbleibt für die nächste Runde eine zusätzliche Wertschöpfung von 4,8 Mrd. €.
- Nach weiteren Multiplikator-Runden ergibt sich ein zusätzliches BIP von insgesamt 21,7 Mrd. €. Der Konsum nimmt insgesamt um 12,1 Mrd. € zu und durch die Importe fließt Nachfrage von insgesamt 4,9 Mrd. € ins Ausland ab.
- Der Multiplikator, den die Wirtschaftsforschungsinstitute bei ihren Modellsimulationen bei 0,8 sehen, liegt in diesem stark vereinfachten Modell mit 21,7 / 24,0 = 0,9 etwas höher.
- Insgesamt entstanden den Berechnungen zufolge Steuereinnahmen von 6,5 Mrd. €, so dass die Selbstfinanzierungsquote des Programms bei knapp einem Viertel lag.

Die Modellrechnungen mit den makroökonometrischen Konjunkturmodellen führten zu einem Beschäftigungseffekt von 170 Tsd. Personen in 2009 und 250 Tsd. Personen in 2010. Weil die Investitionsprogramme erst spät einsetzten und Teile der bereitgestellten Mittel nicht in Anspruch genommen wurden, kamen spätere Berechnungen zu geringeren Produktions- und Beschäftigungseffekten. Offenbar wirkte ein Teil der Konjunkturpakete in Deutschland erst in 2011 und damit potentiell **prozyklisch**.

Doch nicht nur die übrigen europäischen Regierungen, sondern u. a. die USA und China verabschiedeten umfängliche Ausgabenprogramme, um die Rezession zu bekämpfen:

- Der europäische Gipfel im Dezember 2008 beschloss einen gemeinsamen Rahmen für Konjunkturprogramme der Mitgliedsstaaten, die insgesamt etwa 200 Mrd. € bzw. 1,5 % des EU-BIP ausmachen sollten.
- Schon während des US-Wahlkampfs beschloss die Bush-Administration im Februar 2008 den Economic Stimulus Act, dem zufolge 150 Mrd. $ für Zukunftsinvestitionen bereitgestellt wurden. Die neu gewählte Obama-Administration legte nach und kündigte an, 2009 rund 185 Mrd. $ und in 2010 weitere 400 Mrd. $ an Steuersenkungen und zusätzlichen Ausgaben für die Konjunkturstabilisierung zu mobilisieren. Dies entsprach in dem Jahr einer Größenordnung von knapp 3 % des US-BIP.
- Japan setzte dagegen geringere Impulse – die geplanten Konjunkturmaßnahmen von rund 1,5 % des BIP bestanden zudem zum Teil aus Maßnahmen, die die Regierung aus anderen „Töpfen" umwidmete.
- Einige Schwellenländer folgten dagegen eher dem amerikanischen Beispiel. In Erwartung von Nachfrageausfällen aus der übrigen Welt setzte China schon 2008 ein Konjunkturpaket im Umfang von mehr als 5 % des BIP auf die Schiene.

Ob auf der Grundlage dieser Programme oder aufgrund ihrer endogenen Wachstumsdynamik – die Schwellenländer beeinflussten die Erholung des Welthandels maßgeblich. Vor allem China und die übrigen asiatischen Schwellenländer traten erstmals als „Konjunktur-Lokomotiven" der Weltwirtschaft auf. Dahinter blieb die Wachstumsentwicklung in den traditionellen Wirtschaftszentren deutlich zurück. Damit unterstellten die Wirtschaftsforschungsinstitute in ihren Simulationen **merkwürdige Prämissen**. Denn aufgrund der Vereinbarungen der wichtigsten Industrienationen und einiger Schwellenländer kann nicht sinnvoll angenommen werden, dass die deutsche Exportnachfrage unverändert bleibt. Mit anderen Worten: Deutschland hat vermutlich von der Importnachfrage seiner Haupthandelspartner mehr profitiert als diese von der deutschen Importnachfrage. Selbst wenn man konservativ schätzt und im Vergleich zur Basislösung unveränderte Außenbeiträge annimmt, ändert dies die Ergebnisse im einfachen Multiplikatormodell fundamental (Tabelle 16):

	Runden							
	1	2	3	....	8	9	10	SUM
Nachfrageimpuls	24,0	13,4	7,5	...	0,4	0,2	0,1	54,4
$\Delta T = 0,3 * \Delta Y$	7,2	4,0	2,3	...	0,1	0,1	0,0	16,3
$\Delta C = 0,8 * (\Delta Y - \Delta T)$	13,4	7,5	4,2	...	0,2	0,1	0,1	30,5

Tabelle 16: Wirkungen der Konjunkturpakete ohne Importabflüsse

Ohne Nachfrageabflüsse ins Ausland liegt der keynesianische Multiplikator über zwei – mit dem Paket in Höhe von 24 Mrd. € steigt das BIP um mehr als 50 Mrd. €. Damit dürften auch die Beschäftigungswirkungen der Konjunkturpakete von den Wirtschaftsforschungsinstituten massiv unterschätzt worden sein. Schließlich deutet schon dieses sehr einfache Beispiel an, dass es in einer wirtschaftlich eng verflochtenen Welt mehr und mehr auf internationale Kooperation in der Stabilisierungspolitik ankommen wird.

Tatsächlich wurden die einzelnen Mitgliedsstaaten der Europäischen Union unterschiedlich stark von der Finanz- und Wirtschaftskrise beeinträchtigt. In Abbildung 71 ist der prozentuale Rückgang des realen BIP absolut angegeben. Je weiter rechts die einzelnen Punkte also liegen, desto stärker die Krise. Deutschland, Italien und Großbritannien als wichtige Lieferanten von Investitionsgütern für den Weltmarkt sahen sich 2009 mit Einbrüchen um die 5 % konfrontiert und waren damit doppelt so stark betroffen wie die USA selbst. Irland und Finnland litten über die Finanz- und Wirtschaftskrise hinaus an besonderen Einflüssen. Dagegen waren die Wachstumseinbußen in Frankreich und den Niederlanden, aber auch in Griechenland und Portugal eher unterdurchschnittlich groß.

Auf der Hochachse der Abbildung sind die Veränderungsraten der nationalen BIP für 2010 und 2011 einfach addiert. Näherungsweise kann man also sagen: Mitgliedsländer auf und oberhalb der 45-Grad-Linie hatten 2011 wieder das Niveau ihres reales BIP von 2008 erreicht oder übertroffen. Dagegen hatten Irland, Italien, Portugal und Spanien auch nach 2011 noch mit den Krisenfolgen zu kämpfen. Wie der folgende Abschnitt detaillierter darstellt, rutschte Griechenland 2010 in den Sog der Euro-Krise.

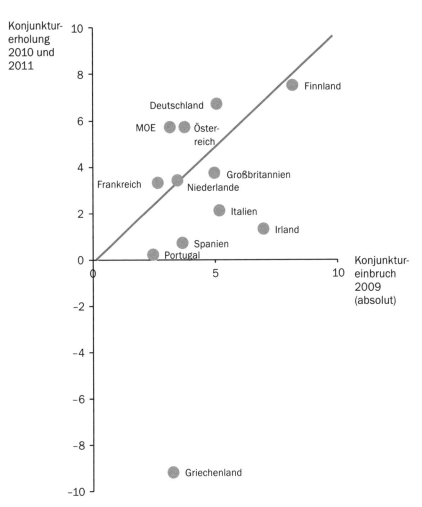

MOE: mittel- und osteuropäische Länder

Abbildung 71: Konjunktureinbruch und -erholung ausgewählter europäischer Staaten

Der Preis, den alle Staaten für die Ausgabenprogramme und die Bankenrettung zu zahlen hatten, bestand in einem massiven Anstieg der Neuverschuldung. Tabelle 17 gibt einen Überblick über die Entwicklung der Neuverschuldungsquoten in ausgewählten Ländern des Euro-Raums und zeigt die Auswirkungen der europäischen Konjunkturmaßnahmen auf die Defizite. Diese konjunkturell bedingte Defizite ergeben sich schon durch die in Kapitel 9 angesprochenen eingebauten Stabilisatoren: Im Abschwung nehmen bestimmte Ausgaben etwa im Bereich der Arbeitsmarktpolitik zu. Zudem stagnieren die Steuereinnahmen, was zusätzlich zu Defiziten beiträgt. Darüber hinaus haben alle Regierungen Ausgabenprogramme zur Konjunkturstabilisierung initiiert. Allein die Neuverschuldung Irlands machte 2010 30 % des BIP aus. Dies beruhte aber fast ausschließlich auf der Rettung einer einzigen Krisenbank – der Anglo Irish Bank. **Strukturelle Defizite** geben dagegen im Allgemeinen Hinweise auf den Konsolidierungsbedarf der staatlichen Ausgaben. Sie liegen vor, wenn die Staatsverschuldung keine konjunkturelle Ursachen hatte. Dies galt offenbar schon vor der Weltfinanzkrise für Frankreich und Italien, verstärkt aber für Griechenland und Portugal.

	2008	2009	2010	2011
Deutschland	0,1	3,1	4,2	0,8
Frankreich	3,3	7,6	7,1	5,3
Italien	2,7	5,4	4,3	3,7
Spanien	4,5	11,2	9,7	9,6
Niederlande	−0,5	5,6	5,1	4,5
Belgien	1,0	5,6	3,8	3,7
Österreich	0,9	4,1	4,5	2,5
Griechenland	9,9	15,6	10,8	9,6
Irland	7,3	13,8	30,5	13,1
Portugal	3,7	10,2	9,9	4,4
Euro-Raum	**2,1**	**6,4**	**6,2**	**4,2**

Quellen: Sachverständigenrat zur Begutachtung der gesamtwirtschaftlichen Entwicklung, Jahresgutachten 2013/14, Gemeinschaftsdiagnose der Wirtschaftsforschungsinstitute Herbst 2013.

Tabelle 17: Neuverschuldung der öffentlichen Haushalte in ausgewählten Ländern des Euroraums (in Prozent des nominalen BIP)

3   Die Euro-Krise

Letztlich waren die europäischen Konjunkturpakete nicht der Grund für die 2010 einsetzenden **Zweifel an der Stabilität des Euro-Systems.** Die zusätzlichen Defizite waren aber wohl der Funke, der ein explosives Gemisch unterschiedlicher Problemlagen im Euro-Raum entzündete und der dafür sorgte, dass Europa im Krisenmodus verharrte.

Die Pufferfunktion eines flexiblen Wechselkurses in Bezug auf Preise und Zinsen wurde in Kapitel 8 schon angesprochen. Solange sich Staaten verschulden, die ihre Währungsparitäten über flexible Wechselkurse abstimmen, fungiert der Wechselkurs auch in dieser Hinsicht als Puffer. Die Währung eines hoch verschuldeten Staates tendiert in aller Regel zu Abwertungen, weil Anleger diese erwarten und dann Teile ihrer Aktiva abziehen. Solange die Verschuldung in Inlandswährung erfolgt, wirkt jede Abwertung wie ein Schuldenschnitt. Auch in einem Festkurssystem funktioniert das im Falle gelegentlicher Wechselkursanpassungen. Bestehen aber wie im Euro-System keine Regulative mehr zwischen den Mitgliedsländern, dann kann eine mangelnde Finanzdisziplin einiger Mitglieder zum Problem für alle Staaten im Euro-Raum werden. Oder anders formuliert: Die nationale Wirtschaftspolitik ist nicht mehr unabhängig vom stabilitätspolitischen Kurs in der Währungsunion. Mit dem Eintritt in die Währungsunion haben ihre Mitglieder neben der Geldpolitik einen weiteren **Teil ihrer nationalen Souveränität abgetreten** ohne sich dies selbst zuzugestehen.

Die folgende Abbildung zeigt eine Chronologie der Ereignisse zwischen 2010 und 2013 vor dem Hintergrund des Dollarkurses. Ohne monokausale Ansätze der Wechselkursentwicklung zu betonen, wird deutlich: Immer wenn Krisennachrichten auf die Währungsunion einprasselten, verlor der Euro gegenüber dem Dollar an Wert. Das Krisenmanagement setzte im Frühjahr 2010 ein. Der Europäische Rat beschloss das erste Griechenland-„Rettungspaket" in Höhe von 110 Mrd. €, sofern das Land Probleme bekomme, sich am Kapitalmarkt zu finanzieren. Kurze Zeit später trat dieser Notfall ein. Kreditgeber waren die Mitglieder der Währungsunion und der internationale Währungsfond. Kurze Zeit später wurde der **Europäische Rettungsschirm** aufgespannt (eigentlich: *European Financial Stability Facility EFSF*).

Ab Mitte 2010 begann die EZB mit dem Ankauf von Staatsanleihen – das sogenannte **Securities Market Programme** (SMP). Das SMP war selbst innerhalb der EZB nicht unumstritten. Insbesondere die Deutsche Bundesbank äußerte erhebliche Bedenken gegen diese indirekte Finanzierung von Staatsdefiziten. Anfang 2011 trat der damalige Bundesbankpräsident Weber von seinem Amt zurück – offenkundig, weil er nicht mehr bereit war, die neue Politik der EZB weiter mitzutragen. Im Herbst 2010 schlüpfte Irland unter den Rettungsschirm. Im Frühjahr 2011 bat Portugal um Unterstützung. Danach wurde Griechenland im Sommer 2011 ein zweites Rettungspaket gewährt. Schließlich wurde der Rettungsschirm von 500 auf 780 Mrd. € vergrößert und der **European Stability Mechanism ESM** beschlossen. Der ESM ist eine europäische Institution nach dem Vorbild des Internationalen Währungsfonds. Er gewährt Euro-Krisenländern Liquiditätshilfen, wenn sie sich im Gegenzug zu Konsolidierungsmaßnahmen und Strukturreformen verpflichten. Damit verloren diese Länder Teile ihrer Budgetsouveränität. **Zunehmende wechselseitige Abhängigkeiten in der Währungsunion** wurden nun stärker fühlbar.

Außenwert
$/€

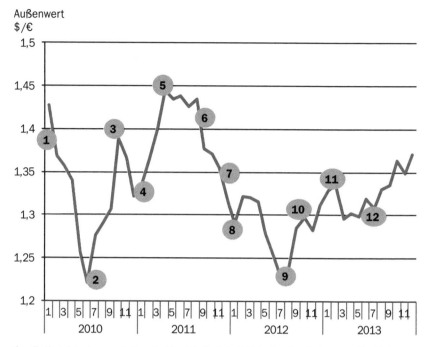

1 Rating-Agenturen stufen die Kreditwürdigkeit Griechenlands herab – Zweifel an der Zahlungsfähigkeit nehmen zu.
2 Der Rettungsschirm ist beschlossen.
3 Die Stärke des Euro ist eher eine Schwäche des Dollars – die amerikanische Zentralbank kauft US-Staatsanleihen.
4 Die Ratings Spaniens und Portugals sinken, Irland nimmt EFSF-Mittel in Anspruch.
5 Portugal geht unter den Rettungsschirm.
6 Die EZB kauft italienische und spanische Staatsanleihen.
7 Vertrauenskrise zwischen den Banken.
8 Frankreich verliert sein AAA-Ranking.
9 Die EZB kündigt an, notfalls unbegrenzt Staatsanleihen aufzukaufen.
10 Der ESM tritt in Kraft.
11 Die Bonität Zyperns sinkt bedrohlich.
12 Griechenlands Konsolidierungspakete belasten zunehmend den Arbeitsmarkt

Abbildung 72: Dollarkurs und Euro-Krise

Um Missverständnisse zu vermeiden: Bei allen genannten Summen handelte es sich nicht um direkte Zahlungen, wie dies einige Medien gerne suggerierten. In der ersten Phase des Krisenmanagements nahmen Griechenland und später auch Irland Kredite in Anspruch. Später garantierten die Euro-Staaten mit guter Bonität bis zu der genannten Summe für Kredite an die Krisenländer. Sie fungierten also als Bürgen. Auf diese Weise gelangten die Krisenstaaten zu Krediten, ohne die sonst fälligen Risikozuschläge auf die Kapitalmarktzinsen leisten zu müssen. Sieht man von einem Schuldenschnitt der Banken zugunsten Griechenlands und dem damit verbundenen Forderungsausfall ab, dann sind Zahlungen erst bei einem Zahlungsausfall fällig. Plakativ ausgedrückt: Der „Norden" bürgte also vor allem für den „Süden".

Fallstudie 15: Wie funktioniert der ESM?

Der Europäische Stabilitätsmechanismus ESM wird von den Mitgliedsstaaten der Europäischen Währungsunion getragen und trat im Oktober 2012 in Kraft. Mit dem ESM sollen Staaten des Euro-Raums unterstützt werden, die mit großen Finanzproblemen kämpfen. Das soll auch die Währungsunion als Ganzes stabilisieren. Der ESM-Vertrag sieht folgende Stabilisierungshilfen vor:

- Gewährung direkter Kredithilfen sowie vorsorglicher Kreditlinien für Krisenländer;
- ESM-Kredite für Banken der Krisenländer;
- Kauf von neu ausgegebenen Wertpapieren;
- Kauf bereits ausgegebener Staatsanleihen am Kapitalmarkt

Hilfen dürfen **nur** gewährt werden, wenn diese zur Wahrung der **Finanzstabilität** des Euro-Raums und seiner Mitgliedsstaaten unabdingbar sind. Voraussetzung für die Unterstützung der Krisenländer sind eigene Konsolidierungsanstrengungen. Die Empfängerländer müssen Strukturreformen und Sparprogramme nachweisen.   Quelle: www.tagesschau .de

Recherchieren Sie die Unterscheide zwischen dem ESM und dem EFSF.

Sowohl die Möglichkeit der Krisenstaaten, sich mit „geliehener Bonität" über den ESM verschulden zu können als auch der Aufkauf von Staatsanleihen durch die Europäische Zentralbank können als **Rettungsmanöver des letzten Augenblicks** angesehen werden. Dies zeigt die Abbildung 73 anhand der Renditedifferenzen lang laufender Staatsanleihen in den Krisenländern zur Rendite 10jähriger Anleihen aus Deutschland. Während sich Deutschland im Jahre 2008 zu rund 4 % am Kapitalmarkt verschulden konnte, sank dieser Langfristzins während der Krise kontinuierlich und lag Ende 2013 unter 2 %. Bis Mitte 2008 lagen die Renditen in den Euro-Krisenstaaten bis zu einen halben Prozentpunkt darüber. Das Ausfallrisiko dieser Anleihen wurde von Anlegern also als gering eingestuft. Mit der Weltfinanzkrise stiegen diese anhand der Zinsdifferenzen greifbaren Unsicherheiten schon deutlich an: Griechenland und Irland mussten 2009 durchschnittlich einen Aufschlag von rund 2 % zahlen. Die Zinsen, die sie für ihre Papiere zu zahlen hatten, überschritten somit die Marke von 5 %.

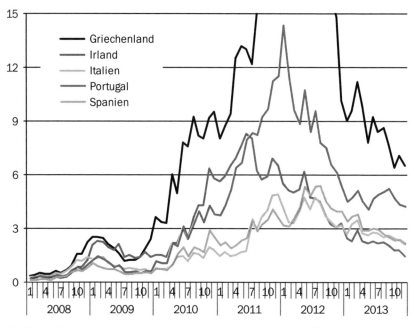

Quelle: Sachverständigenrat zur Begutachtung der gesamtwirtschaftlichen Entwicklung, Jahresgutachten 2013/14.

Abbildung 73: Renditedifferenzen für Staatsanleihen mit 10-jähriger Laufzeit –
Differenzen zu Deutschland in Prozentpunkten 2008–2013

Steigende Langfristzinsen verschärfen die Probleme eines Krisenlandes, selbst wenn dieses Land Sparmaßnahmen vornimmt. Dies soll die folgende, stark vereinfachte Haushaltssituation eines fiktiven Krisenstaates verdeutlichen (Tabelle 18): Das obere Konto stellt den Staatshaushalt eines Krisenlandes bei unveränderten Zinssätzen dar. Deutliche Einschnitte bei den Investitionen und Sparmaßnahmen von 10% bei den laufenden Ausgaben führen im Falle unveränderter Einnahmen zu einer sinkenden Neuverschuldung. Verdoppelt sich der Zinssatz dagegen, dann verdoppeln sich auch die Zinszahlungen. Trotz der Ausgabeneinschnitte nimmt die Neuverschuldung zu. Schlimmer noch: Das Krisenland muss neue Schulden aufnehmen, um die zusätzlichen Zinszahlungen leisten zu können.

	$t-1$	t		$t-1$	t
Einnahmen	50	50	Zinszahlungen	10	12
			Lfd. Ausgaben	50	45
			Investitionen	6	3
Neuverschuldung	16	10			

	$t-1$	t		$t-1$	t
Einnahmen	50	50	Zinszahlungen	10	24
			Lfd. Ausgaben	50	45
			Investitionen	6	3
Neuverschuldung	16	22			

Tabelle 18: Konsolidierung, Zinssätze und Zinszahlungen

Auch aus diesem Grund gab es ab 2010 kein Halten mehr: Bis zum Jahresende schoss die Zinsdifferenz für Griechenland auf knapp 10 % und dies setzte sich 2011 unvermindert fort. Ohne die Möglichkeit, sich mit Hilfe des Rettungsschirms zinsgünstig zu verschulden, wäre Griechenland nicht mehr in der Lage gewesen, seine Neuverschuldung am Kapitalmarkt zu platzieren. Ähnlich erging es Irland, obwohl die Zinsaufschläge hier mit bis zu 8 %-Punkten deutlich kleiner waren und sich ab Mitte 2011 wieder reduzierten. Im Falle Portugals hat der Rettungsschirm ebenfalls dazu beigetragen, dass dessen Ausfallrisiken seit Anfang 2012 wieder deutlich positiver bewertet wurden.

Auf den internationalen Finanzmärkten wurde gegen den Euro spekuliert. Der **Vertrauensschwund** führte dazu, dass internationale Anleger Euro-Positionen auflösten, so dass der Euro gegenüber anderen Währungen an Wert einbüßte. Anfangs wurde diskutiert, was wohl passiere, wenn Griechenland zahlungsunfähig werde. Dabei wurde weniger das „ob", sondern vielmehr das „wann" diskutiert. Später war eine der „Kernfragen", welche Konsequenzen es wohl für den Rettungsschirm hätte, wenn ein großes Land – also Italien oder Spanien – auf Hilfe angewiesen wäre. Um gar nicht erst zu riskieren, dass diese beiden großen Länder Hilfen aus dem ESM bekämen, kündigte EZB-Präsident Dragi Ende Juli 2012 an, die EZB werde alles Notwendige tun, um den Euro zu erhalten. „**Und glauben Sie mir – es wird ausreichen**", ergänzte er. Damit trat er entschieden den Erwartungen entgegen, das Euro-System könne kurzfristig auseinanderbrechen. Dieses Outright Monetary Transactions Programme (OMT) löste das SMP ab. Im Unterschied zum SMP war der Ankauf von Staatsanleihen nun an die Konditionalität der ESM-Mechanismen gebunden. Zudem deutete die EZB an, sie würde im Zweifel unbegrenzt Staatsanleihen aufkaufen. Diese Ankündigung erschien den Finanzmärkten als glaubwürdig. Die Spekulation gegen den Euro kam zum Erliegen. Die Renditedifferenzen gegenüber deutschen Staatsanleihen reduzierten sich. Aber auch Ende 2013 lagen die Renditen portugiesischer und griechischer Staatsanleihen noch 4,5 bzw. 6,5 %-Punkte über der deutschen Wertpapierrendite (Abbildung 73). So lange die Krisenursachen nicht beseitigt sind, werden die unterschiedlichen Risikobewertungen bestehen bleiben.

Was parallel dazu im Bankensystem passierte, erinnerte in fataler Weise an die Mechanismen während der amerikanischen Hypothekenkrise. Bis 2010 gingen Banken von einer erstklassigen Bonität aller Euro-Mitgliedsländer aus und unterschätzten somit die Risiken der Kreditvergabe an die Krisenländer systematisch. Drohende Zahlungsausfälle eines Euro-Landes hätten also möglicherweise die Kredit gebenden Banken zu Fall gebracht. Damit war nicht nur das Vertrauen gegenüber den europäischen Krisenstaaten erschüttert. Auch die Banken untereinander trauten sich nicht mehr. Keine Bank stellt einer anderen Bank kurzfristig Liquidität zur Verfügung, wenn sie nicht genau weiß, ob ihr Schuldner morgen noch existiert. Der **Geldmarkt** brach erneut zusammen, so dass die EZB gezwungen wurde, die Kreditinstitute direkt mit Liquidität zu versorgen. Im Rahmen ihres „normalen" Geschäfts tat sie dies, in dem sie den Hauptrefinanzierungssatz von 1,5 % im Herbst 2011 in vier Schritten auf 0,25 % absenkte. Entsprechend wurde der Spitzenrefinanzierungssatz auf 0,75 % gesenkt. Zudem wurden die Einlagenfazilität seit Mitte 2012 nicht mehr verzinst. Dadurch entstand die ungewöhnliche Situation eines Geldmarktzinses in der Nähe von Null. Darüber hinaus wurden temporär einige außerordentliche geldpolitische Maßnahmen implementiert:

- Die EZB hat die Qualität der im Refinanzierungsgeschäft zugelassenen Wertpapiere gesenkt, so dass Banken auch Anleihen der Krisenländer im Wertpapierpensionsgeschäft hinterlegen konnten.
- Der Mindestreservesatz, der die Möglichkeiten der Geschäftsbanken zur Giralgeldschöpfung begrenzt, wurde im Januar 2012 von 2 % auf 1 % herabgesetzt.
- Um den Jahreswechsel 2011 / 2012 bot die EZB den Geschäftsbanken außerordentliche Refinanzierungsgeschäfte mit einer Laufzeit von drei Jahren an. Der Umfang dieser Geschäfte lag über 1.000 Mrd. €, so dass Medien von der „Dicken Bertha" sprachen, mit denen die EZB den Geldmarkt flute.

Gemessen an den Reaktionen der EZB auf die Weltfinanzkrise war die europäische Geldpolitik sehr expansiv ausgerichtet. Damit stand sie allerdings nicht allein – die Zentralbanken der USA, Großbritanniens und Japans verfolgten einen ähnlichen Kurs. Weil der Impuls von der Geldbasis bis Anfang 2014 kaum auf die Geldmengenaggregate durchgeschlagen hat, gingen zu dieser Zeit viele Beobachter davon aus, dass dies keine unmittelbaren Inflationsgefahren auslösen würde und dass die Zentralbank für den Fall einer anziehenden Geldentwertung in der Lage wäre, Teile der zusätzlichen Liquidität wieder vom Markt zu nehmen. Ob das im Zweifel gelingt, ist aber offen.

Vor allem zwei Risiken der extrem expansiven Geldpolitik sind nicht aus den Augen zu verlieren:

- Die Zentralbanken weichen von ihrem „üblichen" Geschäft ab, dessen Kern es ist, das Geldangebot und die Kurzfristzinsen zu steuern. Durch den Ankauf von Staatsanleihen nehmen sie Einfluss auf langfristige Marktzinsen. Das wird von vielen Beobachtern als eine Ausweitung des stabilitätspolitischen Einflusses und des Mandats der Zentralbanken verstanden.

- Zweitens können durch die Verzerrung der langfristigen Marktzinsen potenziell Fehlallokationen und Spekulationsblasen erzeugt werden. In diesem Zusammenhang wäre beispielsweise zu fragen, inwieweit die EZB-Politik zum Immobilienboom der Jahre 2013/14 beitrug und ob nicht auch die Aktienmärkte durch „billiges Geld" unangemessen befeuert wurden.

Die Probleme, mit denen sich die EZB während der Euro-Krise konfrontiert sah, waren keineswegs trivial. Während der Weltfinanzkrise stand die Fiskalpolitik im Vordergrund und die Geldpolitik besetzte eher eine Nebenrolle. Spätestens mit Beginn des Jahres 2012 kehrte sich dies um – plötzlich musste die Zentralbank reagieren, obwohl dies durch die klassische Geldmarktpolitik aufgrund der niedrigen Zinsen kaum noch möglich war.

Spätestens seit dem ersten griechischen „Rettungspaket" befand sich die Währungsunion in einem **Teufelskreis aus Staatsschulden- und Bankenkrisen** sowie einer erneuten Rezession (Abbildung 74):

- Die Staatsschuldenkrise löste eine Bankenkrise aus, weil mögliche Zahlungsausfälle der Krisenstaaten direkt auf das Bankensystem einwirkten. Deshalb ist die Frage nicht unberechtigt, ob man nicht eher (systemrelevante) Großbanken rettete. Im Falle von Interventionen zugunsten der Banken entstehen staatliche Ausgaben – wie dies bei der Teilverstaatlichung der Commerzbank der Fall war. Das Beklagen einer „Sozialisierung" von Verlusten aufgrund von Managementfehlleistungen erscheint in diesem Zusammenhang durchaus verständlich.

- Durch eine Bankenkrise kann sich die konjunkturelle Lage eintrüben: Der private Konsum und vor allem die Investitionen werden zurückgefahren, wenn die gesamtwirtschaftlichen Unsicherheiten zunehmen oder sogar Vermögensverluste hingenommen werden müssen.

- Über die kurze Frist hinaus zwingen ausufernde Staatsschulden mittelfristig zu Konsolidierungsprogrammen. Ausgabenprogramme wurden gekürzt und die Steuern stiegen. In den Krisenländern wirkte die Fiskalpolitik kontraktiv. Das reale BIP Griechenlands war 2013 um rund ein Viertel kleiner als 2008. Allein 2011 schrumpfte die Wirtschaft dort um 7 %, im darauf folgenden Jahr nochmals um 6,5 %. Unter diesen Vorzeichen ist eine Konsolidierung fast unmöglich, weil die Steuereinahmen wegbrechen.

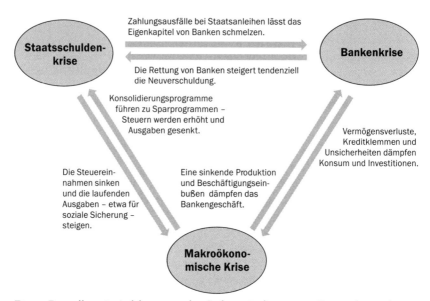

Eigene Darstellung in Anlehnung an den Sachverständigenrat zur Begutachtung der gesamtwirtschaftlichen Entwicklung

Abbildung 74: Staatsschuldenkrise, Bankenkrise oder gesamtwirtschaftliche Krise?

4   Anforderungen an die Bewältigung der Euro-Krise

Alles in allem haben der Rettungsschirm und die außerordentlichen geldpolitischen Maßnahmen kurzfristig ein Auseinanderbrechen des Euro-Systems verhindert. Das Vertrauen in den Euro nahm gut 4 Jahre nach der Finanzkrise weltweit wieder zu. Die Schuldenkrise selbst wird sicher noch Jahre andauern. Zu ihrer Lösung sind **langfristig tiefgreifende Verbesserungen** bei den Krisenursachen erforderlich:

- Nicht nur Griechenlands Schuldenstand war im Jahre 2013 mit 175 % in Relation zum nominalen BIP nach wie vor viel zu hoch (Abbildung 75). Ähnliches galt für Italien, Portugal und Irland, deren Schuldenstandsquoten zuletzt über 120 % lagen. Zwar muss man die 90 % – Grenze, die Rogoff und Reinhart in einer weltweit angelegten Studie zur Staatsverschuldung propagiert haben, wohl nicht allzu wörtlich nehmen. Dennoch **beschränkt eine hohe Staatsverschuldung die finanzpolitischen Spielräume** und das künftige Wachstum. Besorgnis löst in diesem Zusammenhang die Dynamik der Schuldenquote in den Krisenländern aus. Der Abzug bleibt also weiterhin gespannt.

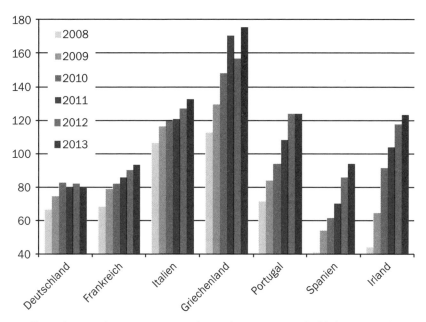

Quelle: Sachverständigenrat zur Begutachtung der gesamtwirtschaftlichen Entwicklung, Jahresgutachten 2013/14.

Abbildung 75: Schuldenstandquoten in Prozent des nominalen BIP für ausgewählte Länder des Euro-Raums 2008 – 2013

- **Strukturelle Ungleichgewichte in den Zahlungsbilanzen** der Euro-Länder lösen Anpassungen auf den Kapitalmärkten aus. Wie in Kapitel 9 erläutert wurde, impliziert ein Leistungsbilanzüberschuss einen Nettokapitalexport – also einen Aufbau von Forderungen gegenüber dem Ausland. Deutschland hatte zwischen 2009 und 2012 Leistungsbilanzüberschüsse von jeweils 150 bis 180 Mrd. €. Umgekehrt importierten diejenigen Euro-Länder Kapital, deren Importe tendenziell größer waren als die Exporte. Seit Beginn der Währungsunion realisierten vor allem Griechenland und Portugal Defizite im Außenhandel, die ohne Wechselkursanpassungen als Puffer auf eine sich verschlechternde internationale Wettbewerbsfähigkeit dieser Länder hindeuten. Abbildung 76 zeigt, dass sich dies gebessert hat: Irland exportiert seit 2010 wieder mehr als es importiert und auch die übrigen Krisenländer führten ihr Defizit zuletzt zurück.
- Die Ungleichgewichte innerhalb der Währungsunion reflektierten **regionale Inflationsdifferenzen.** Der harmonisierte Verbraucherpreisindex für die Länder der europäischen Währungsunion zeigt, dass sich trotz der gesamtwirtschaftlichen Preisstabilität im Euro-Raum Spannungen aufgebaut hatten:

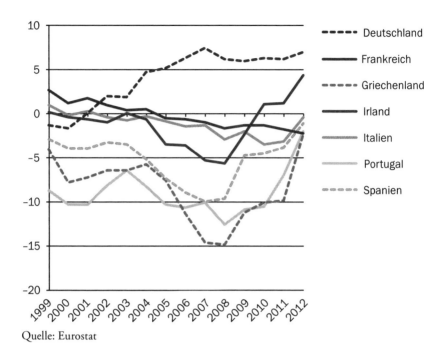

Quelle: Eurostat

Abbildung 76: Leistungsbilanzsaldo in Relation zum nominalen BIP
für ausgewählte Länder des Euro-Raums 1999 – 2012

Während sich die Verbraucherpreise von 2001 bis 2013 insgesamt auf einen Indexwert von 128 bzw. um jahresdurchschnittlich 2,1 % erhöhten, lag die Teuerung in Frankreich und in Deutschland darunter. In Griechenland und Spanien stiegen die Verbraucherpreise pro Jahr durchschnittlich dagegen um einen Prozentpunkt stärker als in Deutschland. Der **Kaufkraftparitätentheorie** folgend hätte eine Abwertung des Wechselkurses erfolgen müssen, um die preisliche Wettbewerbsfähigkeit der Krisenstaaten wieder herzustellen. Wegen der gemeinsamen Währung war das natürlich nicht möglich, so dass die Anpassungen auf anderen Wegen erfolgten. Bis Ende 2013 hatten sich die Inflationsraten in den vier Krisenländern allerdings verringert.

■ Die zu dieser Zeit wieder günstigeren Leistungsbilanzen der Krisenländer und die sich angleichenden Inflationsraten wurden maßgeblich durch die Entwicklung der **Lohnstückkosten** beeinflusst. Während sich die Lohnstückkosten in Deutschland bis zur Weltfinanzkrise aufgrund der Lohnzurückhaltung, der stetigen Fortschritte bei der Arbeitsproduktivität und der Arbeitsmarktreformen kaum änderten, stiegen sie in Frankreich und Italien als den beiden anderen großen Volkswirtschaften des Euro-Raums sowie in den vier Krisenländern zunächst deutlich (Abbildung 77). Dabei spielte auch eine Rolle, dass

Mitte des vergangenen Jahrzehnts im Norden des Euro-Raums wirtschaftliche Stagnation vorherrschte, während die Mittelmeerländer einen Boom erlebten. Die beiden Krisen, die den Euro-Raum seit 2008 durchschüttelten, lösten eine sinkende Beschäftigung aus. Da die Beschäftigung stärker schrumpfte als die Produktion, ging diese Entwicklung mit steigenden Arbeitsproduktivitäten einher. Zudem entstand ein Druck auf die Löhne. Weil eine Anpassung über Wechselkurse nicht möglich war, fand die Anpassung realwirtschaftlich statt und war umso schmerzlicher. In den Krisenländern sanken die Lohnstückkosten – im Jahr 2012 tat sich allerdings noch immer ein deutlicher Abstand zu Deutschland auf. Erstaunlich ist, dass der Trend steigender Lohnstückkosten in Frankreich und Italien bis zuletzt ungebrochen war.

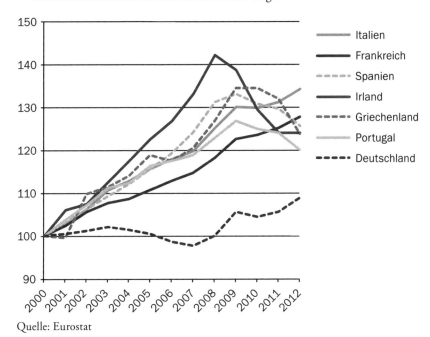

Quelle: Eurostat

Abbildung 77: Nominale Lohnstückkosten (Index 2000 = 100)
              für ausgewählte Länder des Euro-Raums 2000 – 2012

Was kann man aus der Euro-Krise lernen? Erstens ist festzustellen, dass **einseitige Schuldzuweisungen fehl am Platze** sind. Alle Akteure haben Fehler gemacht. Die Regierungen der Krisenländer fanden Kreditgeber, die Länderrisiken systematisch unterschätzten. Die Eintrittskarten zur Währungsunion wurden nach politischen Kriterien vergeben und Verstöße des Stabilitäts- und Wachstumspakts wurden kaum sanktioniert. Die Währungsunion verletzt zudem offensichtlich eine Reihe der Bedingungen, die erfüllt sein sollten, damit eine gemeinsame Währung langfristig Bestand haben kann. Es handelt sich primär um die in Kapitel 8 diskutierten Kriterien, die die Theorie optimaler Währungsräume formuliert. Es besteht also Reformbedarf – dafür sind alle Mitglieder des Euro-Raums gemeinsam verantwortlich.

Zweitens muss es künftig eine **stärkere Koordination der Finanzpolitik im Euro-Raum** geben. Die meisten Ökonomen gehen davon aus, dass es auf Sicht keine gemeinsame Finanzpolitik geben wird und dass es deshalb auch keine Vergemeinschaftung finanzpolitischer Risiken geben kann. Mit dem Fiskalpakt haben sich die Euro-Länder allerdings verpflichtet, künftig nationale Schuldenbremsen zu implementieren, die strikter sind als die Maastricht-Kriterien. Die Einführung des Europäischen Stabilitätsmechanismus (ESM) hat dazu geführt, dass Kredite und Bürgschaften an Zusagen zu längerfristigen Konsolidierungsmaßnahmen gebunden sind. Generell müssen die hohen Schuldenlasten im Euro-Raum zurückgeführt werden. Dies wird das Wachstum in der Währungsunion über Jahre hinaus belasten.

In Bezug auf die europäischen Banken wird man drittens deren Risikovorsorge verbessern müssen. Mit einer europäischen Bankenaufsicht und strikteren Eigenkapitalvorgaben allein wird es nicht getan sein. Zusätzlich wäre zu überlegen, wie man nach zwei Krisen, bei denen die Rettung „systemrelevanter" Banken eine Rolle spielte, das klassische Bankgeschäft vom Investmentbanking trennt. Dies setzt **ordnungsrechtliche Einschnitte in den Bankensektor** voraus – im Zweifel auch die Entflechtung von Instituten.

Und schließlich viertens wurde deutlich, dass nationale Alleingänge in der Lohn- und Arbeitsmarktpolitik im Euro-Raum fatale Folgen haben können. Man mag Deutschland den „Schwarzen Peter" unterschieben, wo seit 2003 mit Reallohnverzicht die Arbeitsmarktsituation und damit die internationale Wettbewerbsfähigkeit verbessert wurden. Mit der gleichen Berechtigung kann man aber auch auf den Anstieg der Lohnstückkosten der Krisenländer während der ersten Jahre der Währungsunion verweisen. Langfristig laufen Anpassungsprozesse ab, wie sie im neoklassischen Modell angesprochen wurden. Im Zentrum einer erfolgreichen Stabilisierungspolitik stehen die Arbeitsmärkte. Künftig wird es auch hier zu stärkeren Abstimmungen zwischen den Euro-Ländern kommen müssen.

» Zusammenfassung

- Die Globalisierung intensiviert die wechselseitigen Abhängigkeiten zwischen Märkten und Volkswirtschaften, durch die sich positive wie negative Impulse schnell verstärken und im Falle negativer Einwirkungen zu Krisen bisher ungeahnten Ausmaßes führen können.
- Die Weltfinanzkrise wurde weltweit mit keynesianischen Konzepten kuriert. Im Falle kurzfristiger Nachfrageausfälle können staatliche Ausgabenprogramme bei entsprechender Flankierung durch die Geldpolitik helfen, die Folgen konjunktureller Verwerfungen zu lindern.
- Die Eurokrise machte deutlich, dass bereits bestehende, aber nur unterschwellig erkennbare ökonomische Langfristprobleme wie fehlende internationale Wettbewerbsfähigkeit oder unzureichende Anstrengungen zur Konsolidierung der Staatshaushalte durch makroökonomische Schocks unmittelbar sichtbar und virulent werden.
- Die Weltfinanzkrise und die Eurokrise deuteten ferner die kaum noch vorhandenen nationalstaatlichen Möglichkeiten isolierter Fiskal- und Geldpolitik an. Sie machten allerdings auch deren Grenzen und die Notwendigkeit koordinierter Politikstrategien deutlich.

» Wichtige Begriffe

Globalisierung, Outsourcing, internationale Wettbewerbsfähigkeit, Internationaler Konjunkturzusammenhang, Koordination der Stabilisierungspolitik, Immobilienblase, strukturelle staatliche Defizite, Zahlungsbilanzungleichgewichte, Inflationsdifferenzen.

» Aufgaben

1 Finden Sie statistische Indikatoren für den Prozess der Globalisierung.
2 Diskutieren Sie die Forderung, Deutschland müsse mehr für seine Binnennachfrage machen, um als europäische Konjunkturlokomotive die Wirtschaftsentwicklung auch in den anderen Staaten der EU zu stimulieren.
3 Erläutern Sie die Bedeutung der Lohnstückkosten sowie die Rolle der Innovationskraft einer Volkswirtschaft für die preisliche Wettbewerbsfähigkeit eines Landes
4 Welche Gründe sprechen für eine intensivere Koordination der Fiskalpolitik im Euro-Raum?
5 Nehmen Sie zur Aussage Stellung, dass die Praxis der „Rettungspakete" im Zuge der Eurokrise einer „Sozialisierung" der Verluste insbesondere der systemrelevanten Banken gleichkomme.

Literatur

Standardwerke

Blanchard, O.; Illing, G.: Makroökonomie. Pearson, 6. Aufl. München 2014
Felderer, B.: Makroökonomik und Neue Makroökonomik. Springer.
Heidelberg u. a., 2005
Mankiw, N. G.; John, K. D.: Makroökonomie: Mit vielen Fallstudien.
Schäffer-Poeschel, 6. Aufl. Stuttgart 2011.
Stiglitz, J. E.; Walsh, C. E.; Ladstätter, G.: Makroökonomie: Band 2 zur
Volkswirtschaftslehre, 4. Aufl., Oldenbourg, München 2012

Vergleichbares Themenspektrum

Clement, R.; Terlau, W.; Kiy, M.: Angewandte Makroökonomie. Makroökonomie,
Wirtschaftspolitik und nachhaltige Entwicklung mit Fallbeispielen. Vahlen,
München 2013
Wienert, H,: Grundzüge der Volkswirtschaftslehre: Makroökonomie. Kohlhammer,
2. Aufl. Stuttgart, 2008

Übungshilfen

Petersen, T.: Fit für die Prüfung: Makroökonomie. Lernbuch. UVK Lucius, Konstanz
und München 2013

Weiterführende Analysen zu den Themenbereichen Euro- und Finanzkrise

Edler, T.: Basiswissen Eurokrise, Tectum, Marburg 2013
Illing, F.: Die Euro-Krise: Analyse der europäischen Strukturkrise. Springer,
Heidelberg u. a. 2013
Illing, F.: Deutschland in der Finanzkrise: Chronologie der Deutschen
Wirtschaftspolitik 2007–2012, Springer, Heidelberg u.a. 2012
Michler, A. F.; Schmeets, H. D. (Hrsg.): Die aktuelle Finanzkrise: Bestandsaufnahme
und Lehren für die Zukunft, Lucius & Lucius, Stuttgart 2011

Register

Sie prägen seit Jahrhunderten die Welt der Ökonomie – die größten Ökonomen. Zu ihnen zählen unter anderem Adam Smith, Joseph A. Schumpeter, Friedrich A. von Hayek, John M. Keynes und Walter Eucken.

In der UTB-Reihe »Die größten Ökonomen« stellen Ihnen renommierte Experten diese Vordenker vor. Sie konzentrieren sich dabei nicht nur auf das wissenschaftliche Schaffen dieser Persönlichkeiten. Vielmehr beleuchten sie auch die Menschen und den Kontext, in dem sie gearbeitet haben.

Jeder Band mit tabellarischem Lebenslauf, kommentierten Literaturtipps, Zeittafel und Glossar.

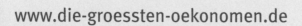